KEMAN

Wege ins Licht
Das Erwachen der Götter
Teil I

Plejadische Übermittlungen zum Wandel des Seins

RiWei
Verlag -GmbH

1. – 8 Auflage 1996 - 1999
im Licht-Quell-Verlag, nun
RiWei-Verlag GmbH
9. Auflage 2003

D-93055 Regensburg
Liebigstr. 4
Tel. 09 41/ 799 45 70
Fax. 09 41/ 799 45 72
http://www.RiWei-Verlag.de
eMail: Info@RiWei-Verlag.de

ISBN 3-89758-195-7

Vorwort

In meinem Leben habe ich schon vieles getan und erlebt. Ich habe einen "richtigen", einen handwerklichen Beruf gelernt. Jedoch war ich mit dem, was ich beruflich tat, nie zufrieden. Irgendetwas trieb mich immer weiter. So war ich ständig auf der Suche nach "irgendetwas".

Ich war ständig getrieben von etwas, das in mir war.

Gesucht habe ich nach dem "Irgendetwas", jedoch immer in den äußeren Umständen.

Nachdem mein handwerklicher Beruf mich nicht mehr befriedigte, habe ich mich selbständig gemacht und für verschiedene Firmen im Außendienst gearbeitet.

Ich wurde Verkaufsleiter, später Geschäftsführer und habe zwei Unternehmen aufgebaut.

Ich habe Firmen konzipiert, Marketingstrategien entwickelt und Mitarbeiter geschult - dennoch fehlte immer irgendetwas.

Was mich immer reizte, war das Neue. "Funktionierte" das, was ich gestaltet hatte, begann ich etwas Neues.

Es gab einige einschneidende Erlebnisse - auch spiritueller Art - in meinem Leben, die mich eigentlich dazu hätten bewegen sollen, in mich zu gehen und über mich selbst nachzudenken. Dennoch habe ich es immer wieder in Akten großer Selbstüberlistung geschafft, dies zu vermeiden.

Ich habe es immer wieder geschafft, mich "durchzuwursteln".

Es gab Zeiten des Überflusses und Zeiten des Mangels in meinem Leben. Vor etwa sechs Jahren war es dann soweit. Nichts, aber auch absolut nichts funktionierte mehr in meinem Leben. Ich kam mit meinen alten und für mich bewährten Verhaltens- und Denkmustern nicht mehr weiter. Mein berufliches und privates Leben stagnierte. Schlimmer noch - es ging ständig weiter "bergab".

Trotzdem verweigerte ich mich standhaft der notwendigen inneren Veränderung.

Immer wenn ich dachte, ich wäre bereits "ganz unten", musste ich feststellen, dass es noch weiter nach "unten" ging.

In der Mitte des Jahres 1994 lernte ich dann meine heutige Lebenspartnerin kennen und lieben, die sich in einer ähnlichen Situation befand wie ich selbst.
Gemeinsam haben wir es geschafft, aus der Tiefe des untersten Kellers Schritt für Schritt wieder weiter nach "oben" zu gelangen.

Aus der Überzeugung heraus, dass die Welt und das mit ihr verbundene Bewusstsein sich vor gewaltigen Veränderungen befinden, haben wir uns entschieden, ohne materielle Sicherheiten den spirituellen Weg einzuschlagen.
So gründeten wir ein ganzheitliches Centrum, das wir, um unsere Verbindung zu den Plejaden zu dokumentieren, das "Alcyone, ganzheitliches-centrum" nannten.
So als wäre dies das Stichwort gewesen, wurden wir zunächst mit geometrischen Formen konfrontiert, von denen wir zunächst nur wussten, dass sie ein Energiefeld erzeugen, das auf irgendeine positive Art auf die menschliche Physis wirkt. Wir gaben diese Generatoren an andere Menschen weiter und wurden in unseren Erfahrungen bestätigt.
So begannen wir, diese Formen zu produzieren und so zu verbreiten, wie es unsere finanziellen Mittel erlaubten.
Durch unsere eigene Arbeit mit diesen geometrischen Generatoren machten wir innerhalb kurzer Zeit phänomenale geistige Entwicklungssprünge, die uns mehr als einmal an unsere Belastungsgrenze brachten.
Wir hatten in uns eine Entwicklung eingeleitet, von der wir Mitte 1995 noch nicht einmal ahnten, wohin sie uns führen würde.
Dennoch lernte ich zum erstenmal in meinem Leben eine völlig neue Art von absolutem inneren Frieden.

Ich hatte das gefunden, wonach ich mein ganzes Leben lang gesucht hatte, ohne zu wissen, dass ich danach suchte.
Bis zu diesem Zeitpunkt habe ich mich nie mit Channeling, also der mentalen Verbindung mit "höheren" Wesenheiten auseinandergesetzt.
Ich kannte Menschen, die diese Verbindung hatten, jedoch wäre ich nie auf den Gedanken gekommen, selbst zu channeln.

Eines Tages saß ich an meinem Computer und wollte einen Pressetext für unsere geometrischen Formen gestalten. Jedoch war ich völlig blockiert und es kam kein konstruktiver Gedanke auf.
Plötzlich, ohne jede Vorbereitung, begann ich zu schreiben, ohne eigentlich zu wissen, was ich denn da zu Papier brachte.
Ich schrieb über drei Seiten auf dem Computer, bevor ich wieder "wach" wurde, und begann anschließend zu lesen, was ich da geschrieben hatte.
Ich fand Formulierungen wie "ihr Menschen", "ihr wisst nicht", "wenn ihr euch bewusst wärt" usw. Zunächst war ich völlig verwirrt und es war mir nicht klar, was da geschehen war.
Wesenheiten der Plejaden, genauer gesagt von der zentralen Sonne der Plejaden, hatten Kontakt zu mir aufgenommen.
Von diesem Zeitpunkt an kamen fast täglich mediale Mitteilungen. Ich wurde trainiert, der Kanal wurde gereinigt.
Es gab während der ersten Zeit Augenblicke, in denen ich dachte, "ich hätte nicht mehr alle Tassen im Schrank". Jedoch war die Qualität der übermittelten Aussagen so gut und absolut zutreffend, dass ich im Laufe der Zeit lernte, mit dieser Situation umzugehen.
Den Namen Keman erhielt ich von den Wesenheiten von Alcyone.

Es ereigneten sich eine Unmenge von "Zufälligkeiten", die uns immer wieder weiterhalfen. Wir bekamen immer wieder Hinweise auf unsere persönliche Entwicklung, die uns immer mehr Erkenntnisse über uns selbst und das Mensch-Sein vermittelten.

Wir haben uns verändert und die Qualität unseres Lebens hat sich verändert. Trotzdem oder vielleicht deshalb sind auch wir noch immer Lernende.

Wir leben und erleben eine Zeit des Wandels. Viele Menschen fühlen und spüren Veränderungen an und in sich und in ihrer Umgebung. Für viele Menschen sind diese Veränderungen meist nicht sichtbar und irgendwie auch nicht erklärbar. Plötzlich, von einer Minute auf die andere scheint irgendetwas anders zu sein.

Wir Menschen durchlaufen jetzt einen Wandlungsprozess. Es ist ein Prozess, bei dem wir alle, jeder auf seine eigene Art, erfahren und erleben werden, dass die Zeit der Begrenzungen und Ängste enden wird. Neues Bewusstsein wird in uns erzeugt. Wir lernen, unsere Zukunft selbst zu gestalten. Wir lernen, uns selbst bewusst zu werden und zu erkennen, was wir tatsächlich sind.
Wir werden uns erheben zu dem, was wir bereits waren.
Die Meister unseres Selbst..............................

Keman

WIR SIND, WAS WIR SIND
IHR WERDET, WAS IHR WART

Wir sind die Geschichtenerzähler des Universums. Wir lieben es, Geschichten zu erzählen, und wir erzählen sie nicht nur euch. Da sich die Qualität der Zeit ständig verändert, da alles fließt, erzählen wir dieselbe Geschichte niemals zweimal.
Wir, die wir euch Geschichten erzählen, sind Wesenheiten, die ihr als Lichtwesen bezeichnen würdet. Die Schwingung unserer Energie ist um ein Vielfaches höher als die Schwingung, in der ihr euch gerade befindet. Wir existieren in einer Symbiose aus Einzelwesen. Ihr würdet uns als eine Wesenheit empfinden, jedoch bestehen wir aus einer Vielzahl von einzelnen Wesenheiten. Wir existieren als Energie, umgeben von Energie. Wir existieren auf und in der Zentralsonne der Plejaden, die euch als Alcyone bekannt ist.

Ihr lebt und erlebt eine besondere Zeit, und es ist für eure Entwicklung erforderlich, dass weitere Informationen zu euch gelangen. Euer Planet entwickelt sich in eine andere, höhere Form der Existenz. Ihr würdet sagen, euer Planet transformiert sich. Ihr befindet euch vor einem gigantischen Evolutionssprung.
Viele von euch verbinden die Gewissheit, dass euer Planet eine höhere Schwingungsform einnimmt, mit Furcht.
Wir werden euch in der Geschichte, die wir euch nun erzählen, auch Informationen über Furcht vermitteln. Furcht ist ein Instrument der Unterdrückung, der Unfreiheit, der Gebundenheit.

Das, was ihr um euch herum sehen und wahrnehmen könnt, ist lediglich eine Illusion. Alles, was euch so zu schaffen macht, ist lediglich eine Projektion eures Geistes, die ihr erlebt, um euch zu entwickeln, um Erfahrungen zu sammeln.

hen, die ihr euch in eurer augenblicklichen Seinsform nicht einmal annähernd vorstellen könnt. Doch habt ihr euch in eine Seinsform begeben, in der ihr Äonen lang nichts anderes tun konntet, als dreidimensionale Erfahrungen zu sammeln, die euch jedoch, von einer höheren Warte aus betrachtet, durchaus in Zukunft dienlich sein werden.

Wir werden euch nun Geschichten erzählen, die euch eigentlich irritieren müssten. Dennoch werdet ihr in euch fühlen, dass wir euch nichts Neues erzählen.
Ihr werdet euch erinnern an das, was ihr wart.
Unsere Geschichten mögen euch behilflich sein, die Erinnerung an euer eigenes Selbst wieder hervorzurufen.
Unsere Geschichten mögen euch behilflich sein, die Angst in euch zu überwinden.
Unsere Geschichten mögen euch behilflich sein, den Weg der Evolution im Bewusstsein des Geistes des EINEN zu gehen.

DAS WESEN EURES SEINS

Um die wesentlichen Grundlagen eurer Existenz begreifen zu können, müsst ihr euch darüber klar werden, dass alles, tatsächlich alles, was je existiert hat, existiert oder jemals existieren wird, das Bewusstsein des EINEN ist. Die Konsequenz aus dieser Aussage ist, dass ihr selbst und alles, was um euch herum existiert, das Bewusstsein des EINEN ist. Ersetzt ihr das Wort "Bewusstsein" durch das Wort "Energie", ergibt sich daraus die Formulierung, dass alles, was jemals existiert hat, existiert oder existieren wird, die Energie des EINEN ist. Verändern wir diesen Satz noch etwas, indem wir einfach etwas weglassen, so ergibt sich daraus, dass alles, was je existiert hat, existiert oder jemals existieren wird, ***Energie*** ist.

Daraus wiederum ergibt sich die Tatsache, dass ihr selbst und alles, was um euch herum existiert, ***Energie*** ist. Energie wiederum ist eine Kraft, die in der Regel über zwei gegeneinander gerichtete Pole verfügt, deren Bestreben es ist, sich auszugleichen.

Wir möchten dies nochmals an einem Beispiel erläutern. Betrachtet euch einmal eine eurer Batterien. Sie verfügt über einen Plus- (+) und einen Minuspol (-). Zwischen diesen beiden Polen herrscht eine gewisse Spannung, die wiederum abhängig von verschiedenen Faktoren ist. Legt ihr nun diese geladene Batterie in ein entsprechendes Gerät und schaltet es ein, so fließt zwischen den beiden Polen ein Strom. Während der eine Pol den Überschuss an Elektronen abgibt, nimmt der andere Pol, dem es an Elektronen mangelt, diese bei sich auf. Ein Elektronenfluss findet solange statt, bis beide Pole über die gleiche Anzahl von Elektronen verfügen.

In der Praxis äußert sich dies dadurch, dass ihr beginnt zu schimpfen, weil die Batterie schon wieder leer ist und ihr wieder Geld für eine neue Batterie ausgeben müsst.

Damit ihr existieren könnt, muss eine "Spannung" zwischen zwei Polen bestehen, deren Bestreben darin liegt, sich gegeneinander auszugleichen. Die Spannung zwischen den beiden Polen erzeugt die Energie, aus der auch ihr eure Existenz begründet. Die Energie, von der wir sprechen, und die die Basis allen Seins bildet, ist wesentlich komplexer, als wir sie gerade beschrieben haben. Jedoch seid ihr noch nicht fähig, mehr- und multidimensionale Vorgänge in ihrer gesamten Komplexität zu erfassen und zu verstehen.

Die Spannung zwischen den beiden Polen eurer Existenz nennt ihr Polarität. Die Polarität eurer Seinsform zieht es nach sich, dass nichts in eurer Welt existieren kann, das keinen Gegenpol hätte.
Nehmt ihr vom Gut das Böse weg - was existiert dann noch?
Das, was ihr als "Gutes" bezeichnet, kann nur durch die Existenz des "Bösen" existieren. Würde das, was ihr als "Böses" bezeichnet, nicht mehr vorhanden sein, nach welchen Maßstäben würdet ihr dann das "Gute" messen und umgekehrt?
Würde es den Hass nicht mehr geben, woran würdet ihr die Liebe erkennen?
Gäbe es die Kälte nicht, woran würdet ihr die Wärme erkennen?

Wir werden später auf das Thema Polarität und die damit von euch verbundenen Wertigkeiten noch einmal gesondert eingehen.

Leben ist Energie, und Energie entsteht durch zwei entgegengerichtete Pole, deren Bestreben darin liegt, sich gegeneinander auszugleichen.
Anders als bei dem Beispiel mit der Batterie, bei dem es sich lediglich um eine sich entladende konstante und gleichgerichtete Energiequelle handelt, ist die Energie des ewigen Seins Schwingung unterworfen.

Die Farben eurer Umgebung, die ihr mit den Augen wahrnehmen könnt, sind Ausdruck einer bestimmten Schwingung, oder, wie es euch vielleicht geläufiger ist, einer bestimmten Frequenz. Das gesamte Farbspektrum unterliegt einem sogenannten Frequenzband, also einer bestimmten Anzahl von Schwingungen oder Frequenzen. Töne, die ihr mit den Ohren wahrnehmt, unterliegen wiederum einem bestimmten Frequenzband, das in der Anzahl der Schwingungen weit unter dem Frequenzband der Farben liegt.
Schwingung oder Frequenz hat die Eigenschaft, innerhalb einer bestimmten Zeit bei einem imaginären Nullpunkt zu beginnen, sich zu ihrem höchsten Punkt im positiven Bereich zu bewegen, bevor sie zum Nullpunkt ihrer Intensität zurückkehrt und sich im gleichen Maße wie zuvor diesmal zum Höchstpunkt ihrer negativen Intensität bewegt, um wiederum auf den Nullpunkt zurückzufallen.

Je öfter die Energie innerhalb einer bestimmten Zeit einen gesamten Durchlauf vollzieht, desto höher ist die Schwingung oder Frequenz. Frequenzen messt ihr daran, wie oft ein solcher Durchlauf innerhalb einer Sekunde stattfindet. Ein gesamter Schwingungsablauf innerhalb einer Sekunde bezeichnet ihr als ein Hertz. Eure Übertragungsmedien, wie Radio oder Fernsehen, arbeiten in der Regel im Kilo-, Mega- oder Gigahertzbereich. Dort arbeiten auch eure Funkkommunikationsgeräte.
Euren Wissenschaftlern ist es bereits vor geraumer Zeit gelungen, über Funk gesendeten Frequenzen weitere Frequenzen "Huckepack" aufzuladen. Das bedeutet, dass einer per Funk gesendeten Frequenz weitere Frequenzen in fast beliebiger Zahl zugeordnet werden können. Es wird dabei von Träger- und Modularfrequenzen gesprochen.

Was jedoch hat all dies mit eurem Sein zu tun?

Nun, wir haben euch gesagt, dass nichts existiert als das Bewusstsein des EINEN.
Bewusstsein ist Energie. Um es mathematisch auszudrücken: Bewusstsein = Energie! Bewusstsein und Energie ist ein und dasselbe!
Da ihr Wesen aus Energie seid, seid ihr im gleichen Maße Wesen aus Bewusstsein.
Bewusstsein = Energie und Energie = Bewusstsein.
Bewusstsein kann eine hohe oder eine niedrige Schwingungsform haben oder annehmen. Steine haben beispielsweise eine, verglichen mit euch, niedrige Schwingung. Wir bitten euch, die Formulierung "niedrige Schwingung" nicht gleichzusetzen mit "schlecht" oder "böse". Dies verhält sich keineswegs so. Steine sind, ebenso wie ihr, eine Ausdrucksform von Bewusstsein, dessen weitere Entwicklung völlig anderen Zeitabläufen unterworfen ist als beispielsweise die eure.
Das Wesen eures Seins ist lediglich eine Form von Bewusstsein.
Bewusstsein oder Energie ist jederzeit ohne besonders großen Aufwand formbar. Vorausgesetzt, das Wissen oder die Information, wie Bewusstsein geformt werden kann, ist vorhanden.

Wissen ist Macht !

Wer hat diesen Satz noch nie gehört? Wissen ist tatsächlich Macht. Denn wer Wissen besitzt, ist in der Lage, Dinge zu vollbringen, die diejenigen, die kein Wissen besitzen, eben nicht vollbringen können.

Nun, da ihr jetzt wisst, dass ihr Wesen aus Energie seid und Energie gleich Bewusstsein ist, wisst ihr bereits wesentlich mehr als vorher.
Wer oder was seid ihr nun?
Wir haben euch erklärt, dass es euren Wissenschaftlern gelungen ist, auf eine sogenannte Trägerfrequenz sogenannte Modularfre-

quenzen draufzupacken. Mit eurer Existenz verhält es sich ähnlich. Auf euer "Grundbewusstsein" oder eure "Grundenergie" wurden noch weitere "Bewusstseinszustände" oder "Energiezustände" draufgepackt.

Eure Existenz ist im Prinzip und vereinfacht gesprochen eine Summe von Bewusstseinszuständen. Wollten wir dies wieder mathematisch ausdrücken, würden wir euch folgende Formel geben:

Urbewusstsein + Bewusstsein + Bewusstsein + Bewusstsein + Bewusstsein = Summe des Bewusstseins

Euer Urbewusstsein ist die Summe aller in euren bisherigen Inkarnationen gemachten Erfahrungen. Geht ihr wieder in eine Inkarnation, packt ihr euch einige weitere Bewusstseinszustände zu eurem Urbewusstsein hinzu, nämlich das Bewusstsein der Erfahrungen, die ihr in dieser Inkarnation machen wollt. Dies ist, wenn ihr so wollt, das, was ihr seid, wenn ihr auf eurer Welt geboren werdet. Durch euer Leben entwickelt ihr euch weiter und fügt den einen oder anderen Bewusstseinszustand hinzu oder nehmt ihn hinweg.
Lebt ihr beispielsweise im Bewusstsein der Krankheit, so wäre, um zu gesunden, lediglich notwendig, das Krankheitsbewusstsein hinwegzunehmen und das Gesundheitsbewusstsein hinzuzufügen. Wie anders erklärt ihr die wundersame Gesundung von lebensbedrohlich erkrankten Menschen?
Ihr mögt nicht glauben, was wir euch erzählen, weil es sich für euren kompliziert arbeitenden Verstand viel zu einfach anhört. Doch was sagt euch euer Herz?

Wissen ist Macht, und Wissen ist das, was euch aus einer Vielzahl von Gründen vorenthalten wurde. Doch die Zeit der Dunkelheit in eurem Herzen neigt sich dem Ende zu. Diejenigen, die

Information erhalten wollen, können sie nun erhalten. Und der Quellen gibt es inzwischen viele.
Seid willkommen im Lichte, Kinder des Lichtes.

Ihr habt euch in die Käfige eurer dreidimensionalen Körper begeben, um eine bestimmte Qualität von Erfahrungen zu sammeln. Ihr habt euch bewusst in eine niedrigere Form der Schwingung begeben, um das, was ihr erfahren habt und noch erfahren werdet, zu erleben.
Auch ihr seid Lichtwesen. Ihr habt euch auf eurem Planeten inkarniert, um bestimmte Aufgaben zu erfüllen. Die Scheidung der Geister ist auf eurem Planeten längst vollzogen. Licht und Dunkel sind nun voneinander getrennt, und die Kluft wird immer größer.
Die Lichtfamilie ist erwacht und beginnt nun, sich zu strukturieren und ihre Fähigkeiten, die durch den Eintritt in die niedrige Schwingungsebene eurer dreidimensionalen Existenz vergessen wurden, wieder neu zu entwickeln.

Euch, die ihr der Lichtfamilie angehört, sei gesagt, allein die Tatsache, dass ihr unsere Geschichten lest, soll euch Beweis sein, dass ihr der Lichtfamilie angehört. Viele von euch spüren das Drängen und Fordern in sich. Ihr spürt in euch, dass ihr anders seid als andere um euch herum. Doch noch mögt ihr es nicht glauben. Ihr fürchtet euch noch vor dem, was ihr da in euch vermutet. Ihr fürchtet euch davor, das, was da in euch zu schlummern scheint, genauer zu betrachten oder zuzulassen.

Seht euch an, wie ihr lebt. Ihr werdet ständig durch vielfältige Manipulationen an eure Dreidimensionalität gebunden. Solange es euch nicht gelingt, euch daraus zu lösen, könnt ihr eure Fähigkeiten nicht entfalten.
Ihr besitzt die Fähigkeiten, die für euch wahrnehmbare dreidimensionale Realität und andere, für euch noch nicht wahrnehmbare Realitäten, durchaus in dem Maße zu beeinflussen, wie ihr dies eigentlich tun möchtet.
Ihr könnt es noch nicht glauben, doch es sei euch gesagt, dass ihr Schöpfergötter seid. Ihr wart fähig, Schöpfungsakte zu vollzie-

MEHR ÜBER DAS BEWUSSTSEIN

Die energetischen Vorgänge, die wir euch kurz erklärt haben, sind wesentlich komplexer, als wir sie euch beschrieben haben. Vor allem gibt es auch Ausnahmen, die, wie ihr so schön zu sagen pflegt, die Regel bestätigen. Die Bewusstseinsenergie des EINEN ist in ihrer Struktur absolut neutral. Sie ist weder positiv noch negativ. Sie beinhaltet zwar beide Erscheinungsformen von konstruktiv und destruktiv, ist jedoch selbst in ihrer Erscheinungsform neutral, sozusagen in ihrer Mitte. Ihr selbst seid Bestandteil dieser Energie oder dieses Bewusstseins. Ihr besteht sozusagen aus diesem Bewusstsein. Dieses Bewusstsein umgibt euch, so, als würdet ihr in Wasser schwimmen, das euch von allen Seiten umgibt. Da ihr, was euch noch schwerfällt zu glauben, die Summe von einzelnen Bewusstseinszuständen seid und ihr über die Fähigkeit verfügt, die Erscheinungsform von Bewusstsein zu verändern oder zu manipulieren, wärt ihr in der Lage, einfach eine "Handvoll" Bewusstsein zu nehmen und dies in eine euch wünschenswerte Erscheinungsform zu gestalten.
Im Prinzip tut ihr dies tagtäglich. Denn ihr selbst und niemand sonst gestaltet euer Leben, indem ihr jede Sekunde durch eure Gedanken und Gefühle eine Handvoll Bewusstsein nehmt und dies in eine "gewünschte" Erscheinungsform bringt. Es sei euch nochmals gesagt: Ihr manipuliert tagtäglich Bewusstsein. In jeder Sekunde eures dreidimensionalen Seins vollzieht ihr göttliche Schöpfungsakte. Das Wort "manipulieren" hat für euch einen unangenehmen Beiklang. Nichtsdestotrotz ist es die zutreffende Beschreibung.
Warum die Definition "Manipulation" für euch unangenehm klingt, werden wir euch später erzählen. Ihr erschafft euch ständig, ohne Pause eure Erscheinungsform. Und ihr mögt es glauben oder nicht ihr könntet jederzeit die Umstände eures Lebens, die euch oftmals so unerträglich zu sein scheinen, so beeinflus-

sen, dass ihr ein Leben führen könntet, wie ihr es euch in der Tiefe eures Herzens wünscht.
Was euch daran hindert ist lediglich die Tatsache, dass ihr euch dieses Vorganges, der nichts anderes als ein unbewusster Schöpfungsakt ist, ***nicht*** bewusst seid.
Ihr habt euch ein Jammertal erschaffen, indem ihr euch, von kurzen Momenten des Glückes einmal abgesehen, von einer leidvollen Erfahrung zur nächsten begebt. Ihr tut dies solange, bis ihr selbst bereit seid, euch andere Wege der Erfahrung zu suchen und damit auch zu finden.
Die Entscheidung, ob ihr Bewusstsein unbewusst oder bewusst in die euch angenehme Form bringt, trifft niemand anderer als ihr selbst. Jeder von euch für sich selbst.
Seht euch euer bisheriges Leben einmal etwas genauer an. In welchen Situationen wart ihr bereit, etwas Wesentliches in eurem Leben zu verändern? Immer dann, wenn ihr soviel Leid erfahren habt, dass ihr es nicht mehr ertragen konntet. Die Phasen eures Glückes und der Freude habt ihr als Pausen benutzt, um euch kurze Zeit von eurem Leid zu erholen.
Bewusstsein, liebe Menschen, ist immer neutral, beinhaltet jedoch immer, ohne Ausnahme, den konstruktiven ***und*** den destruktiven Teil an Bewusstsein. Die Formulierungen "konstruktiv" und "destruktiv" könntet ihr auch ersetzen durch die Worte "positiv" und "negativ", wir möchten jedoch bei den beiden erstgenannten Beschreibungen bleiben. Wenn ihr also Leid erlebt, bedeutet dies nichts anderes, als dass zur gleichen Zeit auch ebenso das Bewusstsein der Freude in euch ist. Welche Form des Bewusstseins ihr erleben oder erfahren wollt, also in diesem Beispiel Freude oder Leid, ist für euch lediglich eine Frage der freien Entscheidung.
Wenn es jemandem von euch gelungen ist, sich in eine absolut verfahrene Lebenssituation zu bringen, so fleht ihr den Gott an, an den ihr glaubt, euch endlich zu befreien und euch aus dem Leid zu erlösen. Diejenigen, denen es in ihrem Leben schon so

ergangen ist, werden bestätigen können, dass die Situation sich dann relativ kurzfristig entspannt hat.

Woran liegt das? Ihr wisst nun, dass ihr Bewusstseinszustände verändern könnt. Energie unterliegt der Eigenschaft, Ausgleich zu schaffen. Ihr verwendet einen Großteil eurer Energie, um euch eine persönliche Katastrophe nach der anderen zu erschaffen. Das bedeutet, anders formuliert, dass ihr einen Großteil eurer Energie dazu verwendet, die konstruktive Erscheinungsform von Bewusstsein von euch fernzuhalten. Ihr verwendet eure Energie dazu, eine Art von Schutzschirm um euch zu errichten, der konstruktive Energien daran hindert, sich in und um euch in einer dreidimensionalen Erscheinungsform zu manifestieren. Erst wenn ihr nicht mehr weiterkönnt und ihr Gott oder höhere Wesenheiten anfleht, euch zu helfen und euch von eurem Leid zu befreien, bricht dieser Schutzschirm zusammen, und die konstruktiven Bewusstseinszustände können zu euch vordringen. Fühlt ihr euch dann wieder besser, beginnt ihr, weiter in euren alten Denk- und Fühlmustern zu denken und zu fühlen und erschafft euch wiederum Situationen, die euch früher oder später wieder "kapitulieren" lassen. Dieses Spielchen setzt ihr solange fort, bis ihr für euch selbst verstanden habt, dass ihr eure Denk-, Fühl- und Glaubensmuster verändern müsst, da ihr euch selbst auf eine subtile Art und Weise damit schadet.
Es sei euch nochmals gesagt: Ihr könnt Bewusstsein ***bewusst*** gestalten.
Um diesen Schöpfungsakt vollziehen zu können, braucht ihr nichts, was ihr nicht schon hättet. Ihr werdet im weiteren Verlauf unserer Erzählung noch erfahren, wie ihr Bewusstsein in eine euch angenehme Erscheinungsform bringt.

Was empfindet ihr bei dem Gedanken, dass ihr göttliche Wesen seid?

Es fällt euch schwer, dies zu glauben. Wie lange kursiert bei euch schon das Gerücht, dass ihr eine Seele besitzt? Habt ihr eine Vorstellung davon, was eure Seele ist?
Eure Seele ist für euch etwas, das ihr zwar glaubt zu "haben", jedoch wisst ihr nicht so recht, was eure Seele denn nun tatsächlich mit euch zu tun hat.
Eure Seele ist der Teil des EINEN in euch. Eure Seele ist das Göttliche in euch. Eure Seele ist der Teil in euch, dem jegliche Information, die es jemals in eurem Sein und in dem Sein aller jemals vorhandenen Wesenheiten gab und gibt und geben wird, enthalten ist. Eure Seele ist der Teil eures Seins, in dem eure euch eigene Persönlichkeit in jeglichem Aspekt vorhanden ist und noch Äonen von Äonen vorhanden sein wird, bis ihr euch soweit entwickelt habt, dass ihr zu dem EINEN zurückkehren könnt.
Euer Geist ist das Bindeglied zwischen eurer Seele und euren Körpern. Viele von euch wissen inzwischen, dass ihr nicht nur über einen physischen Körper, sondern auch über einige, wie ihr sie nennt, Energiekörper verfügt. Je weiter ihr Menschen euch entwickelt, je höher die Schwingung eurer Seinsform wird, werdet ihr einen Körper nach dem anderen ablegen, bis ihr Wesenheiten seid, die dem entsprechen, was ihr heute noch als Energiewesen bezeichnet. Dieser Vorgang wird jedoch nach eurer dreidimensionalen Vorstellung noch Zeiträume dauern, die ihr euch heute noch nicht vorstellen könnt. Eurer Seele sind diese Vorgänge durchaus bekannt, jedoch eure dreidimensionale Wahrnehmung kann sich daran nicht erinnern. Verliert ihr einen eurer Körper, so ist dies ein Vorgang, den ihr als Transformation bezeichnet. Ihr begebt euch dabei lediglich in eine höhere Schwingungsform, der sich euer physischer Körper nicht aussetzen kann. Ihr werdet nach eurer Transformation wiederum über einen Körper verfügen, den ihr ebenso wahrnehmen werdet, wie ihr heute euren physischen Körper wahrnehmt.

Diese euch bevorstehende Transformation ist ein evolutionärer Prozess, den die Menschheit durchlaufen wird und der sich nicht mehr aufhalten lässt.
Der Gedanke an diesen Vorgang energetischen Wandels verursacht in euch ein unangenehmes Gefühl oder sogar Furcht. Ihr möchtet tief in euch an diesem Prozess teilhaben, und ihr fragt euch, ob ihr spirituell genug oder "gut" genug seid, dass ihr nicht ausgeschlossen werdet und auf eurer "bösen" Welt zurückbleiben müsst, während die "Guten" sich transformieren.
Stellt euch einmal eine Daseinsform vor, deren Ausdruck es ist, jeglichen gedachten Gedanken, jegliches empfundene Gefühl im Bruchteil einer Sekunde zu manifestieren. Nun überprüft den Inhalt eurer bewussten ***und*** auch eurer unbewussten Gedankenwelt und stellt euch einmal deren augenblickliche Manifestation vor. Stellt euch einmal vor, in welche Horrorwelt ihr schlagartig eintauchen würdet, wenn all der Hass, all die Furcht und all die Frustration, die ihr in euch tragt, sich schlagartig als eure neue Heimat präsentieren würden. Ihr würdet euch in einer Welt befinden, deren Ausdrucksform manifestierter Hass, manifestierte Furcht und manifestierte Frustration wären. Ihr würdet euch sofort nach eurer vorherigen Daseinsform zurücksehnen und würdet euch wiederum dort wiederfinden.
Versteht ihr nun, warum die Transformation sich noch nicht vollzogen hat?

Wir möchten euch einen Satz nochmals an euer Herz legen.

"Es existiert nichts außer dem Bewusstsein des EINEN."

Lasst euch diesen Satz auf der Zunge zergehen und fühlt in euch hinein. Was bedeutet dieser Satz für euch? Was fühlt ihr dabei?

Das Bewusstsein oder die Energie, aus der alles besteht, ist in euch und um euch herum. Ihr seid ein Teil dieser Energie oder dieses Bewusstseins.
Bewusstsein ist absolut neutral und beinhaltet sowohl konstruktive als auch destruktive Energie. Was ihr daraus erschafft, welche dieser beiden Kräfte ihr für euch nutzt, ist eure freie Entscheidung. Das Bewusstsein ist die absolute Liebe, die nicht bewertet oder fragt, wie sie verwendet wird. Ihr selbst erschafft jede einzelne eurer Erfahrungen. Entscheidet euch für das eine oder für das andere. Beides ist das gleiche.

Geht in euch und fühlt. Was sagt euch euer Herz?

VORURTEILE UND BEWERTUNGEN

Da ihr in eurem Leben weitestgehend unbewusst lebt und die meisten eurer täglichen Verrichtungen einfach "erledigt", bleiben die meisten eurer Erfahrungen für euch nicht beeinflussbar. Meist nehmt ihr unbewusst Nahrung zu euch, ihr steht morgens unbewusst auf, reinigt eure Körper unbewusst, erledigt eure Arbeit gezwungenermaßen, weil es nicht anders möglich zu sein scheint, und damit unbewusst, ihr verbringt eure Freizeit auf eine Art und Weise, die euch helfen soll, eure stundenlangen Dauerfrustrationen zu bewältigen. Die meisten unter euch sind sich nicht einmal ihrer selbst bewusst. So verbringt ihr den größten Teil eures dreidimensionalen Lebens unbewusst. Ihr werdet immer wieder mit Situationen konfrontiert, die euch in eurem täglichen Einerlei stören und meist für euch mit Leid verbunden sind. Selbst für euch beängstigende Ereignisse, wie schwerwiegende Erkrankungen oder eure Existenz bedrohende Situationen, nehmt ihr in dem Bewusstsein hin, ohnehin nichts verändern zu können. Erkranken eure Körper, geht ihr zu euren Ärzten, die nichts anderes tun, als die Symptome zu behandeln, mit denen ihr einen Bewusstseinszustand in der Dreidimensionalität manifestiert.
Eure ständige Furcht, eure ständige Frustration, euren ständigen Hass manifestiert ihr in eurem Körper und den Bedingungen eurer Umgebung.

Die Wirtschaft und alle mit ihr verbundenen Systeme, wie Politik, Energie, Wissenschaft, Kommunikation und Transport, beginnen zusammenzubrechen. Doch ihr wollt es nicht sehen. Ihr hofft immer noch, dass es ja vielleicht doch nicht so schlimm kommen würde und ihr selbst vielleicht ein winzig kleines Schlupfloch finden könntet, das es euch persönlich ermöglichen wird, das Kommende einigermaßen unbeschadet zu überstehen.

Ihr steckt eure Köpfe in den Sand in der Hoffnung, dass einer von euren politischen Führern früher oder später den Stein der Weisen finden möge und alles noch einen anderen Verlauf nehmen wird. Ihr hofft auf einen Führer, der euch eure Verantwortung für alles, was geschieht oder unterbleibt, abnimmt. Ihr kennt es nicht anders, als Verantwortung an andere abzugeben und euch dann darüber zu beklagen, was derjenige mit der Macht anstellt, die ihr selbst ihm übertragen habt. Eure Trägheit grenzt fast schon an Selbstvernichtung.

Chaos und Desorientierung sind immer der Beginn einer neuen Ordnung. Das kommende Chaos werdet ihr nicht verhindern oder aufhalten können. Ihr könnt jedoch euren Kopf aus dem Sand ziehen und euch einmal selbst genauer betrachten. Was schlummert in euch? Wer seid ihr? Was, wenn wir doch die Wahrheit sagen und ihr fähig seid, eure Lebensumstände selbst erschaffen zu können?
Glaubt ihr, dass ihr dann, wenn das Chaos seinen Lauf nimmt, damit beginnen könnt, euch selbst und euer wahres Wesen zu erkennen?
Viele unter euch beginnen, an sich Fähigkeiten zu entdecken, die, würde das euch von euren Führern vermittelte Weltbild tatsächlich der Wahrheit entsprechen, einem "normalen" Menschen niemals zur Verfügung stehen könnten. Ihr beginnt, Fähigkeiten an euch zu entdecken und wollt nicht glauben, was euch geschieht. Ihr wollt Beweise, und habt ihr den Beweis erhalten, wollt ihr den Beweis bewiesen haben. Wann werdet ihr endlich erkennen, dass ihr Kinder des Lichtes seid? Wann werdet ihr endlich erkennen, dass ihr Mitglieder der Lichtfamilie seid, und wann werdet ihr bereit sein, euch euren Aufgaben zuzuwenden?

Ihr seid äußerst komplexe Wesenheiten. So stehen euch in eurer Dreidimensionalität zwei Informationssysteme zur Verfügung,

von denen jedes seine speziellen Aufgaben hat. Diese beiden Informationssysteme sind euer Verstand und euer Gefühl.
Ihr habt euch auf einer Welt inkarniert, deren gesamte Ausrichtung auf dem System des Verstandes beruht. Ihr werdet seit geraumer Zeit, sobald ihr geboren wurdet, ständig trainiert, euren Verstand zu schulen und zu schärfen. Ihr wurdet darauf trainiert, eurem Verstand alle Aufgaben zu übertragen. Alles muss erklärbar sein und analytisch "zerlegt" werden, bevor ihr es glauben und damit annehmen könnt.
Habt ihr euch schon einmal gefragt, warum euch dies antrainiert wird?
Was, liebe Menschen, tut ihr mit euren Emotionen?
Emotionen gelten bei euch als unzuverlässige Genossen. Wie oft wurde jeder einzelne von euch schon in emotionalen "Dingen" ent-täuscht?
Wie oft habt ihr euch schon entschlossen, euch nicht mehr zu "ver-lieben"? Wie oft habt ihr euch schon entschlossen, euch das nächste Mal in emotionalen Bereichen anders zu ver-halten und alles zu "kontrollieren"?
Ihr mutet eurem Verstand Aufgaben zu, die dieser nicht verarbeiten kann. Euer Verstand ist das Kontrollorgan eurer gesamten dreidimensionalen Wahrnehmung. Ihm obliegt die Aufgabe, bestimmte Informationen zu verarbeiten und Schlüsse daraus zu ziehen, die euch bei eurer weiteren Entwicklung helfen und unterstützen sollen. Da Emotionen Bewusstseins oder auch Informationszustände sind, braucht ihr sie als wesentlichen Bestandteil eurer Existenz. Eure Emotionen bilden das Energiepotential, das ihr benötigt, um das zu tun, was ihr in jeder Sekunde eures Seins tut, nämlich Schöpfungsakte zu vollziehen.
Eure Emotionen bilden das Energiepotential, das ihr für eure Manifestationen benötigt.

Was jedoch habt ihr aus euren Emotionen gemacht? Selbst eure Gefühle habt ihr eurem Verstand übertragen. Euer Verstand ist

damit jedoch hoffnungslos überfordert. Euer Verstand hat inzwischen sogar eine Form von Eigenleben entwickelt. Jetzt nämlich, da euer Verstand nicht mehr der Diener eures Seins ist, sondern ihr die Diener eures Verstandes, befindet ihr euch in einem absoluten Dilemma. Euer Verstand hat Macht über euch bekommen und ist nur widerwillig bereit, diese Macht wieder abzugeben.
Euer Verstand ist das Instrument eures Seins, dem ihr bereits so viel Macht über euch selbst gegeben habt, dass ihr ihm sogar gestattet, Gefühle zu erzeugen. Euer Verstand jedoch ist vergleichbar mit einem kleinen Kind, das schreit und auf den Boden stampft, wenn es nicht bekommt, was es will.
Euer Verstand ist eigensinnig und reagiert widerwillig auf alles, von dem er glaubt, dass es ihm seine gewonnene Macht wieder entziehen könnte. So projiziert euer Verstand inzwischen auch oftmals eure Gefühle. Diese Projektionen von Gefühlen sind für euch durch Gedanken zu beeinflussen. Ihr denkt, ihr könntet eure Gefühle kontrollieren, indem ihr euch in der Lage seht, eure Gefühle zu analysieren. Was jedoch in euch ist das analytische Instrument? Eurer Verstand gibt euch die Projektion von Gefühl und hilft euch sofort dabei, euch über eure Gefühle Klarzuwerden. Ihr fühlt nicht mit eurem Herzen, sondern ihr fühlt mit eurem Verstand.
Ihr liebt nicht, sondern ihr ver-liebt euch. Ihr braucht einen Grund, um lieben zu können. Ihr braucht einen anderen Menschen, den ihr lieben könnt, einen Gegenstand oder Geld, das ihr lieben könnt.

Das unverfälschte Gefühl der Liebe benötigt keinen Grund. Liebe entsteht aus sich selbst. Sie entsteht ohne Grund in euch, denn Liebe ist sich selbst genug. Die Liebe eures Herzens fragt nicht und analysiert nicht. Sie liebt einfach, ohne Grund.
Wer von euch kann sagen: Ich liebe mich, so wie ich bin und ohne Vorbehalt?
Ihr sagt: Ich liebe Gott!
Ihr könnt nicht sagen: Ich liebe mich!

Der, den ihr als Gott bezeichnet, und den wir den EINEN nennen, ist in euch! Eure Seele, einer eurer Bewusstseinsaspekte, ist der EINE in euch. Wenn ihr also sagt: Ich liebe Gott, müsstet ihr euch eigentlich selbst lieben, da der EINE in euch ist. Doch ihr tut es nicht, ihr könnt es nicht. Ihr glaubt, nicht gut genug zu sein, um euch selbst lieben zu können. Ihr verwechselt die Liebe zu euch selbst mit Egoismus. Euer Verstand, das Kind eures Seins, ist egoistisch.
Die Liebe zu euch selbst hat nichts mit Egoismus zu tun. Seid ihr fähig, diese Liebe zu euch selbst zuzulassen, so werdet ihr feststellen, dass ihr eins werdet mit allem, was ist. Und ihr liebt nicht nur euch selbst, sondern ihr liebt alles, mit dem ihr verbunden seid. Und es sei euch gesagt, verbunden seid ihr mit allem, was ist. Erst wenn ihr euch wieder euren tatsächlichen Emotionen zuwendet, die in euch sind und die nicht so laut schreien wie euer Verstand, sondern leise und sanft in euch sind, könnt ihr lernen, euch selbst und damit alles in euch und um euch vorbehaltlos und bedingungslos zu lieben.

Wir haben euch erzählt, dass Energie zwei Pole benötigt, um sein zu können. Mit eurem Verstand und eurem Gefühl verhält es sich ebenso wie mit den beiden Polen einer Batterie. Euer Verstand beinhaltet sozusagen einen Teil des Potentials, und eure Emotion beinhaltet den Gegenpol. Beides zusammen bildet eine Einheit. Befindet ihr euch in der Mitte, habt ihr selbst die Wahl zwischen dem einen oder anderen. Beides jedoch ist wieder eins.
Befindet ihr euch in der Mitte, so könnt ihr jederzeit auf das eine, also den Verstand, oder das andere, das Gefühl, zurückgreifen.

Eure Gefühle erzeugen in euch ein Energie- oder Bewusstseinspotential. Seid ihr ausgeglichen oder in eurer Mitte, so scheinen alle Dinge eures täglichen Lebens euch leichter von der Hand zu laufen. Alles, wofür vorher ein enorm großer Aufwand notwendig war, um es zu erledigen, erledigt sich fast von allein. Ihr alle kennt diesen Zustand.

Seid ihr in eurer Mitte, verändert sich die Form eurer Schwingung. Sie verläuft nicht mehr in Form einer Kurve, sondern bekommt ein völlig anderes Aussehen:

Was sich verändert, ist der Zeitablauf, während dem sich ein kompletter Durchlauf, vom Nullpunkt zum Höchstpunkt, wiederum zum Nullpunkt, zum gegengerichteten Höchstpunkt und wiederum die Rückkehr zum Nullpunkt, vollzieht. Befindet ihr euch in eurer Mitte, so ist es euch möglich, in der gleichen Zeit, in der eure Energie bisher eine komplette Schwingung durchgeführt hat, mehrere Schwingungen "unterzubringen".

Allein die Tatsache, dass ihr versucht, eure Mitte zu finden, und lernt, diesen Zustand beizubehalten, trägt zu einer Erhöhung euer eigenen Schwingungsfrequenz bei.
Um dies zu erreichen, ist es notwendig, dass ihr euch von den projizierten Gefühlen eures Verstandes löst und euch dem Gefühl eures Herzens zuwendet. Das erscheint euch zu einfach? Nun, dann tut es und wir werden sehen.

Ihr Menschen unterliegt in euer dreidimensionalen Existenz einer Vielzahl von Eindrücken und Informationen. Dieser Fluss von größtenteils vorgefertigten Meinungen erreicht euch bereits, wenn ihr noch kleine Kinder seid. Eure Eltern versuchen, euch ihre Wertigkeiten, Einschätzungen und Meinungen, die sie während dieser Zeit ihrer eigenen Entwicklungsphase für die "richtigen" halten, zu vermitteln.
Ihr lernt, Verhaltensmuster eurer Eltern als die eigenen anzunehmen, einfach, indem ihr mit euren Eltern eine Phase eures Lebens verbringt, die euch besonders prägt.
In euren Schulen lernt ihr Machtstrukturen und Hierarchien kennen. Ihr lernt, euch dort analytisch zu verhalten. Tretet ihr dann in euer Berufsleben ein, seid ihr so gut darauf vorbereitet, dass ihr euch so verhaltet, wie es von euch gewünscht wird. Stören-

friede und Außenseiter sind unerwünscht, sie bringen nur Unruhe in das System. Ihr habt in den Jahren bis zu eurem Erwachsensein gelernt, wie ihr euch in dem Machtsystem zu verhalten habt. Wenn ihr euch im Beruf anstrengt und nicht aus der Reihe tanzt, macht ihr Karriere, ansonsten seid ihr die bemitleidenswerten Verlierer.

Ihr habt gelernt, dass ihr "gute" Menschen zu sein habt. Ihr habt gelernt, dass es "gut" ist, wenn ihr einen Beruf habt und eure Familie ernähren könnt. Es ist "gut", fleißig zu sein, ein Haus zu bauen, versichert zu sein und in Urlaub fahren zu können.

Ihr habt gelernt, dass es "schlecht" ist, keinen Beruf zu haben, kein Geld zu haben und nicht in Urlaub fahren zu können. Eure Gesellschaft grenzt die Menschen, die nicht Karriere machen oder sich nicht der Norm nach verhalten, aus. Diese Menschen sind Außenseiter und bekommen dies auch immer wieder mehr oder weniger stark zu spüren.

Ihr hasst die Menschen, die nicht in eurem Land geboren wurden oder begegnet ihnen zumindest mit Unbehagen.

In allen Ländern der Welt geht es der Wirtschaft schlecht. Die Rate der Arbeitslosen ist in allen Ländern eurer Welt ähnlich hoch. Euch wird gesagt, die Ausländer in eurem Land nehmen euch die Arbeit weg. Ob ihr es nun wollt oder nicht, ihr könnt euch den Parolen nicht entziehen, und so betrachtet ihr andershäutige Menschen noch mehr mit Argwohn. Die Konsequenz ist logisch. Keine Ausländer mehr in eurem Land, mehr Geld in den Staatskassen und mehr Arbeitsplätze. Oder verhält es sich doch anders?

Menschen, die ihre Schulden nicht mehr bezahlen können, werden von eurer Gesellschaft ausgegrenzt. Sie sind "schlecht", verhalten sich nicht nach der Norm.

Gerät einer von euch in eine Situation, in der ein Kredit nicht mehr zurückbezahlt werden kann, verlangt die Bank von ihm, dass er den gesamten Betrag zurückzahlen muss. Der Mensch,

der die Schulden hat, ist auf die Menschen böse, die in der Bank arbeiten, weil sie ihm nicht mehr helfen. Die Menschen der Bank halten den Schuldner für böse, weil er seine Schulden nicht bezahlt.
Wer von diesen Menschen ist nun wirklich der oder die "Böse"? Nach welchen Maßstäben wird hier gemessen? Sicherlich eine Frage der Sympathie.

Ein Mensch, der seine Arbeit verloren hat und der befürchten muss, weder Miete noch sonstigen Verpflichtungen nachkommen zu können und ein Verbrechen plant, von dem er denkt, es könnte seine Situation verändern, wie werdet ihr ihn bewerten und verurteilen?
Verbrechen verstoßen gegen eure Gesellschaftsordnung und müssen nach euren Wertigkeiten bestraft werden. Wenn die Ursache des Verbrechens jedoch eine nicht funktionsfähige Gesellschaftsordnung ist, deren Werte auf einem Mangel an Information beruhen, wer ist dann der wahre Schuldige?

Wissen ist Macht! Die wirklich Wissenden und damit Mächtigen sitzen weit über denen, die die Geschicke eures Landes regieren. Die wirklich Mächtigen eures Planeten sind es, denen daran gelegen ist, die Unwissenheit, die Vorurteile und Wertungen von Gesellschaftsordnungen so zu belassen, wie sie sind. Bilden diese doch die Grundlage dieser Macht.

Es ist eine der Eigenschaften eures Verstandes, Wertungen vorzunehmen. Dies ist weder "gut" noch "schlecht". Es ist einfach so. Je mehr ihr beginnt zu fühlen und eure schon so lange in euch schlafenden Emotionen wieder erweckt, je mehr ihr lernt, die Liebe, die aus sich selbst entsteht, in euch hervorzurufen, so werdet ihr lernen, nicht mehr in dem Maße Wertungen über euch selbst und andere zu treffen, wie ihr es bisher tut. Hat sich die Gesamtheit eures wahren Seins euch offenbart, so könnt ihr, so ihr wollt, das Ganze erkennen. Hört auf euer Herz, es wird euch ein guter Ratgeber sein in der Zeit, die kommt.

INKARNATION UND KARMA

Inzwischen glauben viele von euch daran, wiedergeboren zu werden. Ihr nennt dies Inkarnation oder Reinkarnation. Was es jedoch für euch bedeutet und wie es euren Horizont erweitern könnte, würdet ihr euch einmal intensiv damit auseinandersetzen, was Inkarnation für euch bedeutet, so wäre es euch möglich, Zusammenhänge eures Seins zu erkennen. Doch noch ist eure Trägheit größer als euer Wissensdurst, und euch beschäftigt die Sensation: "Ich werde immer wieder geboren und sterbe nicht tatsächlich", mehr als der gesamte Zusammenhang der Wiedergeburt und seine Bedeutung für euch selbst. Es ist ohnehin ein Phänomen, wie ihr es immer wieder schafft, Erkenntnisse zu erlangen, es jedoch immer wieder irgendwie fertigzubringen, diese Erkenntnisse nicht mit eurem Selbst und dem damit verbundenen Sein in Verbindung zu bringen.

"Als der EINE sich selbst erkannte, war nichts, außer ihm selbst. Da ER nicht wusste, wer ER war, suchte ER nach Erkenntnis. Da ER selbst Licht war, schuf ER die Dunkelheit, um sich selbst erkennen zu können. Da ER Alles war, wollte ER erkennen, was Nichts war. So erschuf ER das Nichts.
Als der EINE erkannte, dass das Nichts in ihm war, wollte ER es erfüllen mit Allem. ER teilte sich auf in die, die das Nichts mit allem erfüllen sollten. So ging ein jeder von denen, die den EINEN füllen sollten, seines Weges im Nichts des "All-es". Und sie begannen, das "All-es" mit Leben zu erfüllen, und je mehr Leben sie schufen, desto mehr blieb zurück von ihnen selbst in dem, was sie erschaffen hatten.
Doch auch das Dunkel, das aus dem EINEN erschaffen war, war erfüllt mit dem Leben des EINEN. Und das Leben des Dunkel wollte herrschen über das Leben des Lichtes. So entbrannte ein Kampf zwischen dem Licht und dem Dunkel. Und

auch das Dunkel ging hinaus und begann Leben zu erschaffen, das es erfüllte mit seinem Leben, das das Leben des EINEN war.
Und der EINE sah, was geschah, denn "All-es" war das, was ER erschaffen hatte. Und da ER "All-es" war, liebte ER sich selbst und damit "All-es", was ER erschaffen hatte.
Das Dunkel wird niemals das Licht durchdringen, wohl aber das Licht das Dunkel. Haben Licht und Dunkel sich wieder vereint, so hat der EINE sich selbst erkannt."

Die Intension des EINEN ist es, sich selbst zu erkennen. Da der EINE "All-es" ist, findet alles, was geschieht oder unterbleibt, in dem EINEN statt. Es sei euch zum besseren Verständnis nochmals gesagt: ***Nichts existiert, außer dem Bewusstsein des EINEN.*** Alles, was ihr jemals wart, seid und sein werdet, ist eine Projektion des Bewusstseins des EINEN. Alles, was ihr sehen, riechen, fühlen und schmecken könnt und auch das, was ihr nicht sehen, nicht riechen, nicht fühlen und nicht schmecken könnt, ist das Bewusstsein des EINEN. Eure Erfahrungen sind die Erfahrungen des EINEN, euer Leid ist das Leid des EINEN, eure Freude ist die Freude des EINEN, eure Gedanken sind die Gedanken des EINEN. Was ihr tut oder lasst, tut der EINE oder lässt es. Ihr seid ***eins*** mit dem EINEN, und der EINE ist ***eins*** mit euch.
Die des Lichtes und die des Dunkels, die die ersten waren, haben Welten und Wesen erschaffen. Sie haben "All-es" erschaffen, und sie erschufen Nichts. Das Bewusstsein, das die ersten waren, teilte sich immer mehr auf in das Bewusstsein der Schöpfungen der ersten, denn Schöpfung entsteht aus Bewusstsein, da Bewusstsein das einzige ist, was wirklich existiert.
Die ersten erschufen immer mehr Bewusstsein und teilten sich immer mehr auf, denn in allem, was sie erschufen, blieb ein Teil ihres Bewusstseins, das das Bewusstsein des EINEN war, zurück.

Und als die ersten dachten, sie hätten genug erschaffen, wollten sie zurückkehren zu dem EINEN. Doch mussten sie feststellen, dass sie Teile ihres Bewusstseins in ihrer Schöpfung in so großem Maße zurückgelassen hatten, dass die Nähe des EINEN die Reste ihres Bewusstseins vernichten würde. Denn der EINE war noch immer so, wie er immer gewesen war, obwohl er sich in sie geteilt hatte. So mussten sie zurückbleiben in dem Nichts, das All-es war, um darauf zu warten, dass ihre Schöpfungen sich selbst erkennen würden und damit zu ihnen zurückkehren könnten, damit sie selbst wieder eins werden können mit dem EINEN, der sie selbst waren.

Eure Seelen sind unsterblich, denn sie sind der Teil des EINEN in euch, der ihr selbst seid. Da es eure Evolution ist, euch wieder mit denen zu verbinden, die die ersten waren, geht ihr wie der EINE den Weg der ***Selbst***-erkenntnis.
Bewusstsein drückt sich aus durch die Projektion von Schwingung. Ihr lebt und erlebt die Dreidimensionalität. Die Dreidimensionalität drückt sich in einer Form der Schwingung aus, die ihr Materie nennt. Materie ist nichts anderes als eine Form von ständig schwingender Energie oder Bewusstsein.

Eine Bewusstseinsform, die sich aufgrund der Summe ihres Urbewusstseins zuzüglich weiterer, verschiedener anderer Bewusstseinszustände in dieser Schwingungsebene aufhält, setzt durch die Hinzufügung oder die Hinwegnahme weiteren Bewusstseins eine Ursache, deren Ausdrucksform die Materie ist.

Ihr haltet euch aufgrund verschiedener Umstände, über die wir euch etwas später mehr erzählen werden, in eurer Dreidimensionalität auf, d.h. in einer der dritten Dimension angepassten Schwingungsform. Jede Dimension setzt sich, ähnlich wie die euch bekannten Tonleitern, aus verschiedenen Oktaven zusammen. Auf dem Wege der Evolution bewegt sich jede Wesenheit von einer Oktave zur nächsthöheren, bis alle Oktaven einer Dimension durchlebt oder erfahren wurden.

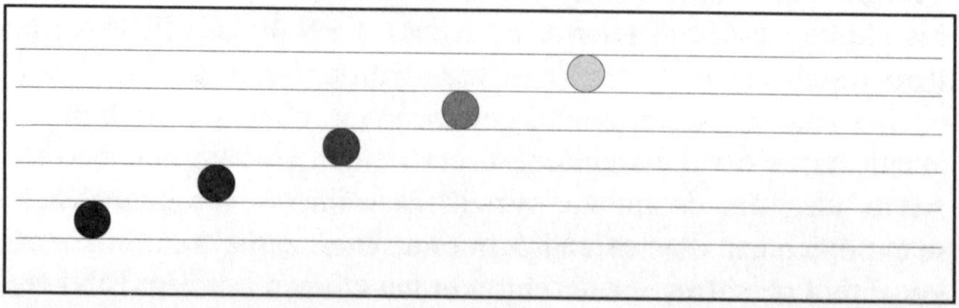

In jeder Dimension gibt es 12 Oktaven oder Schwingungsebenen, von denen eine nach der anderen von allen Wesenheiten durchlebt werden, bis der Schritt in die nächsthöhere Dimension vollzogen werden kann.
Hat sich eine Wesenheit, aus welchen Gründen auch immer, dazu entschieden, eine bestimmte Form der Schwingung zu durchleben, um sich weiterzuentwickeln, so durchlebt sie vom Beginn der Schwingung an alle Oktaven der Dimension, in die sie sich begeben hat, bis hin zu dem Punkt, bis sie wieder an den Punkt ihrer Evolution gelangt ist, an dem sie sich entschlossen hatte, sich in eine niedrigere Schwingungsform zu begeben. Eine Wesenheit entschließt sich zu dem Schritt aus Gründen der Vervollkommnung ihres Bewusstseins. Eine Wesenheit, die diesen Schritt vollzogen hat, also sich wieder zu dem Punkt hin entwickelt hat, an dem sie sich entschloss, den Schritt "zurück" zu wagen, ist dann bereit, wiederum in die nächst höhere Schwingungsebene einzutreten. Dieser Vorgang erstreckt sich über einen immens langen Zeitraum, jedoch ist der Wesenheit oder Seele bewusst, dass dies der einzige Weg zurück in die Einheit ist.

Das, was ihr Menschen Inkarnation nennt, ist nichts anderes als der Weg eurer Evolution. Ihr bewegt euch von einem Leben zum anderen, ihr bewegt euch von einer Oktave zur nächsten, bis ihr genug Wissen oder Erfahrung oder Information gesammelt habt, bis ihr in euch selbst bereit seid, den nächsten Schritt zu vollziehen. Ihr und alle anderen Wesenheiten werden dies so lange tun, bis sie bereit sind, sich wieder mit dem EINEN zu vereinigen, der sie selbst sind.

Wenn ihr beginnt, eine eurer körperlichen Lebensspannen so zu sehen, als wäre es einer eurer Arbeitstage und die Phase nach dem physischen Tod eurer Körper nichts anderes ist als eine Art von Erholungspause, in der ihr eure gemachten Erfahrungen verarbeitet und euch gleichsam auf die nächste physische Phase vorbereitet, so könntet ihr in Zukunft euer Leben und die damit verbundenen Erfahrungen von einer anderen Warte aus sehen. Es würde euch gelingen, euer Leben von einer höheren Sichtweise zu betrachten, und damit wärt ihr der Mitte eures Seins näher als zuvor.

Der Wechsel zwischen der Polarität eures Seins, der euch immer wieder hin- und herwirft zwischen der einen Seite und der anderen,

(+) ←――――――――――――――――――――→ (−)

könnte von euch verlassen werden und ihr könntet eine neutrale Position beziehen, die es euch ermöglicht, die beiden Pole der Polarität aus einem anderen Blickfeld zu betrachten.

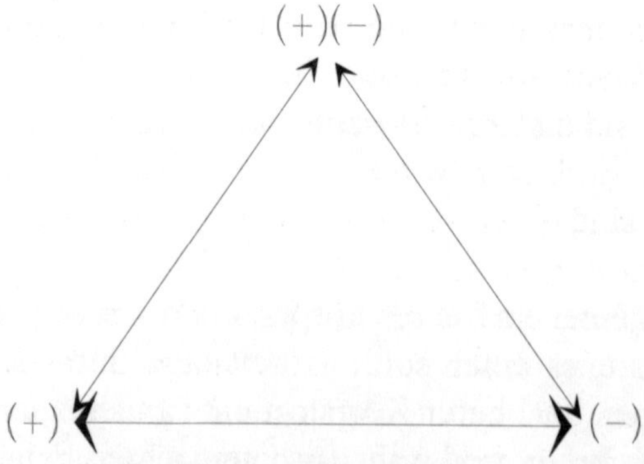

So könntet ihr in dem Bewusstsein leben, dass der eine Pol notwendig ist, damit der andere sein kann. Beides sind Teile des Ganzen, und beides ist ein und dasselbe.
So könntet ihr leben in dem Bewusstsein, dass es nicht notwendig ist zu bewerten, ob etwas "gut" oder "böse" ist, denn ihr wärt euch bewusst, dass das eine das andere bedingt und beides Teil von euch ist. Seid ihr in der Mitte, so seid ihr in der Lage, euch aus euch selbst heraus und damit bewusst für den einen Pol oder den anderen zu entscheiden.

Chaŕ-ma (Karma) ist für euch mit Inkarnation untrennbar verbunden. Char-ma verbindet ihr oftmals mit Schuld, die ihr in einer eurer früheren Inkarnationen auf euch geladen habt. So sucht ihr den Grund für widrige Lebensumstände eurer jetzigen Inkarnation in Schuld, die ihr nun abtragen müsst.
Wir fragen euch: Wie könnt ihr frei sein, wenn ihr schuldig seid? Wer, so fragen wir euch, könnte daran interessiert sein, dass ihr euch schuldig fühlt? Wer, so fragen wir euch, könnte daran interessiert sein, dass ihr nicht frei seid?

Was, denkt ihr, würde sein, wenn es euch nicht gelungen ist, in einer Inkarnation die Schuld, die ihr auf euch geladen habt, zu

sühnen? Hättet ihr nicht in einer dritten Inkarnation Schuld aus zwei Inkarnationen abzutragen?
Wie könnt ihr schuldig sein, wenn ihr der Erfahrung des EINEN dient?
Solange ihr euch eurer selbst nicht bewusst seid, seid ihr gezwungen, euch den Gesetzen eurer Gesellschaft unterzuordnen. Seid ihr euch eurer selbst bewusst, so erkennt ihr notwendigerweise, wer ihr tatsächlich seid und könnt nicht anders, als euch der unendlichen und bedingungslosen Liebe hinzugeben. Dann werdet ihr das erkennen, was ihr heute als kosmische Gesetze bezeichnet, und von dem ihr nicht einmal annähernd wisst, um welche Gesetze es sich handelt. Habt ihr diesen Grad der Schwingung oder Erkenntnis erreicht, so müsst ihr euch keine Gedanken mehr darüber machen, ob ihr nun gerade "gut" oder "böse" seid.

Char-ma bedeutet nichts anderes als "gegensätzliche Erfahrung". Jeder von euch hat bereits eine Vielzahl von Inkarnationen "hinter" sich. Jede dieser Inkarnationen diente dazu, euch eine Anzahl von Erfahrungen und damit Informationen zu vermitteln. Jede dieser Informationen diente und dient dazu, euch der Erkenntnis eures Selbst und damit dem EINEN näherzubringen. Habt ihr in der einen Inkarnation eine Erfahrung gemacht, werdet ihr in der Regel in der gleichen oder einer weiteren Inkarnation die gegengerichtete Erfahrung machen. Der eine Pol bedingt den anderen. Seid ihr in eurer jetzigen Inkarnation krank oder lebt in Armut, so mag dies auch daran liegen, dass ihr die damit verbundene Erfahrung benötigt, damit beides in euch ist. Euer Leben dient dem Sammeln von Erfahrungen.

Diejenigen unter euch, die in leidvollen Erfahrungen stecken, wollen nun wissen, wie sie Char-ma erkennen können. Nun, euch sei gesagt, ihr werdet Erkenntnis erlangen, wenn ihr beginnt, danach zu suchen. Doch dies mag der mühsamere Weg sein, den

jedoch einige von euch werden gehen müssen, da sie selbst sich vorgenommen haben, den mühsamen Weg zu gehen. Dies werden sie so lange tun, bis sie in ihrem Herzen erkennen, dass der Weg, Erfahrungen zu sammeln, nicht notwendigerweise leidvoll sein muss.
Der Schlüssel zur Erkenntnis, der es ermöglicht, notwendige, leidvolle Erfahrungen zu "erlösen", also nicht durchleben zu müssen, ist die Liebe. Die bedingungslose Liebe, die nicht fragt und aus sich selbst entsteht.
So macht euch nun also auf die Suche nach Erkenntnis oder macht euch auf die Suche nach der Liebe. Entscheidet euch selbst für das, was ihr wollt.
Finden werdet ihr das eine oder das andere nur in euch selbst.

WAS IST LEBEN?

Der Ausdruck von Leben beschränkt sich keineswegs nur auf, wie ihr es nennt, "humanoide Lebensformen". Die Arten und Ausdrucksformen von Leben, die auf eurem Planeten, in eurem Sonnensystem und in den Weiten des All-es existieren, sind so unglaublich vielfältig, dass sich dies der Kraft eurer Phantasie entzieht.
Vielen von euch fällt es noch schwer, sich vorzustellen, dass die Pflanzen eures Planeten Lebewesen sind. Pflanzen sind, ebenso wie ihr, entstanden aus dem Bewusstsein des EINEN. Das, was die Pflanzen von euch unterscheidet, sind lediglich die Summen der Bewusstseinszustände.
Es sei euch nochmals gesagt: ***Alles um euch herum ist Bewusstsein***. Steine, Pflanzen, die Erde, auf der ihr euch bewegt, selbst das, was ihr als leblose Materie bezeichnet, ist Bewusstsein und unterliegt damit der Evolution und ***ist*** Leben.
Wir haben euch gesagt, dass Leben in jeglicher Form immer ein Ausdruck des Bewusstseins des EINEN ist. Anders ausgedrückt, existiert nichts anderes als Leben, da Bewusstsein Energie ist und alles, was existiert, aus Energie besteht, die sich lediglich in unterschiedlichen Schwingungsformen ausdrückt und darstellt.
Alles, was euch umgibt, ist Leben!

Da alles aus der gleichen Form von Energie besteht und der Unterschied lediglich in der Intensität der Schwingung und in der Summe von ineinander verknüpften Bewusstseinszuständen besteht, ist ***jede*** Ausdrucksform und damit ***alles***, was existiert, auch eine Form von Leben!

Die euch umgebende und, wie ihr sie oftmals bezeichnet "leblose Materie" ist Energie in Form eines Schwingungszustandes und hat Bewusstsein. Steine, denen sich immer mehr von euch zu-

wenden, um deren Schwingungsenergie zur Heilung zu verwenden, die Erde, euer Planet, Tiere, Pflanzen, Mineralien, einfach alles, was in irgendeiner Form existiert, ist der Ausdruck pulsierenden Lebens.
Sprengt dies schon die Grenzen eurer Vorstellungskraft?

Ihr diskutiert ernsthaft darüber, ob Leben auf anderen Planeten möglich ist. Unter euch ist ein regelrechter Meinungskrieg darüber entbrannt, ob es "Außerirdische" gibt oder nicht.

Eure Wissenschaftler erzählen euch, dass Leben auf anderen Planeten eures Sonnensystems nicht möglich sei, da die für euch atembare Atmosphäre fehlt, oder der Planet zu heiß oder zu kalt sei, als dass ihr auf ihm leben könntet. Um das vielfältige Leben auf anderen Planeten erkennen zu können, müsstet ihr euch auf eine dem Planeten angepasste Schwingungsebene begeben. Da euch dies nicht möglich ist, müsstet ihr technische Voraussetzungen schaffen, um die vorhandenen Tore im, wie ihr es nennen würdet, Raum-Zeitgefüge aufspüren zu können, die euch Zugang zu den Lebensformen der einzelnen Planeten ermöglichen könnten.
Leben existiert in unglaublicher Vielfalt und Ausdrucksform. Dies jedoch entzieht sich eurer persönlichen Kenntnis. Die wirklich Mächtigen eures Planeten wissen davon, jedoch berücksichtigen sie eine für euch wesentliche Kenntnis: Wissen ist Macht!
Vielen der euch umgebenden Lebensformen wärt ihr nach euren Wertschätzungen überlegen. Andererseits existieren wiederum viele Lebensformen, denen eure eigene in jeglicher Hinsicht unterlegen ist. Dennoch ist ein Leben so wertvoll wie das andere, denn es entstammt der gleichen Quelle.

Ihr seid Wesenheiten aus Bewusstseinsenergie, deren Schwingungsform der Dreidimensionalität entspricht. So existieren Lebensformen, die euch in vielem ähnlich sind. Andere Bewusst-

seinsformen leben in höheren oder niedrigeren Schwingungsebenen.
Es gibt Seinsformen des Lichtes und der Dunkelheit und welche, die weder licht noch dunkel sind. Alles dient nur dem EINEN und ist Teil eines großen Planes.
Da alles nur EINEM entspringt und somit alles gleich ist, jedoch lediglich eine der Vielfalt des Lebens entsprechende Ausdrucksform angenommen hat, ist auch alles, was ist, miteinander untrennbar verbunden.
Jedes einzelne Leben auf eurem Planeten und somit alles, was euch umgibt, ebenso wie euer Planet selbst, ist Teil eines eigenständigen energetischen Ökologiesystems. Ziel dieses Ökologiesystems ist es, sich im Laufe der Evolution miteinander zu verbinden und sich ***gemeinsam*** weiterzuentwickeln, wobei jeder Teil dieser Gemeinschaft durchaus seine eigene Identität behält.
So gab es in der Geschichte eures Planeten Völker, die dieses Ziel erreichten und eine andere Form der Schwingung annahmen und somit im Kollektiv die Dreidimensionalität verließen.

Es gibt für euer Ökologiesystem ein Energiefeld, in dem alle Informationen aller Lebensformen eures Planeten gespeichert sind. Eine eurer Bezeichnungen dafür ist das "morphogenetische Feld". So ist es euch möglich, Zugang zu dieser Quelle der Information zu finden. Durch die dort vorhandenen Informationen ist es zum Beispiel möglich, dass eine Erfindung von zwei Menschen zur gleichen Zeit gemacht wird, wobei einer nicht vom anderen weiß. Durch Verbindung mit diesem Feld ist es möglich, Kontakt mit anderen Lebewesen oder Lebensformen aufzunehmen. Der euch als Telepathie bekannte Vorgang findet beispielsweise über das morphogenetische Feld statt.
Hütet euch davor, den Zugang zu diesem Informationsfeld erzwingen zu wollen. Die Flut der Informationen würde euren Geist verwirren. Um den Zugang zu finden, ist es ausreichend, wenn ihr die Absicht formuliert, den Zugang dorthin erhalten zu

wollen. Ihr werdet ihn dann in dem Maße finden, wie ihr fähig seid, die Informationen auch tatsächlich verarbeiten zu können. Hilfreich für euch wird es auch sein, wenn ihr euch selbst in die Lage versetzt, anzuerkennen, dass euer Planet, in dessen "Mitte" die dreidimensionale Ausdrucksform dieses Feldes in Form eines gigantischen Kristalls vorhanden ist, eine Lebensform ist, mit der ihr euch jederzeit verbinden könnt.

Hört auf, im Außen nach Sensationen zu suchen, die Stimme eures Herzens ist ***in*** euch. Euer Außen ist manipuliert von den Dienern der Dunkelheit, deren Bestreben es ist, euch auch weiterhin zu manipulieren und Wissen von euch fernzuhalten.
Es ist notwendig, dass ihr selbst euch erkennt als das, was ihr tatsächlich seid. Dies wird euch frei machen von den gezielten Beeinflussungen, die ständig auf euer Äußeres einströmen.
Ihr werdet euch selbst nur ***in*** euch selbst finden. Dazu ist es jedoch notwendig, dass ihr euch selbst in euch selbst sucht. ***Nur dort werdet ihr die Wahrheit erkennen***.
Die Schlüssel zu eurem Selbst sind eure Kreativität, eure Phantasie und vor allem eure Gefühle. Gefühle erzeugen eine immense Energie. Dies ist auch die Form von Energie, die eure wahren Mächtigen eures Planeten benötigen.

MANIPULATION

Wir möchten an dieser Stelle ausdrücklich betonen, dass es uns keinesfalls darum geht, Angst unter euch zu verbreiten. Angst ist ein Instrument der Unterdrückung und Unfreiheit. Information ist ein Instrument der Befreiung, denn: ***Wissen ist Macht***!
Wärt ihr euch bewusst, wer und was ihr tatsächlich seid, so würdet ihr über eine Macht verfügen, deren Auswirkungen sich eurer Vorstellung in jeder Weise entzieht. Ihr wärt durchaus in der Lage, innerhalb kürzester Zeit, in Verbindung mit anderen, sich selbst bewussten Wesenheiten, Mikro- oder Makrokosmen zu erschaffen. Dies jedoch ist euch jetzt nicht möglich, da all eure Kräfte gebunden sind und ihr noch nicht eins seid mit euch selbst und dem Wissen ob der Unendlichkeit des EINEN.
Doch geht ihr den Weg der Evolution und werdet wieder das sein, was ihr wart.
So ihr beginnt, euch zu erinnern, was ihr wart, so habt ihr einen weiteren Schritt getan, um euch selbst zu erkennen. Immer mehr sind unter euch, deren Erinnerung in kleinen Schritten zurückkehrt. Es sind die, in denen Gedanken sind, von denen sie zunächst denken, es wären nicht die ihren. So tut ihr Kinder des Lichtes einen Schritt nach dem anderen, denn jeder Weg, möge er lang oder weniger lang sein, beginnt damit, dass der erste Schritt getan wird.

Wir haben euch erzählt, dass der EINE die Dunkelheit erschuf, um sein Licht erkennen zu können. So wie das Licht seine Geschöpfe und sein Leben hat, so hat auch die Dunkelheit ihre Geschöpfe und ihr Leben.
Das Leben des Lichtes und der Dunkelheit findet statt in den Weiten des All-es. Die Dunkelheit vermag das Licht nicht zu durchdringen, immer erhellt das Licht die Dunkelheit. Das Licht erschafft auch den Schatten, der weder Licht noch Dunkel ist.

Würde das Licht das Dunkel im ganzen erhellen, so würde der Gegenpol fehlen, der für die weitere Evolution allen Lebens notwendig ist. Die Dunkelheit verschwindet in dem Maße, wie das Licht zunimmt. Doch noch ist die Zeit der Vereinigung noch nicht da. Das Bestreben der Dunkelheit ist es, dass sie verhindert, vom Licht durchdrungen zu werden, bis die Zeit der Vereinigung gekommen ist. So ist es das Bestreben der Dunkelheit zu verhindern, dass das Licht sich weiter ausbreitet.

Euer Planet, der ein Planet des Lichtes war und wieder sein wird, wenn die Zeit gekommen ist, wird beherrscht von der Dunkelheit. Die Herrscher über euren Planeten sind Wesenheiten, deren Erscheinungsform der euren in keiner Weise ähnelt. So, wie einige Arten eurer Ameisen sich Kolonien von Blattläusen halten, deren Milch sie als Nahrung zu sich nehmen und dafür Sorge tragen, dass es ihren Nahrungsmittelerzeugern an nichts mangelt, so ergeht es auch euch. Die Wesenheiten, die euch "besitzen", nutzen euch als Nahrungsquelle. Die Nahrung, die diese Wesenheiten zu sich nehmen, ist reine Energie. Ihr produziert diese Energie im Überfluss. Diese Wesenheiten benötigen die Energie, die ihr in Form von Gefühlen produziert, als Nahrung.
Solange ihr euch eures Selbst nicht bewusst seid, produziert ihr Gefühlsenergie im Überfluss, da ihr für euch selbst die Notwendigkeit nicht erkennen könnt, die Energien eurer Gefühle zu eurem Nutzen einsetzen zu können.
Die Wesenheiten, deren Nahrungsmittelversorgung ihr seid, können aufgrund verschiedener Umstände nicht selbst auf eurem Planeten agieren. Um ihre Ziele zu erreichen, haben sie deshalb Wesenheiten "engagiert", die einigen unter euch als Illuminati bekannt sind. Diese Illuminati wiederum haben auf eurem Planeten so etwas wie Außenposten installiert. Diese Außenposten werden von Menschen geführt, die sich den Illuminati angeschlossen haben. Diese zahlenmäßig relativ kleine Gruppe von "Wissenden" ist die tatsächliche Führungsmacht eures Planeten.

Sie haben die wahre Macht, und eure Politiker, Wissenschaftler und eure sogenannten Wirtschaftsbosse sind deren Marionetten. Die wahren Mächtigen eures Planeten agieren international, und kein Land auf eurem Planeten kann sich deren Macht entziehen. Während die Mächtigen eure dreidimensionalen Geschicke im Sinne der Illuminati und damit im Sinne der wahren Besitzer steuern, greifen die Illuminati durch energetische Manipulation in die Abläufe auf eurem Planeten ein.

Die Entstehung eurer Zivilisation begann durch genetische Manipulation einer auf dem Planeten im Zuge der Evolution entstandenen halbhumanoiden Rasse. Die sogenannten "Götter", die nichts anderes waren als eine, wie ihr sagen würdet, außerirdische Rasse, die euren Planeten besuchte, um Bodenschätze abzubauen, erschufen eure Vorfahren, um sie als Arbeitskräfte nutzen zu können. Euren Prähistorikern fehlt bis heute das Bindeglied zwischen den Halbmenschen und euren Vorvätern. Jahrtausende lang wurde die künstlich entstandene Menschheit als Sklaven gehalten, bis die versklavten Menschen sich gegen die Götter auflehnten, die ihre einzige Möglichkeit zu überleben in der Flucht sahen. Immer wieder wurde euer Planet von den unterschiedlichsten Rassen und mit den unterschiedlichsten Beweggründen besucht. Viele Kulturen berichten von Göttern, die von den Himmeln kamen.

Während die Sklaverei oftmals durch offensichtliche Unterdrückung in Form von gewaltsamer Einflussnahme ausgeübt wurde, war dies dauerhaft als Möglichkeit destruktiver Manipulation eines gesamten Planeten nicht möglich. Immer wieder wurden derartige Machtsysteme durch die Auflehnung der Unterdrückten entmachtet. Beispiele dafür gibt es in der jüngsten Vergangenheit in einigen Ländern eures Planeten.

Um ein auf Dauer funktionierendes Machtsystem zu schaffen, müssen die Möglichkeiten der Unterdrückung weitestgehend unsichtbar und nicht als solche für die Unterdrückten erkennbar bleiben.

Ohne euch dessen bewusst zu sein, werdet ihr ständig von außen in destruktiver Weise manipuliert. Euer Fernsehen vermittelt euch einen Eindruck von illusionärer Wirklichkeit, und ihr könnt euch den ständigen Suggestionen, die durch dieses Medium auf euch einwirken, nicht entziehen. Somit werden euch erwünschte Verhaltensmuster oder erwünschte Wertungen suggeriert.
Das Erzeugen von Armut schafft im Gegenzug Verbrechen. Verbrechen wiederum schaffen die Möglichkeit, Mittel und Wege zu finden, Ordnungskräfte in großem Maße einzusetzen und Gesetze zu erlassen, die die persönliche Freiheit immer mehr einschränken, ohne dass das Volk die Notwendigkeit sieht, gegen die Einschränkungen zu protestieren, da sie sinnvoll erscheinen.
Hungersnöte oder finanzielle Krisen in armen Ländern ermöglichen eine gewaltlose Machtübernahme dieser Länder, indem sie von finanziell und wirtschaftlich starken Ländern ständig unterstützt und damit abhängig gemacht werden.
"Unheilbare" Infektionskrankheiten, wie beispielsweise Aids, schüren die Angst unter den Menschen und fördern die Unterdrückung der Sexualität.
Krankheiten wie Krebs, eine Desinformation von Körperzellen, fördern die Angst.
Das ständige Versagen der Politik schafft die Basis für eine Machtübernahme eines oder mehrerer "starker Männer". Kriege erzeugen Angst und Schrecken.

Es gäbe noch unzählige weitere Beispiele für weitere Manipulationen, denen ihr ausgesetzt seid und die verhindern sollen, dass ihr euch miteinander verbindet.

Alles, was existiert, ist Energie. Energie kann in jeglicher Form manipuliert werden. Manipulationen können konstruktiver oder destruktiver Art sein. Seid euch bewusst, dass viele Dinge, die auf eurem Planeten geschehen, im Sinne derer manipuliert sind, deren Nahrungsquelle ihr seid.

Ruft nicht nach dem Gott, von dem ihr denkt, er würde euch Unheil schicken. Seht in euch selbst, erzeugt Energie in euch und beeinflusst bewusst die Geschehnisse. Einzeln seid ihr noch schwach. Verbindet euch im Licht und ihr werdet Großes bewegen. Sucht euch und findet euch. Der eine wird der Lehrer des anderen sein und der andere der Lehrer des einen. Erkennt eure Fähigkeiten und verbindet sie zu einem Ganzen. Die Mächtigen wissen von euch, doch sie können euch nicht erreichen, wenn ihr im Licht seid. Sie können euch erreichen im Außen. Also findet euch in eurem Inneren, denn dort sind sie machtlos, und ihr werdet nicht ohne Schutz sein.
Habt keine Furcht, die Mächtigen fürchten euch, denn sie wissen ob eurer Fähigkeiten.

Öffnet eure Augen und beginnt zu sehen, was um euch herum geschieht. Ihr alle seid eins. Wärt ihr fähig, euch auf der Ebene eures Geistes in Liebe zu verbinden, so müssten sich diejenigen, die von euch leben, eine andere Nahrungsquelle suchen.
Ihr seid Mitglieder der Lichtfamilie. Es gibt für euch nicht die Wahl, ob ihr tun sollt oder nicht. Auf einer anderen Ebene eures Seins habt ihr euch längst entschieden. Doch noch wisst ihr nicht, was ihr tun sollt und wie ihr es tun sollt.
Ihr könnt euch weigern zu sehen. Ihr könnt euch weigern, anzuerkennen, wer ihr seid. Ihr könnt euch auch miteinander verbinden auf der Ebene eures Geistes und das sein, was ihr schon lange seid: Rebellen des Lichtes.

DAS ERLEBEN EURER REALITÄT

Ihr erlebt eure Realität weitestgehend unbewusst. Ihr seid euch im klaren darüber, dass ihr existiert und dass ihr lebt. Das, was ihr jedoch als Realität erlebt, ist nur ein Abklatsch dessen, was ihr tatsächlich erleben könntet, wärt ihr euch eurer selbst bewusst.

Eure Existenz ähnelt dem Inhalt eines eurer Filme. Ein kleiner Junge, der den größten Teil seiner Zeit damit verbringt, sich Videofilme anzusehen, wird eines Tages in einen solchen Film hineinversetzt und erlebt diesen Film so lange als Realität, bis er begreift, dass er Einfluss auf die Handlungsabläufe nehmen kann.

Erst wenn ihr versteht, dass die von euch erlebte Realität für euch durchaus nicht unbeeinflussbar ist, wenn ihr euch bewusst werdet, dass ihr durchaus in der Lage seid, Einfluss zu nehmen, habt ihr die Möglichkeit gefunden, eure Realität bewusst zu gestalten.

Die Definitionen "Macht" und "Manipulationen" erzeugen in euch unangenehme Gefühle. Beide Begriffe lassen sich jedoch verbinden mit den Worten konstruktiv und destruktiv. So kann in konstruktiver oder destruktiver Form Macht ausgeübt werden. So kann auch in konstruktiver oder destruktiver Form Manipulation ausgeübt werden.

Jeder einzelne von euch ist mit dem Energiefeld verbunden, das ihr morphogenetisches Feld nennt. Da es euch noch nicht möglich ist zu verstehen, dass ihr alle miteinander untrennbar verbunden seid, ist euch diese Einbindung in dieses Informationsfeld nicht bewusst. Ihr verfügt, ob ihr es nun wollt oder nicht, über Informationen, deren Herkunft euch nicht klar ist.

Das Gefühl, das für euch mit den Begriffen Macht und Manipulation verbunden ist, hat seine Ursache darin, dass ihr auf einer höheren Ebene wisst, dass ihr manipuliert werdet und ihr euch gezwungen seht, euch den Mächtigen unterzuordnen. Da ihr euch dieses Wissens jedoch nicht bewusst seid, erzeugen diese beiden Formulierungen in euch das damit verbundene unangenehme Gefühl.

Ihr seid ***selbst*** in der Lage, Bewusstsein zu manipulieren. Ob ihr dies in konstruktiver oder destruktiver Absicht tut, ist lediglich eine Form eurer eigenen Entscheidung. Um Bewusstsein in eine von euch gewünschte Form zu bringen, benötigt ihr nichts weiter als eure Phantasie und euer Gefühl.

Wir haben euch erzählt, dass der dreidimensionale Ausdruck von Bewusstsein die Materie ist. Bevor Materie, in welcher Form auch immer, auftreten kann, muss zunächst eine Ursache gesetzt werden.

Materie ist ein Ausdruck des Bewusstseins oder, anders ausgedrückt, ist Materie der Ausdruck einer hohen Schwingungsenergie, deren Schwingung durch das Hinzufügen des Faktors Zeit langsamer und damit für eure dreidimensionale Wahrnehmung sichtbar gemacht wird.
Das scheint euch schwer vorstellbar.

Ihr könnt durch eure Wahrnehmungsorgane des Hörens, euren Ohren, Töne wahrnehmen. Die für euch hörbaren Töne liegen in einem sogenannten Frequenzband, dessen untere Frequenz etwa bei 100 Hertz und dessen obere Grenze etwa bei 16.000 bis 18.000 Hertz liegt.
Um es nochmals in euer Gedächtnis zu rufen:

Wird ein kompletter Durchlauf einer Schwingung innerhalb einer Sekunde vollzogen, so sprecht ihr von einem Hertz. Ein Ton von 100 Hertz durchläuft innerhalb einer Sekunde also 100 komplette Durchläufe:

Ein Ton mit einer Frequenz von 18.000 Hertz vollzieht innerhalb einer Sekunde also 18.000 Schwingungsdurchläufe. Die Töne, die in dem Schwingungsbereich zwischen 100 und 18.000 Hertz liegen, könnt ihr also hören. Dies bedeutet jedoch nicht, dass Töne nicht noch niedrigere oder höhere Frequenzen haben können. Eure Wissenschaftler sind in der Lage, diese Töne nachzuweisen, indem sie mittels technischer Geräte sichtbar gemacht werden. Ihr seid durch eure dreidimensionalen Wahrnehmungsorgane lediglich nur nicht in der Lage, Töne anderer Frequenzen wahrzunehmen.
Dies bedeutet jedoch nicht, dass sie deshalb nicht existieren!
Ähnlich verhält es sich mit eurem Sehorgan, den Augen. Auch Gerüche sind nichts anderes als Schwingungen.
Ihr nehmt nichts anderes als Schwingungen unterschiedlicher Frequenzen wahr. Einige eurer Tiere können höhere oder niedrigere Frequenzen als ihr wahrnehmen. Das bedeutet nichts anderes, als dass deren dreidimensionale Wahrnehmungsorgane auf andere Frequenzbereiche "eingestellt" sind als die euren.
Mit eurem dreidimensionalen Tastsinn verhält es sich nicht anders als mit eurem Sehen oder Hören. Eure Körper können nur den Frequenzbereich wahrnehmen, auf dessen Frequenzbereich ihr eingestellt seid.
So wäre es durchaus möglich, dass sich unmittelbar neben euch eine Wesenheit befindet, deren eigener Schwingungsbereich eine wesentlich höhere Frequenz ausweist als eure eigene. Ihr wärt deshalb nicht in der Lage, sie durch eure dreidimensionale Wahrnehmung in irgendeiner Form wahrzunehmen. Bedeutet dies für euch, dass diese Wesenheit ***deshalb*** nicht existiert?

Eure Wahrnehmung geht jedoch weit über die Dreidimensionalität hinaus. Die Wahrnehmungsorgane für höhere Schwingungsenergien sind eure Gefühle.
Viele von euch kennen das Gefühl, in einem Raum nicht allein zu sein, obwohl niemand körperlich anwesend ist. Könnte dies nicht eine Wahrnehmung sein, die über eure eigene Schwingung hinausgeht?

Um eure Welt nach euren Vorstellungen zu gestalten, benötigt ihr eure Phantasie und eure Gefühle. Könntet ihr eure Phantasie sehen, würde sie euch an eine ausgetrocknete Schrumpfpflaume erinnern.
Es ist an der Zeit, eure Phantasie wieder mit dem zu versorgen, was sie benötigt, um existieren zu können - mit Bewusstsein. Findet ihr nicht?

Wärt ihr Geschöpfe der Dunkelheit und würdet ihr eine bestimmte Form von Energie benötigen, um euer weiteres Sein sicherzustellen, was würdet ihr tun?
Stellt euch vor, es gäbe irgendwo in den Weiten des All-es einen Planeten, der euch euer weiteres Fortbestehen geraume Zeit sichern könnte, wenn ihr die dort existierenden Wesenheiten dazu bewegt, euch das zu liefern, was ihr benötigt, um nicht zu verhungern. Müsstet ihr nicht, um dies zu gewährleisten, diese Wesenheiten so beeinflussen oder manipulieren, dass sie zwar ihre physische Lebensspanne einigermaßen unbeschadet verbringen können, sie jedoch so unwissend halten, dass sie die tatsächlichen Zusammenhänge ihres Seins nicht erkennen können?
Würdet ihr die Entwicklung einer Fähigkeit zulassen, von der ihr wüsstet, dass sie euer gesamtes Konzept zunichte machen könnte? Oder würdet ihr nicht eher noch versuchen, diese Fähigkeit der von euch manipulierten Wesenheiten soweit als irgend möglich verschwinden zu lassen?

Was ist passiert mit eurer Phantasie? Ihr lebt in einer Gesellschaft, deren Streben in der Anhäufung von materiellen Werten besteht. Als Kinder verfügt ihr noch über ein immenses Potential von Phantasie, das ihr im Laufe der Jahre immer mehr verliert, weil es euch antrainiert wird, euch mehr auf die Wertigkeiten eurer reinen Verstandeswelt zu konzentrieren. Je mehr eurer physischen Lebensspanne vergeht, desto mehr passen sich die meisten von euch an die gesellschaftlichen Gegebenheiten an, damit ihr möglichst euren künstlich erschaffenen Normen entsprecht, denn nur so scheint es euch möglich, auch ein Stück des Kuchens abzubekommen.
Phantasie ist dann von Nutzen, wenn es darum geht, sich Vorteile vor anderen "Mitbewerbern" zu sichern oder eure materiellen Reichtümer in möglichst hohem Maße zu vermehren. Eure Phantasie, der ihr euch nicht verweigern könnt, wird also in wünschenswerte Bahnen gelenkt. Da Phantasie ein Energiepotential höchster Schaffenskraft ist, das sich nur mit großem Aufwand "bändigen" lässt, gibt es für euch die Möglichkeit des Fernsehens. Durch die fortwährende Suggestion von Wertigkeiten und Verhaltensnormen wird euer Phantasiepotential in erwünschte Bahnen gelenkt. Im Laufe vieler Jahre eurer physischen Existenz ist euer Phantasiepotential an gewisse Grenzen gebunden worden.
Eure Phantasie ist nicht mehr unbegrenzt, sie bewegt sich nur noch bis zu dem Horizont eurer eingeschränkten Vorstellungskraft.
Während ihr als Kinder noch Phantasie entwickeln konntet, ist die Generation der jetzt heranwachsenden Kinder bereits in großem Maße phantasiegeschädigt. Sie werden bereits von klein an durch das Medium Fernsehen und durch Großkonzerne, die ihre Comics in großem Maße unter den Kindern verbreiten, daran gewöhnt, ihre unbegrenzte Phantasie in Grenzen zu halten.
Die Auswirkungen eingeschränkter Phantasie könnt ihr in der Generation der Jugendlichen sehen, die durch Rauschgifte und

Ähnliches versuchen, eurer manipulierten Realität zu entfliehen. Sie wissen nicht, wovor sie fliehen, es ist "nur" ein Gefühl, das sie veranlasst, nach Alternativen zu suchen. Da ihr als selbst unwissende Eltern nicht fähig seid, ihre Sehnsüchte zu stillen, tun sie das, was ihnen als geeignet erscheint und fallen damit wiederum in einen perfekt abgestimmten Teilbereich eures Systems. Menschen, denen es trotz aller widrigen Umstände gelungen ist, sich wenigstens einen Teil ihres Phantasiepotentials zu erhalten, gelten als Träumer und sind damit Außenseiter eurer Verstandesgesellschaft.

Ihr sehnt euch danach, euch eure materiellen Wünsche endlich erfüllen zu können, doch als die "Kleinen", als diejenigen, die glauben, nichts verändern zu können, seht ihr die einzige Möglichkeit, euch den Traum nach materieller Unabhängigkeit zu erfüllen, darin, Geld in einer eurer Lotterien zu gewinnen. Somit steckt euer Phantasiepotential wiederum in einer Falle.

Benötigt ihr mehr Geld für irgendwelche Dinge, als euch zur Verfügung steht, bleibt euch mit eurem vertrockneten Potential der Weg zu eurer Bank oder zur Lotterieannahmestelle, könnt ihr euch mit eurem Verstand nur die "Lösung" durch Lotterie oder Kredit vorstellen.

Sehnt ihr euch nach einer Anzahl "gescheiterter" Beziehungen nach einer erfüllten Beziehung, so geht ihr Wege, durch die ihr euch zwar mit anderen Menschen verbinden könnt, die Beziehung, die ihr sucht, ist jedoch in der Regel der "Zufallstreffer".

Ist euer Körper erkrankt, führt euch euer Weg zu einem Arzt, der euch hilft, eure körperlichen Symptome verschwinden zu lassen.

Alles ist perfekt geregelt bei euch. Eigentlich braucht ihr euch um nichts zu kümmern. Alles wird euch abgenommen. Ihr müsstet eigentlich nicht einmal mehr selbst denken. Ihr habt durch ein perfekt abgestimmtes System gelernt, Verantwortung an andere abzugeben, seid jedoch meist mit dem Ergebnis unzufrieden. Irgendetwas in euch versucht, euch mitzuteilen, dass etwas nicht stimmt in eurem Leben. Was jedoch stimmt nicht?

Wollt ihr euch entscheiden, euch an euch selbst zu erinnern, so erweckt eure schlafende Phantasie wieder zum Leben. Werdet euch zunächst einmal darüber klar, dass ihr Phantasie besitzt - werdet euch eurer Phantasie wieder ***bewusst***. Versucht, euch einmal an eure Kindheit zu erinnern und welche Geschichten ihr dort in eurem Geiste, in eurer Phantasie erlebt habt.

Denjenigen unter euch, die sich noch an ihre Phantasie erinnern können und die sie gerne wieder zum Leben erwecken möchten, möchten wir eine kleine Übung an die Hand geben, die euch bei diesem Vorhaben etwas helfen kann:
Schließt eure Augen und begebt euch in die Ruhe. Macht eine Atemübung eurer Wahl, die euren Körper mit Sauerstoff anreichert. Begebt euch in eurem Geist an einen Ort, der euch freien Ausblick auf den Horizont ermöglicht. Fixiert nun einen Punkt am Horizont und versucht zu sehen, was ***dahinter*** liegt. Lasst die Bilder und Eindrücke, die vor eurem geistigen Auge entstehen, frei fließen und unterbindet und bewertet sie nicht. Versucht, eure Vorstellung so intensiv wie euch möglich zu ***erleben***. Seid ihr der Meinung, ihr hättet genug gesehen, so kehrt wieder zu eurem Ausgangspunkt zurück. Habt ihr eine Stelle am Horizont erforscht, so sucht einen neuen Platz, der euch weitere Erkundungen ermöglicht.
Ihr werdet sicher öfter üben müssen, um nicht nur Bilder zu sehen, sondern Situationen zu ***erleben***.
Ist euch dies gelungen, so habt ihr den ersten Schritt getan, um Situationen und damit Materie zu beeinflussen.

DAS REINE GEFÜHL

Das, was wir als "reines Gefühl" bezeichnen, ist eine Qualität des Gefühls, wie ihr es nur manchmal, in kurzen Momenten des Glücks, empfindet. Gefühle jeglicher Art entstehen aus sich selbst. Das mächtigste Gefühl von allen ist die all-umfassende Liebe.

Ihr seid durchaus fähig, Gefühle in euch hervorzurufen. Auch dies tut ihr tagtäglich. Die meisten eurer reinen Gefühle, die ihr in euch hervorruft, sind destruktiver Art. Eure Gefühlsenergie spiegelt die Verzweiflung und die Frustration wider, die ihr durch eure Art zu leben ständig erlebt.

Ihr seid in euch selbst so verunsichert, dass ihr euch in einem ständigen Kreis bewegt. Ihr tragt Wünsche und Vorstellungen in euch, die ihr euch gerne erfüllen würdet. Es scheint euch jedoch nicht möglich zu unterscheiden zwischen Selbstliebe und Egoismus. In euren Wertvorstellungen ist Selbstliebe fast unmöglich, da ihr ja eigentlich von euch selbst denkt, nicht "gut" genug zu sein, und Egoismus, als die ***rücksichtslose*** Erfüllung der Wünsche und Vorstellungen eures Verstandes-Egos, scheint vielen von euch nicht der "richtige" Weg zu sein.

Es gibt in eurer Gesellschaft so viele Werte, die ihr zu erfüllen hättet, um "gut" zu sein, dass es schier unmöglich ist, nach diesen Wertvorstellungen "gut" zu sein. Da euch unendlich lange Zeiten suggeriert wurde, dass ihr von Gott nur dann geliebt werdet, wenn ihr gut seid und die göttliche Vergebung nur für euch erreichbar ist, wenn ihr eben, wie gesagt, "gut" seid, bleibt euch nur noch der Weg der Resignation. Ihr gebt es auf, nach der Realisierung eurer Wünsche und Träume zu trachten.

Was euch bleibt, ist lebenslange Frustration, da ihr glaubt, ohnehin nichts ändern zu können.

So geht ihr Tag für Tag zur Arbeit, die ihr nicht liebt, lebt in Wohnungen und Wohngegenden, die ihr nicht liebt, und kehrt

zurück zu Menschen, die ihr nicht liebt. Die Konsequenz daraus ist, dass ihr euch vor eure Fernseher setzt und euch durch bewegliche Bilder berieseln lasst, die euch die Reste eurer Phantasie stehlen, oder euch Freizeitbeschäftigungen sucht, die euch scheinbar für kurze Zeit aus eurem Alltag entfliehen lassen.
Ihr lebt in euren Betonburgen, die ihr nur noch verlasst, um in eure Autos oder Transportmittel zu steigen. Ihr empfindet keine Freude und kein Glück mehr. Wie könntet ihr auch, habt ihr doch die Verbindung zu dem verloren, was euch umgibt. Euer Planet ist für euch nur noch ein Objekt, das es gilt auszubeuten, zu beschädigen und dessen Gewächse ihr vernichtet, um breite Betonbahnen zu bauen, auf denen ihr eure Blechlawinen bewegen könnt.

Ihr verschließt eure Augen vor den Wundern eurer Natur. Geht hinaus und betrachtet euch eine Blume, ohne sie auszureißen. Betrachtet die Blütenblätter, die Farben, die Formen. Welches Wunderwerk seht ihr dort! Betrachtet euch einen Baum, seht das verzweigte Wurzelwerk, die Schutzhülle des Baumes, die Rinde, die einer Vielzahl von Lebewesen Raum zum Leben gewährt, betrachtet das verzweigte Astwerk des Baumes und Blätter und Nadeln, die nicht nur wunderschön anzusehen sind, sondern auch noch vielfältige Aufgaben übernommen haben.

Und nun seht euch selbst an. Bewegt einen Arm und seht zu, wie er sich bewegt. Betrachtet eure Finger, wie sie sich bewegen, betrachtet eure Haut, die Poren, die feinen Härchen, deren Aufgabenbereiche ebenso vielfältig, wie für euch selbst lebensnotwendig sind. Was für ein Wunderwerk seid ihr Menschen doch. Dies alles könnt ihr jedoch nicht mehr sehen, weil ihr nur noch darauf achtet, ob der Verkehr auch fließt oder ob ihr wiederum im Stau steht. Ihr achtet nur noch auf eure Fernsehprogramme oder darauf, was euer Chef oder euer Kollege euch wieder antun wird.

Ihr habt eure Wahrnehmung darauf begrenzt festzustellen, wer euch was antut, und wenn sich im Moment niemand findet, der euch behilflich ist, eure Frustration zu steigern, damit ihr euer tägliches Frustrationsniveau erreicht, so beschäftigt ihr euch in eurer Gedankenwelt schon damit, was als nächstes auf euch einstürmen wird.

Einige Jahre lang gab es Hoffnung für euch, da die Prophezeiungen, die euch gegeben wurden, davon sprachen, dass eine große Veränderung euren Planeten erreichen wird. Hoffnung machte sich breit unter euch. Doch was ist damit geschehen?
Vernichtung, Tod, Leid, Strafe, Verzweiflung ist euch geblieben. Inzwischen haben euch so viele Durchgaben und Prophezeiungen erreicht, dass ihr wiederum nicht mehr wisst, was ihr glauben sollt. Von Evakuierung wird gesprochen, es wird euch gesagt, dass ihr eure Schwingung erhöhen müsst, damit ihr evakuiert werdet - es wird neue Furcht unter euch gesät. Millionen von Raumschiffen sind in der Nähe eures Planeten. Werdet ihr dabei sein, wenn sie euch holen kommen, oder werdet ihr jämmerlich sterben müssen?
Was werdet ihr noch alles tun müssen, damit ihr für wertvoll genug befunden werdet, errettet zu werden?
Sündigt nicht, habt um Gottes Willen nicht ***einen*** bösen Gedanken, ***liebt*** euren Nächsten wie euch selbst und ***verschenkt*** euer Hab und Gut, an die, die euch Rettung versprechen, damit diese immer reicher werden!

Euer Planet wird sich transformieren, dies ist unbestreitbar. Euer Planet und damit alles, was auf diesem Planeten lebt und existiert, wird der Evolution unterliegen und seine Schwingung erhöhen.
Ihr habt inzwischen so vieles gehört und gelesen über die Art und Weise, wie dieser Transformationsprozess stattfinden wird, dass ihr absolut verunsichert seid. Ist euch schon einmal aufge-

fallen, dass einige der euch zugänglich gemachten Prophezeihungen und Voraussagen sich grundlegend widersprechen? Habt ihr euch schon einmal die Frage gestellt, woher dies kommen mag?

Seid euch bewusst, dass ihr wesentlichen Einfluss auf alle Prozesse nehmt, die auf und mit eurem Planeten stattfinden. Ihr, die Kleinen, die glauben, keine Macht und keinen Einfluss zu besitzen, ***ihr*** seid es, die Einfluss auf die evolutionäre Entwicklung eures Planeten nehmt.

Seid gewarnt vor den selbsternannten Propheten und Weissagern. Ihr erkennt sie an ihrem Tun. Inzwischen gibt es viele, die Botschaften erhalten. Ihr erkennt die wahren Botschaften nicht an dem, was sie aussagen, ihr erkennt sie daran, ob sie euer Herz ansprechen.
Seid gewarnt vor denen, die euch Zeitangaben machen zu Ereignissen, die eintreten sollen. Zeit wird nicht nur in Minuten und Sekunden, sondern auch in der Form ihrer Qualität gemessen. Wann der Prozess der Wandlung eintreten wird, liegt in der Zukunft, und die Zukunft eures Planeten und von euch selbst gestaltet ihr selbst.
Eine Weissagung oder Prophezeiung, von einem tatsächlich Sehenden getroffen, wird dann zutreffen, wenn sich von dem Zeitpunkt, an dem die Prophezeiung gemacht wurde, bis zu dem Punkt, an dem sie eintreffen soll, nichts, aber auch wirklich nichts mehr verändert. Das bedeutet, niemand dürfte sich von diesem Zeitpunkt an mehr geistig weiterentwickeln, es dürften keine neuen Erkenntnisse zu euch vordringen und ihr dürftet keine neuen Entscheidungen mehr treffen.
Zeit und somit auch die Zukunft ist nicht starr, sie ist wandelbar und flexibel. Die Zukunft verändert sich dann, wenn ihr euch verändert. Ihr gestaltet nicht nur eure eigene Zukunft, sondern

auch die Zukunft eures Planeten, eures Sonnensystems und eurer Galaxis.
Dies jedoch zu glauben, dass ihr Kleinen, ihr Machtlosen die Veränderungen in der Hand habt, scheint euch unvorstellbar. Und doch ist es so.

In jedem kleinsten euch umgebenden Energie- oder Materieteilchen ist jede, tatsächlich jede, Information, die jemals irgendwo in den Weiten des All-es gesammelt wurde, enthalten. Somit kann jedes noch so kleine Teilchen zu dem werden, was es an Information enthält. Was ein euch selbst umgebendes Teilchen daran hindert, zu dem zu werden, was ihr gerne wollt, ist lediglich eure begrenzte Vorstellungskraft.

Es wäre euch möglich, eurem Planeten und damit euch selbst, den Übergang in eine höhere Schwingung zu erleichtern. Jedoch seid ihr inzwischen unter so großen psychischen Druck geraten, dass ihr euch lieber damit beschäftigt, "gut" zu sein, um "gerettet" zu werden, als euch selbst zu finden und damit zu erkennen und euch damit eurer Fähigkeiten bewusst zu werden.
Wo ist also der Ausweg aus eurem Dilemma?

Verbindet euch wieder mehr mit eurem Planeten, mit eurer Natur. Geht hinaus und lasst die Schwingung der Natur in euch hinein. Wenn ihr euch etwas Mühe dabei gebt, wird es euch möglich sein, die Schwingung der Natur zu fühlen, sie wird euch durchdringen. Dies wiederum wird eine Basis schaffen, auf der ihr euch selbst erkennen könnt.
Jeder von euch trägt soviel unnötigen Ballast mit sich herum, den ihr von euch ablegen solltet. Dies wird euch den Weg in euch selbst ebnen und ihr werdet euch selbst finden.
Macht eure Gefühle nicht mehr abhängig von Situationen, von denen ihr euch überfordert fühlt, sondern erzeugt in euch ein Gefühl der Selbstliebe. Diese Liebe zu euch selbst ist die Liebe zu

dem EINEN, denn ihr seid Teil des EINEN. Seht in das Gesicht eures Nächsten und ihr erkennt den EINEN. Denn so wie ihr Teil des EINEN seid, so ist auch euer Nächster Teil des EINEN.

Ihr alle, alle Menschen eures Planeten, seid miteinander untrennbar verbunden, solange eure Inkarnation auf eurem Planeten dauert. Ihr seid untrennbar verbunden mit allen Lebewesen des Alles und jedes Lebewesen ist verbunden mit euch, denn jedes Lebewesen, jede Seins- und Existenzform ist Teil des EINEN und ergibt zusammen ein Ganzes.

Begegnet euch das nächste Mal ein Mensch, dessen Haut anders ist als die eure, so begrüßt ihn in Gedanken und heißt ihn willkommen, umarmt ihn im Geiste und liebt ihn, denn er ist so wie ihr. Erkennt den anderen und ihr erkennt euch - denn ihr alle seid EINS.
Ihr werdet sehen, wie euer Tun euch selbst verändern wird.

Eure Gefühle, die ihr oftmals empfunden habt, sind, von Frustration und Hass abgesehen, Verstandesprojektionen gewesen.
Um Liebe zu empfinden, musstet ihr euch in einen anderen Menschen oder vielleicht sogar in Gegenstände ver-lieben.
Ihr ver-liebt euch in das Äußere eines Menschen, in seine Art oder vielleicht sogar in seinen materiellen Besitz. Solange eure Ver-liebtheit anhält, seid ihr bereit, Charakterschwächen des anderen zu übersehen. Ihr fühlt euch geborgen, verstanden und glaubt deshalb, glücklich zu sein, weil ihr bei dem anderen Menschen das zu finden glaubt, was euch selbst fehlt. Euer Glück hält solange an, bis ihr euch von eurem Partner ent-täuscht fühlt. Dann seid ihr nicht mehr ver-liebt. Ihr trennt euch von dem anderen Menschen und sucht euch einen anderen, der euch das geben soll, was ihr glaubt, selbst nicht zu haben.
Würdet ihr euch selbst lieben, so wie ihr seid, mit all euren Fehlern und Verfehlungen, so könntet ihr auch andere Menschen so

lieben, wie sie sind. Ihr müsstet nicht mehr bei dem anderen Menschen nach dem suchen, was euch zu fehlen scheint, denn All-es wäre in euch.
Andere Menschen könnten euch nicht mehr ent-täuschen, weil ihr euch selbst nicht mehr täuschen müsstet.

Würdet ihr euch bewusst werden, dass euer Sein nicht nur aus dieser einen Inkarnation besteht, die ihr gerade durchlebt, sondern aus einer Vielzahl von Inkarnationen, die nicht zwangsläufig nur auf eurem Planeten stattfinden, so wäre euch der Zugang zu der Erkenntnis eröffnet, dass das euch so bedrohlich scheinende Problem, mit dem ihr gerade konfrontiert seid, lediglich dazu dient, euch eine Erkenntnis zu vermitteln. So müsstet ihr nicht verzweifelt nach "der" Lösung suchen, sondern es wäre euch möglich, die Erkenntnis aus der gerade vorherrschenden Problematik zu ziehen und das Problem damit von einer völlig anderen Warte aus zu sehen.
Es wäre euch damit eine andere, eine höhere Sichtweise möglich, die eurer weiteren Entwicklung wiederum zuträglich wäre.
Hättet ihr erkannt, dass euer Sein lediglich dem Sammeln von Information dient, so wärt ihr fähig, in euch einen Zustand des Gefühls zu erreichen und auf Dauer zu halten, der Konfrontationen jeglicher Art auf eine völlig andere Art verlaufen ließe, wie es bisher bei euch der Fall war.
Ihr müsstet euch lediglich, tritt eine Situation auf, darüber klar werden, was daraus zu lernen ist. Verzweiflung und Frustration würde damit der Vergangenheit angehören, denn ihr könntet zwischen den Gefühlen wählen, die ihr empfinden wollt.
Ist es euch endlich gelungen, nach langer Zeit der Frustration, wieder einmal ein Gefühl des Glückes oder der Freude in euch zu erzeugen, so braucht es nur eine Kleinigkeit, um dieses Gefühl in euch wieder durch Zorn oder Verzweiflung zu ersetzen.

Ihr seid euch nicht bewusst, was ihr da tut. Ihr erzeugt in euch ein Gefühl. Dieses Gefühl enthält ein gigantisches Energiepotential. Anstatt dieses Potential in euch zu halten und es gezielt für eure Zwecke einzusetzen, gebt ihr es unkontrolliert ab und ersetzt es durch ein entgegengerichtetes Gefühl nicht minder starker Intensität.
Vom Prinzip her hätte euch euer Glücksgefühl der Verwirklichung eurer Träume und Wünsche, die zwangsläufig mit derartiger Energie verbunden sind, wesentlich nähergebracht.
Anstatt dieses Gefühl zu halten, zu steigern und zu fördern, gebt ihr es dorthin ab, wo es für euch nicht mehr zugänglich ist und ersetzt es durch ein entgegengerichtetes Gefühl, mit dem wiederum Vorstellungen verbunden sind.

Urbewusstsein + Bewusstsein + (-) Bewusstsein
= Summe des Bewusstseins

Ihr fügt eurem Urbewusstsein, also dem, was ihr seid, eine weitere Form des Bewusstseins zu, nämlich das Bewusstsein des Glücks. Anschließend nehmt ihr eurem Urbewusstsein das Glück weg und fügt das Bewusstsein der Frustration hinzu.
Rein mathematisch betrachtet würden auf einer imaginären Punktetafel drei Punkte Glücksgefühl und drei Punkte Frustration sich gegeneinander aufheben. Um ein derartiges Ergebnis zu erzielen, müssten also Glück und Frustration in gleicher Dauer und gleicher Intensität stattgefunden haben.
Nun seht euch die Phasen und Intensität eures Glückes und eurer Frustration an.
Was überwiegt?
Nun betrachtet die Umstände eures Lebens. Könnt ihr die "mathematischen" Zusammenhänge erkennen?

Um dieses Beispiel auf die Spitze zu treiben, betrachtet einmal eure gesamten "Gefühlspegel" eines einzelnen Tages, eines Monats und eines Jahres. Zieht dann einmal eine "Gefühlsbilanz" eures bisherigen Lebens und setzt dieses Ergebnis in Relation zu euren gesamten Lebensumständen. Könnt ihr einen Zusammenhang erkennen?

Diese Erkenntnis bringt euch wiederum in Schwierigkeiten. Eure nächste Frage lautet: Darf ich mir denn all meine Wünsche erfüllen?

Stellt ihr euch nun tatsächlich diese Frage, ist dies wiederum ein Beweis dafür, dass ihr noch immer nicht glauben könnt, dass ihr mit dem EINEN ***eins*** seid.

Unterstellt nur einmal für einen kurzen Moment, dass unsere Geschichte nur einen winzigen Teil Wahrheit enthält.
Wärt ihr tatsächlich Teil des Einen und damit Teil des Ganzen und eure Existenz, euer Sein dient der Selbsterkenntnis des EINEN, so wäre doch die logische Konsequenz daraus - euer Verstand wird uns nun dankbar sein -, dass eine Beschränkung in der Erfüllung von euren Träumen und Wünschen damit auch eine Beschränkung der Träume und Wünsche des EINEN wäre. Oder nicht?

MEHR ÜBER DAS POTENTIAL DES GEFÜHLS

Banal gesprochen ist der Sinn und Zweck einer Existenz in der Dreidimensionalität nichts anderes als eine Suche nach Erkenntnis in eben dieser Dimension.
So ihr immer noch denken solltet, ihr hättet euch "rein zufällig" auf eurem Planeten inkarniert, so ist euch nicht zu helfen. Warum also seid ihr gerade zu dieser Zeit an gerade diesem Ort?

In der Phase eures Seins, die ihr von eurer Sicht aus als die Phase des physischen Todes betrachtet, ist euch eine Vielzahl von Erkenntnissen zugänglich, über die ihr eben jetzt nicht verfügt.

Ihr habt euch sehr genau überlegt, was ihr in eurer Inkarnation erleben und erfahren wolltet. Nun seid ihr damit konfrontiert und seht "kein Land" mehr.
Habt ihr nicht das Gefühl(?!), dass der Verlauf der Zeit sich verändert hat? Habt ihr nicht das Gefühl(?!), dass die Zeit wesentlich schneller verläuft, als es euch früher schien?
Eure Uhren bewegen sich nach wie vor, 24 Stunden am Tag. Wie also könnt ihr feststellen, was nicht stimmt mit eurer Zeit?
Ihr könnt es lediglich fühlen und ihr könnt lernen, euch darauf zu verlassen, dass euer Gefühl euch nicht trügt.
So könnt ihr den scheinbar schnelleren Verlauf eurer Zeit als euch vernichtende Strafe, weil ihr ja schneller altert und damit eurem physischen Tod schneller näher kommt, oder als Entwicklungsmöglichkeit betrachten. Entwicklungsprozesse eures Selbst können schneller als bisher erkannt und von euch verarbeitet werden. Die Zeit, die ihr erlebt, ermöglicht euch einen gigantischen Entwicklungssprung. Prozesse geistiger Entwicklung, die vor gar nicht so langer Zeit noch über Jahre verliefen, werden in der jetzigen Zeit oftmals innerhalb von Tagen oder Minuten realisiert.

Ist euch schon einmal aufgefallen, dass es inzwischen eine Vielzahl von Menschen bei euch gibt, die scheinbar nicht mehr älter werden? Menschen, an denen der physische Alterungsprozess scheinbar spurlos vorüberzugehen scheint?
Es gibt einige Zeichnungen oder Abbildungen von, wie ihr sagt, Außerirdischen. Habt ihr auf diesen Abbildungen schon einmal einen "alten" Außerirdischen gesehen?
Ihr lebt in einer Form der Zeit, in der der Faktor Zeit nach wie vor für euch von Bedeutung ist, jedoch immer mehr an Bedeutung verliert.

Solltet ihr euch selbst der Mühe wert sein, so gibt euch dieser Verlauf der Zeit die Möglichkeit, in relativ kurzer Zeit Vorstellungen und Wünsche, die ihr in euch tragt, zu realisieren.
Solltet ihr jedoch davon überzeugt sein, in absehbarer Zeit von eurem Planeten evakuiert zu werden, oder solltet ihr der Meinung sein, dass ihr in der Endzeit eures Planeten lebt, so sehen wir uns gezwungen, euch zu fragen, warum ihr nach wie vor euren tagtäglichen Verrichtungen nachgeht?
Wäre euch bewusst, dass die Beendigung einer Inkarnation nicht bedeutet, dass ihr euch einfach in Nichts auflöst, sondern lediglich eure Seinsform ändert, so würde euch dies bereits einiges eurer Angst vor dem scheinbar Unvermeidlichen nehmen.
Dadurch, dass ihr die Furcht vor dem verliert, was denn da kommen könnte, habt ihr wiederum die Möglichkeit, euch mit euch selbst auseinander zusetzen und euch damit selbst zu erkennen.

Legt für einen kurzen Moment eure Angst beiseite und beantwortet euch selbst einige Fragen.
Wenn nur die "Guten" überleben werden, nach welchen Maßstäben wird der Begriff "gut" gemessen? Ist der Priester gut?
Ist der Angehörige einer bestimmten Religion besser als ein anderer?

Ist es besser, keiner Religion anzugehören?
Solltet ihr den Lehren eines Meisters folgen, um errettet zu werden?
Nach welchen Maßstäben werden die messen, die euch holen kommen?
Kommen sie euch holen?
Wenn ja, wann werden sie kommen?
Werden sie Dich mitnehmen?
Wenn ja, was ist mit Deiner Familie, Deinen Kindern?
Darfst Du gehen und Deine Kinder zurücklassen?
Oder verstößt Du damit wiederum gegen eine Regel?
Was ist richtig, und was ist falsch?
Solltest Du Dir nicht Menschen suchen, mit denen Du Dich weiter spirituell entwickeln kannst?
Solltest Du nicht einen anderen Beruf ergreifen als den, den Du gerade ausübst?
Wenn Du ein Mitglied der Lichtfamilie bist, was hast Du dann zu tun? Wie sollst Du Dich verhalten?
Wenn die dunkle Seite erfährt, dass Du der Lichtfamilie angehörst, werden sie Dich dann nicht töten?
Gehörst Du überhaupt zur Lichtfamilie?
Ich möchte gerne dieses oder jenes besitzen. Darf ich das überhaupt?
Muss ich als Mitglied der Lichtfamilie nicht in Sack und Asche leben?
Was wird geschehen, wenn die Pole der Erde beginnen zu wandern und ich übersehe die Evakuierung?
Dieser Prophet hat dies gesagt und jener das, was ist denn nun richtig?
Und was, wenn alles gar nicht stimmt und ganz anders ist, und ich erkenne es nicht?
Was ist dann?

Solltet ihr bei der Beantwortung der Fragen noch nicht verrückt geworden sein, so lasst euch nochmals sagen, dass die Zukunft unbestimmt ist. Ihr selbst gestaltet eure Zukunft und dies wiederum führt zu eurer nächsten Frage: Wie kann ich denn die Zukunft gestalten?

Habt ihr unsere Erzählung bisher aufmerksam gelesen, so müsste euch inzwischen bewusst sein, wie ihr dies könnt.

Nach wie vor werden die meisten von euch von ihrem Verstand beherrscht. Euer Verstand suggeriert euch, was Wahrheit und was Illusion ist. Der große Irrtum eures Verstandes jedoch liegt bereits darin, dass eure gesamte Zivilisation auf einer gigantischen Täuschung beruht.
Was euer Verstand euch als Realität erkennen lässt, ist nichts anderes als der Teil eurer Realität, der ausschließlich der Materie zugeordnet ist. Wie ihr jedoch inzwischen wisst, ist Materie nichts anderes als ***eine*** Erscheinungsform von Energie.

So findet auch eure geistige oder spirituelle Entwicklung ebenso weitestgehend in den Bereichen eures Verstandes statt. Ihr versucht euch alles an Information, von dem ihr denkt, es zu benötigen, im Außen zu verschaffen. Somit schnappt die Falle wieder zu, denn im Außen könnt ihr euch nur Anstöße holen, die ihr jedoch in euch ***integrieren*** müsstet. Euer Verstand kann euch in dieser Zeit nicht mehr oder kaum noch raten, was "richtig" oder "falsch" ist, da er immer wieder den Täuschungen und Illusionen eurer dreidimensionalen Wahrnehmung unterliegt.

Erst also müsst ihr euch freimachen von all den Dogmen, die ihr in euch tragt. All diese Dogmen tragen dazu bei, dass ihr Furcht empfindet. Furcht wiederum schafft Blockierungen in euch, die euch selbst daran hindern, in die tieferen Bereiche eures Selbst vorzudringen.

Eure Angst vor eurem physischen Tod ist eine Angst eures Verstandes, der fürchtet, nach dem Übergang in eine andere Seinsform nicht mehr zu existieren. Die meisten eurer Glaubensdogmen unterstützen aus verschiedenen Gründen diese Ängste, geben sie doch denen Macht über euch, die euch beherrschen möchten.

Die Geburt in einer dreidimensionalen Seinsform ist für euren Geist ein oftmals schmerzvolles Ereignis. Begibt er sich doch aus einer, verglichen mit eurer Existenz, unermesslichen Freiheit in den Zwang dreidimensionalen Seins.
Der physische Tod, der nichts anderes ist als ein Übergang in eine wesentliche freiere und unbegrenztere Form des Seins.
Ziel eures Seins ist das Sammeln von Erfahrungen und damit von Information, die der Teil in euch erfahren möchte, der niemals sterben kann, nämlich eure Seele, der Teil des EINEN in euch.
In eurer Seele ist ***unauslöschlich*** alles enthalten, was ihr in all euren Inkarnationen in dieser oder in anderen Formen eures Seins ***jemals*** erlebt und erfahren habt.
Wovor also fürchtet ihr euch?

Habt ihr erkannt, welche Ängste in euch sind, so seid ihr euch, eurem wahren Selbst, wiederum einen Schritt näher.

Habt ihr erkannt, dass ihr, gleich-gültig, was um euch herum geschieht, keinerlei Furcht mehr zu haben braucht, so ist es euch möglich, einen konstruktiven Gefühlspegel in euch aufzubauen, der nicht durch jede Kleinigkeit sofort in Nichts aufgelöst wird. Ihr lernt, euch als das anzunehmen, was ihr seid, nämlich Teil des EINEN, und schafft somit die Basis, die ihr benötigt, um euch selbst bedingungslos lieben zu können.

Empfindet ihr Gefühle, so seid euch bewusst, dass der eine Pol ohne den anderen nicht existieren kann. Empfindet ihr also Freu-

de, seid euch bewusst, dass in dem Potential der Freude ebenso das Leid vorhanden ist. Erfahrt ihr Leid, so seid euch bewusst, dass darin ebenso das Potential der Freude enthalten ist.
Ihr selbst seid es, die darüber entscheiden, welche Seite der Münze ihr wahrnehmen wollt, die Freude oder das Leid. Beides ist das gleiche und somit eins.

DAS POTENTIAL DER ANGST

Damit ihr euer wahres Selbst erkennen könnt, ist es für euch notwendig, all den Ballast abzuwerfen, den ihr euch im Laufe eurer derzeitigen Inkarnation aufgeladen habt. All die Denk-, Fühl- und Glaubensmuster, die ihr von euren Eltern, Lehrern und all den Menschen übernommen habt, die euch nahestanden und nahestehen. Welch unglaubliche Menge von Desinformation wurde und wird euch auch heute noch durch eure Wirtschaft, Politik, Wissenschaft und eure Medien suggeriert.
Welch immenses Potential furchterregender Information stürzt tagtäglich auf euch ein.
Wollt ihr den Kern eures Selbst ergründen, so nehmt euch etwas eurer Zeit, klinkt euch aus dem ständig auf euch einströmenden Informationsfluß aus, geht in die Ruhe und versucht, in euch hineinzufühlen. Geht hinaus in die Natur, versucht, die Schwingung, die euch dort umgibt, in euch aufzunehmen und leitet die Energie, die ihr dort empfangt, in euren Körper. Lasst diese Energie sich sammeln in der Höhe eures Bauchgeflechtes und versucht, soweit euch dies möglich ist, ihr selbst zu sein. Nehmt die Gedanken, die in euch aufsteigen und versucht, sie festzuhalten und zu betrachten. Verdrängt unangenehme Gefühle nicht, sondern betrachtet sie von allen Seiten. So ihr wollt, könnt ihr diesen Gefühlen Formen oder Farben zuordnen. Versucht, soweit euch dies möglich ist, den Inhalt eurer Gedanken und eurer Gefühle zu ergründen. Schiebt kein Gefühl und keinen Gedanken beiseite. Tut all dies in der Absicht, euch Selbst, euer Innerstes zu ergründen und zu erkennen - ihr werdet sehen, dass ihr euch selbst beginnt zu erkennen.

So ihr dies ein oder mehrere Male getan habt, versucht, die Inhalte eurer Gedanken und Gefühle zu ergründen, die euch unangenehm erscheinen. Dazu ist es hilfreich, eure Gedanken

genehm erscheinen. Dazu ist es hilfreich, eure Gedanken und Gefühle zu notieren.
Begebt euch wiederum in die Ruhe. Erklärt die Absicht, eure euch unangenehm scheinenden Bewusstseinsinhalte zu ergründen und notiert euch eure Gedanken und Gefühle, die in euer Bewusstsein dringen. Lasst euch dabei so viel Zeit, wie ihr selbst euch geben wollt. Tut dies auch in Etappen über mehrere Tage oder Wochen, wenn ihr diese Zeit benötigt. Bedenkt, wie lange ihr in euren Denk- und Fühlmustern verbracht habt und gebt selbst euch so viel Zeit, wie ihr benötigt.
Habt ihr all die Gedankenmuster ergründet, die euch unangenehm scheinen, so geht zurück in eurer Vergangenheit und sucht nach Ereignissen, die das eine oder andere Denk- oder Fühlschema in euch ausgelöst haben.
Versucht, die Ursachen eurer Muster in eurer Vergangenheit so zu ergründen, wie ein Detektiv dies tun würde, der für seine Arbeit fürstlich bezahlt wird. Achtet dabei auf jedes Detail, mag es euch noch so unbedeutend erscheinen, bis ihr es tatsächlich in diesem Zusammenhang beurteilen könnt.
Stellt euch selbst für diese Arbeit eure eigenen Regeln auf. Wenn ihr euch jedoch entscheidet, diese Arbeit zu tun, so haltet eure diesbezüglichen Gedankengänge schriftlich fest.

Ihr lebt, ohne euch dessen bewusst zu sein, in einem Machtsystem, dessen Wurzeln in der Verbreitung von Angst liegt. Es sei euch nochmals gesagt, Angst ist ein Instrument der Unterdrückung!
In der Zeit, die zu erleben und mitzugestalten ihr selbst euch entschieden habt, gibt es für euch Menschen, die ihr nach wie vor in euren dreidimensionalen Denkmustern verhaftet seid, unglaublich viele Situationen, vor denen ihr glaubt, euch fürchten zu müssen.
Der drohende Weltuntergang, Kriege, Seuchen, unheilbare Krankheiten, Verlust der Arbeit, existenzbedrohende Gefahren,

Katastrophen jeglicher Art und viele weitere Gefahren, von denen ihr euch bedroht fühlt. Ihr glaubt euch so klein und so hilflos, wisst nicht, wie ihr all diese Bedrohungen von euch abwenden könnt.

Euch sei nochmals gesagt: Sucht die Liebe in euch, und euch selbst werdet ihr finden. Habt ihr euch selbst gefunden, so werdet ihr erkennen, dass es nichts gibt, vor dem ihr euch fürchten müsstet.
Ihr seid nicht allein auf eurem Weg der Erkenntnis.
Viele Wesenheiten stehen bereit, euch zu helfen. Wesenheiten des Lichtes, die euch begleiten auf eurem Weg. Wesenheiten, die euch mit Rat und Tat zur Seite stehen, wenn ihr ihre Hilfe erbittet. Bezeichnet sie als Engel, als Lichtwesen, als die Boten des EINEN, bezeichnet sie so, wie ihr denkt, dass sie sind. Erwartet Wunder, und ihr werdet sie erfahren.
Macht euch frei von der Vorstellung, dass ihr klein seid und nichts ändern könnt. Ihr seid den Göttern gleich.

Das Potential der Angst, das ihr in euch tragt, ist Potential einer Energie, die euch bindet und knebelt. Dieses Potential hält euch klein und verhindert, dass ihr selbst euch erkennen könnt.
Ihr seid die Herren eurer selbst, doch solange ihr dies nicht glauben könnt, sucht ihr im Außen nach Meistern und Gurus, von denen ihr hofft, dass sie euch befreien mögen. Doch befreien könnt ihr euch nur selbst. Niemand, der euch sagt, was ihr tun sollt, wird euch zur Freiheit verhelfen. Tut ihr, was die euch sagen, begebt ihr euch lediglich in eine andere Form der Abhängigkeit.
Sucht euch Information im Außen und entscheidet selbst, ob sie euch hilfreich ist oder nicht. Geht den Weg, der euch heute noch so beschwerlich erscheint. Sucht nach der Erkenntnis eures Selbst und ihr werdet erkennen, wie einfach er ist, habt ihr die ersten Schritte getan.

Sucht das Wissen in dem Bewusstsein, euch selbst zu befreien von eurem Ballast.
Sucht das Wissen in der Erkenntnis, dass ihr nicht allein seid auf eurem Weg.
Hört in euch, und ihr werdet eure Begleiter erkennen.
Lasst die Furcht in euch gehen zu denen, die sie euch vermittelten, in dem Bewusstsein, dass ihr Kinder des Lichtes seid. Ihr gehört zur Lichtfamilie und seid niemals allein.

FÄHIGKEITEN

Ihr habt in sehr kurzer Zeit einige Oktaven der Schwingung der dritten und vierten Dimension durchlaufen, man könnte sagen, fast übersprungen. Die Frequenzerhöhung eures Planeten und damit aller Lebewesen, die darauf existieren, haben diese Erhöhung der Schwingung miterlebt oder haben ihre Inkarnation verlassen.
Die Schwingung, in der ihr euch zur Zeit befindet, ist mehr als doppelt so hoch als noch vor einigen Jahren eurer Zeitrechnung. Der Ablauf der Zeit hat sich im gleichen Maße beschleunigt. Dies könnt ihr zwar fühlen, physikalisch jedoch nicht nachweisen.

Ihr sprecht immer häufiger von einem Wechsel in eine andere Dimension. Andere Dimensionen haben andere Ausdrucksweisen und Erscheinungsformen als die euch bekannten Dimensionen.
Der Faktor Zeit hat für euch eine völlig andere Erscheinungsform, da ihr den Wechsel von der dritten in die vierte Dimension bereits vollzogen habt. Ihr befindet euch zur Zeit sozusagen in den unteren Oktaven der vierten Dimension. Je höher ihr euch in den Schwingungsoktaven der vierten Dimension bewegt, desto schneller werdet ihr den Verlauf der Zeit empfinden.
So wie eure Computerindustrie jedes Jahr neue Modelle mit höherer Taktfrequenz auf den Markt bringt, so müsst ihr lernen, eure "Taktfrequenz" der eures Planeten anzupassen.
Eine Frequenzerhöhung eurer Computer zieht eine wesentlich schnellere Verarbeitung von eingegebenen Daten mit sich. Der Computer mit hoher Taktfrequenz kann Rechenprozesse, die er vollziehen muss, um Daten zu berechnen, in wesentlich kürzerem Zeitraum vollziehen als ein Rechner mit niedriger Taktfrequenz.

Ein Rechner mit hoher Taktfrequenz wird also im gleichen Zeitraum wesentlich mehr Daten, also Information, verarbeiten können als ein Rechner mit niedrigem Rechentakt.

Gelingt es euch, eure "Taktfrequenz" zu erhöhen, so seid auch ihr imstande, im gleichen Zeitraum wesentlich mehr Informationen zu verarbeiten, als euch dies bisher möglich war.
Es ist euch möglich, eure Schwingung unabhängig von eurem Planeten zu entwickeln. Der normale Vorgang ist der, dass der Planet seine Schwingung erhöht und die Lebewesen des Planeten, um weiter existieren zu können, mit der Frequenzerhöhung nachfolgen.
Haben genügend Lebewesen ihre eigene Schwingung der des Planeten angepasst, so tritt der Planet wiederum in eine höhere Oktave ein, in der er so lange verbleibt, bis erneut im morphogenetischen Feld die Information zur Verfügung steht, dass genügend Lebewesen der Schwingung angepasst sind.
Diese Vorgangsweise setzt sich so lange fort, bis der Prozess evolutionärer Entwicklung beendet ist, der Planet sich in die unterste Oktave der nächsten Dimension begeben hat. Dieser Vorgang stellt große Ansprüche an die körperlich-geistig-seelische Konstitution aller Beteiligten, da mit jedem Übergang in eine weitere Oktave ein weitaus größeres Maß an Information vorhanden ist, als dies vorher der Fall war.
Die Form von Information steht ohne Ausnahme ***allen*** Lebewesen zur Verfügung, jedoch muss die Menge der vorhandenen Informationen auch von den Lebewesen verarbeitet werden können. Tierarten, deren Aufenthaltsort der Planet Erde über Jahrtausende gewesen ist, beginnen, die Erde zu verlassen. Ihr bezeichnet es als aussterben. Durch alle Hilfsmaßnahmen, die durch eure Tierschützer initiiert wurden und werden, wird dieser Vorgang sich nicht verändern lassen. Das Bewusstsein einer aussterbenden Tiergattung war aufgrund seiner Bewusstseinsinhalte für das morphogenetische Feld eures Planeten aus bestimmten

Gründen notwendig. Wird die Zeitebene erreicht, in der das Bewusstsein der entsprechenden Gattung für das Funktionieren des gesamten Energiesystems nicht von Bedeutung ist, so wird die gesamte Gattung den Planeten verlassen.
Auf der dreidimensionalen Ebene scheint dies so zu sein, als würde die Tiergattung durch Wilderei oder gesetzlich legitimierte Jagd dezimiert. Dies ist jedoch lediglich die ***notwendige dreidimensionale Ausdrucksform*** dieses Vorganges. In ähnlicher Weise trifft dies auch auf eure Naturvölker zu, die von euch ausgerottet wurden und werden.
Die Lebewesen, die aus Gründen ihres Charma im Zuge der Evolution ihre Inkarnation verlassen, inkarnieren sich auf Planeten, deren Schwingung ihrer eigenen entspricht und entwickeln sich auf ihre persönliche Art und Weise weiter.
Fragt ihr euch nun, ob ihr eure Inkarnation auch verlassen müsst? Nun, ihr seid doch noch hier, oder nicht?

Ihr befindet euch bereits in der vierten Dimension!
Diese Dimension wird für euch lediglich eine kurze Station sein auf dem Weg in die Schwingung der fünften Dimension. Auch die fünfte Dimension ist für den Weg eurer Evolution eine Station, in der ihr euch zwar wesentlich länger aufhalten werdet als in der vierten Dimension, jedoch führt euer Weg euch in die Schwingung der siebten Dimension, in der ihr längere Zeiträume verbringen werdet.

In den Schwingungsebenen, in denen ihr euch aufhaltet, verhält es sich jeweils so, dass in der Dimension mit einer ungeraden Zahl ein bestimmtes Maß an Entwicklung stattfindet. Euer Aufenthalt in der dritten Dimension war von außergewöhnlich langer Zeitdauer. Die darauf folgende Dimension mit gerader Zahl, also in diesem Falle die vierte, ist eine Schwingungsebene, die in Form, Farbe und Ausdruck in jeglicher Weise der vorhergehenden entspricht. Verändert hat sich für euch lediglich der Ausdruck des Faktors Zeit und der Ausdruck des Faktors Information.

Der Ausdruck der vierten Dimension ist die Verwirrung und das Chaos. Die vierte Dimension dient der Vorbereitung für die nächst höhere Dimension, da sie bereits Erscheinungsformen beider Dimensionen miteinander vermischt.

Der Aufenthalt in der vierten Dimension kann für euch von großem persönlichem Vorteil sein.
So könnt ihr bereits teilweise über Technologien verfügen, die in der fünften Dimension angesiedelt sind. Ihr beginnt, Fähigkeiten an euch zu entdecken, die, entwickelt ihr sie durch Übung weiter, euch ermöglichen, die nach wie vor dreidimensionale Realität in eurem Sinne innerhalb kurzer Zeit zu verändern. Es bietet sich euch die Möglichkeit, die Dreidimensionalität in ihrem vollen Umfang zu erfahren, und zwar in dem Maße, wie ihr selbst es zulassen könnt. Dies bedeutet wiederum für euch selbst, dass ihr, egal unter welchen Voraussetzungen ihr gerade lebt, diese innerhalb kürzester Zeit verändern könnt. Ihr habt die Möglichkeit, mit der Zeit zu spielen, denn Zeit erfüllt in der vierten Dimension einen völlig anderen Zweck, als dies in der dritten Dimension der Fall ist.
Der Faktor Zeit ist dort, wo ihr euch gerade aufhaltet, von absolut untergeordneter Bedeutung. Ihr könnt den Faktor Zeit dehnen und ihr könnt ihn kürzen.
Wird euch die Zeit zu kurz, die ihr benötigt, um etwas zu tun, so beschließt einfach, dies innerhalb einer bestimmten Zeit zu tun, und ihr werdet feststellen, dass es so sein wird, wie ihr selbst es beschlossen habt.
Befindet ihr euch in einer euch unangenehmen Situation, so verkürzt den Faktor Zeit um das Maß, das ihr selbst bestimmt.
Ihr mögt es nicht glauben?
Nun, versucht es. Vielleicht benötigt ihr etwas Übung. Jedoch werdet ihr bereits von Anfang an merken, dass etwas dran ist an unserer Geschichte.

Ihr habt in dieser Ebene eurer Zeit die Möglichkeit, all eure Wünsche und Träume, die in euch nach Erfüllung streben, zu realisieren.
Die für euch einfachste Methode dazu ist, euch aus den Geschehnissen dieser Zeitebene auszuklinken, euch also aus dem Gesamtbewusstsein eures Planeten zu lösen und euren eigenen Weg zu gehen. Dies erscheint euch im Moment schwieriger, als es tatsächlich ist. Vergesst jedoch nicht, was wir euch bereits erzählt haben - ihr seid nicht allein, und wenn ihr beschließt, euch bewusst dem Licht zuzuwenden, wird euch diese Entscheidung in eurer eigenen Entwicklung vorankatapultieren.
Habt keine Furcht vor den Begrenzungen, die euch noch umgeben, den Grenzen, die ihr selbst euch gesteckt habt. Ihr könnt die Grenzen eurer Vorstellung sprengen, wenn ihr es in der Tiefe eures Herzens tatsächlich wollt. Versucht, euch nicht aus Furcht zu entwickeln, tut es aus dem freien Willen heraus und in dem Bewusstsein, dass euch all das begegnen wird, was nötig ist, damit ihr euren eigenen Weg gehen könnt.
Die allgemeine Erhöhung der Schwingung ermöglicht einen weitaus freieren Zugang höherer Energien und damit, wie ihr sie bezeichnet, höherer Wesenheiten, als dies bisher der Fall war.
Aus diesem Grunde erkennen immer mehr von euch ihre eigenen Fähigkeiten und haben Verbindung mit den Wesenheiten, denen daran gelegen ist, Information und damit Licht zu euch zu bringen.

Vergesst die Begrenzungen menschlicher Unvollkommenheit und erlebt euch selbst im Bewusstsein göttlicher Vollkommenheit.
Ihr seid die Kinder des Lichtes, wann wollt ihr es endlich glauben ?

ERHÖHE DEINE PERSÖNLICHE TAKTFREQUENZ

Um einen eurer Computer dazu zu bewegen, innerhalb kürzerer Zeit mehr Informationen zu verarbeiten, ist es lediglich notwendig, dieses Gerät mit zusätzlichen elektronischen Bauteilen zu versehen.
Da eure Wissenschaft nichts erfinden oder entwickeln kann, was nicht schon existiert, so sei euch gesagt, dass die "Funktionsweise" eures Seins der eines Computers keineswegs unähnlich ist.
Ihr entwickelt eure Fähigkeiten innerhalb von Grenzen, die euch durch eure soziologischen, ökologischen und ökonomischen Ordnungen zugänglich sind.
Weitere Entwicklungsmöglichkeiten sind für euch erst dann gegeben, wenn ihr euch aus der Begrenzung eures Verstandes löst. Eure Wissenschaft, eure Wirtschaft, eure Politik, eure Bildungssysteme basieren auf den Gesetzmäßigkeiten der Dreidimensionalität. So muss alles, was ihr erforscht und begründet, durch die Möglichkeiten eures Verstandes erklärbar sein.
Phänomene, die nicht durch eure Naturgesetze erklärbar sind, fallen automatisch unter den Begriff Grenzphänomene oder Parapsychologie und sind damit aus dem System der verstandesmäßigen Wahrnehmung ausgeschlossen. Sie sind so lange als unglaubwürdig abgestempelt, bis eine eurer vielfältigen Glaubensgemeinschaften oder sonstige wissenschaftliche, politische oder wirtschaftliche Organisationen eine Möglichkeit sehen, dieses Phänomen für ihre Zwecke zu benutzen.
Da es nicht geben kann, was es nicht geben darf, sind Menschen, die sich mit derartigen Ausdrucksweisen von Bewusstseinsenergie auseinandersetzen, von vornherein als unseriöse Träumer oder Spinner gekennzeichnet.
Eure Irrenanstalten sind gefüllt mit Menschen, deren einziges Problem es ist, unvorbereitet mit Informationen konfrontiert

worden zu sein, die aufgrund ihrer Verstandesorientierung nicht zu verarbeiten waren.
Schizophrenie, also die Bewusstseinsspaltung, ist nichts anderes, als dass sich Bewusstsein von physisch Gestorbenen, die ihren physischen Tod nicht akzeptieren wollten oder konnten, weil sie eine immense Bindung an ihre Dreidimensionalität hatten, in das Bewusstsein eines anderen Menschen sozusagen "eingeklinkt" haben und versuchen, Kontrolle über den Körper eben dieses Menschen zu erlangen.
In den letzten Jahren sind, wie ihr sie nennt, psychosomatische Heilzentren entstanden, deren Heilungsgrundlage der Zusammenhang zwischen Zuständen des menschlichen Geistes und verschiedenen Krankheitsbildern ist.

Solange eure Wissenschaft nicht bereit ist, ihre eigenen Grundlagen auch nur annähernd in Frage zu stellen, wird sich, so seid versichert, von "offizieller" Seite nichts ändern.

Seid ihr für euch selbst bereit, eure für euch selbst empfundene Wertigkeit zu ändern, so ergibt sich für euch die Möglichkeit, euch ohne Furcht vor der Konsequenz eurer Absicht, aus den Geschehnissen eures Planeten auszublenden und euch auf euch selbst zu konzentrieren.
Dies wiederum setzt eine Entwicklung in Gang, die euch innerhalb kurzer Zeit Zugang zu einem gigantischen Informationssystem eröffnet, und zwar in einer Art und Weise, die für euren Verstand und für euren Geist zu verarbeiten ist. Dies jedoch findet nicht nach Prioritäten statt, die ihr selbst festlegt, sondern ihr erhaltet Wissen in der Form, wie es für eure weitere Entwicklung aus der höheren Sicht eurer Seele notwendig scheint.

Ihr werdet dann erfahren, dass ihr dadurch, dass ihr lernt, euch selbst aufzugeben, erst in der Lage seid, euch selbst zu erkennen.

Euer Verstand wird euch raten, euch so schnell wie möglich selbst aufzugeben, damit ihr euch selbst erkennt, jedoch sei euch gesagt, dies ist ein Vorgang, der sich außerhalb eurer verstandesmäßigen Möglichkeiten abspielen wird.
Versucht ihr etwas zu erzwingen, mag es euch so ergehen wie denjenigen, die plötzlich Stimmen in ihrem Kopf hören und dies nicht verarbeiten können.
Um dies zu vermeiden, ist es für euch lediglich notwendig, in euch selbst die Absicht zu formulieren, dass ihr euch von der Entwicklung anderen Bewusstseins loslösen wollt und die Erfahrung persönlicher Entwicklung zum Lichte hin machen wollt.
Lasst euch selbst bei diesem Vorgang die Zeit, die ihr glaubt zu benötigen und seid bereit, das, was geschehen wird, freudig anzunehmen.

Wir möchten euch auch hierzu eine Übung an die Hand geben.
Stellt euch eine Röhre in eurem Körper vor, die parallel zu eurer Wirbelsäule verläuft. Diese Röhre reicht von der Fontanelle, also der Wachstumsspalte in der Mitte eures Schädelknochens bis zum unteren Ende eurer Wirbelsäule. Stellt euch ***innerhalb*** dieser Röhre die euch bekannten sieben Chakras als etwas dickere, runde Scheiben vor. Seht jedes dieser Chakras in seiner ihm eigenen Farbe, also das am unteren Ende der Wirbelsäule befindliche Chakra rot, das in Höhe des Bauchnabels befindliche Chakra orange, das Chakra in Höhe des Solarplexus gelb, das Chakra in Höhe des Herzens grün, das Chakra in Höhe des Kehlkopfes in hellem blau, das Chakra in Höhe eurer Augen in tiefem blau und das Chakra im oberen Bereiche eures Kopfes in violett.
Beginnt nun mit eurem Chakra im oberen Bereiche eures Kopfes. Seht es als kräftige Scheibe in tiefem violett. Beginnt nun vor eurem geistigen Auge damit, es in Drehung zu versetzen. Gebt der Scheibe die Möglichkeit, in die Richtung zu drehen, die es anstrebt, und unterstützt es dabei, indem ihr eure Energie auf diese Drehbewegung konzentriert.

Fühlt ihr die Drehbewegung dieses Chakras, so zieht euch aus eurer Röhre zurück und beachtet die anderen Scheiben in eurer Röhre nicht weiter.
Fangt jedes Mal, wenn ihr euch wiederum in diese Röhre begebt, bei dem Chakra eures oberen Kopfbereiches an, und zwar so lange, bis dieses Chakra in einer ständigen Drehbewegung ist, ihr also jedes Mal, begebt ihr euch in diese Röhre, feststellt, dass ihr für die Drehbewegung des Chakras keinerlei Anstoß mehr geben müsst. Wendet euch dann dem nächsten Chakra, also dem in Höhe eurer Augen, zu und so weiter, bis ihr das unterste Chakra in Bewegung versetzt habt.
Lasst die Drehbewegung in der Richtung, in die das Chakra sich selbst drehen möchte und verändert sie zu diesem Zeitpunkt noch nicht. Beginnt mit dem obersten Chakra und arbeitet euch bis zu dem untersten durch.
Ihr werdet sehen, wie schnell ihr beginnt, eure eigene Schwingung unabhängig zu entwickeln.

ENERGIEFELDER UND ENERGIESYSTEME

Wir haben euch bereits mehrfach erklärt, dass ihr selbst, eure dreidimensionale Ausdrucksform eine Folge energetischer Schwingung ist, die eine Schwingung angenommen hat, die eben diese Ausdrucksform zulässt. Wenn ihr dies begriffen habt, wenn es euch zumindest möglich ist, dies als eine wahrscheinliche Möglichkeit zu akzeptieren, habt ihr euch einen Weg veränderter Wahrnehmung erschlossen. Ihr findet Zugang zu einer völlig anderen Art von Information, die euch so lange verborgen ist, bis ihr bereit seid, andere als die euch bisher zugänglichen Wahrscheinlichkeiten in Betracht zu ziehen.

Das, was wir bisher als euer persönliches Urbewusstsein bezeichnet haben, ist ein Zustand von gesammelter und gespeicherter Information aller von euch gemachten Erfahrungen und jeglichem von euch jemals erworbenen Wissen, in all euren vergangenen Inkarnationen.

Es handelt sich dabei sozusagen um eine Art Datenbank, deren Speicher lediglich in einer Form von gebundener Energie besteht. Ihr tragt, sozusagen jetzt in diesem Moment, das Wissen all eurer Inkarnationen mit euch herum, ohne direkten Zugang zu diesen Informationen zu haben.

Diesen euren persönlichen Informationsspeicher könntet ihr als euer persönliches morphogenetisches Feld bezeichnen.

Über dieses persönliche Informationsfeld verfügt jede, tatsächlich jede Ausdruckform von Bewusstsein, also alles, was existiert.

Jeder Bewusstseinszustand und somit wiederum alles, was auf eurem Planeten existiert, unabhängig davon, ob es sich innerhalb eurer dreidimensionalen Wahrnehmungsmöglichkeit bewegt oder nicht, ist miteinander verbunden über das, was ihr als Massenbewusstsein bezeichnet. Diese Bezeichnung erscheint uns jedoch als unzutreffend. So werden wir es als das morphogenetische

Feld eures Planeten bezeichnen. In diesem Feld ist, wir wiederholen dies nochmals, jegliche Information über jedes jemals erworbene Wissen und jede jemals gemachte Erfahrung enthalten, die jemals von der Gesamtheit der auf eurem Planeten vorhandenen und nicht mehr vorhandenen Bewusstseinszustände gemacht wurde und gemacht wird. Da auch euer Planet ein Zustand von Bewusstsein und damit Leben ist, sind auch dessen Informationen darin enthalten.

Jegliche Erfahrung, die der Planet Erde seit seiner Entstehung machte, jede Erfahrung von vergangenen und bestehenden Zivilisationen, jede Erfahrung einzelner Völker, jede Erfahrung irgendeines einzelnen Lebewesens, das jemals auf eurem Planeten existierte oder existiert, ist als Information in eben dieser Datenbank unauslöschbar gespeichert.

Ihr steht in einem ständigen Austausch mit diesem Informationsfeld. Ihr speist unbewusst Information ein und bezieht unbewusst Information aus diesem Feld.

Wäre es euch möglich, euch in eurer dreidimensionalen Ausdrucksform unkontrollierten Zugang zu diesem gigantischen Informationspotential zu verschaffen, würdet ihr in seiner Gesamtheit mit diesem vorhandenen Informationspotential konfrontiert, so würde die Energie dieser Informationsbank euch im Bruchteil einer Sekunde auslöschen.

Wärt ihr Menschen euch bewusst, dass ihr, würdet ihr euch miteinander verbinden, durchaus in der Lage wärt, jeglichen Vorgang auf eurem Planeten zu beeinflussen, so könntet ihr alle euch betreffenden Manipulationen aufheben und sämtliche Vorgänge gezielt beeinflussen.

Ihr könntet die Umweltverschmutzung beseitigen, das Wetter beeinflussen und natürlich auch den Übergang in eine andere Dimension nach euren Vorstellungen gestalten.

Hättet ihr euch jedoch bereits so weit entwickelt, so gäbe es den Vorgang der Umweltverschmutzung nicht mehr, denn ihr hättet bereits eine andere Form des Seins erreicht.

Um eine gezielte Beeinflussung zu erreichen, ist es nicht notwendig, dass alle Menschen im gleichen Maße denken oder fühlen. Um spürbare Veränderungen im ***menschlichen*** Anteil des Informationsfeldes herbeizuführen, ist lediglich ein geringer Bruchteil, weniger als 0,1% der menschlichen Bewusstseinszustände notwendig, die eine oder mehrere Informationen gezielt in das Informationsfeld einspeisen.
Auf eurem Planeten haben sich inzwischen fast sechs Millionen Mitglieder der Lichtfamilie inkarniert. Fällt euch hier ein Zusammenhang auf?

So, wie euer Planet mit euch und ihr mit eurem Planeten und all dem, was darauf als Bewusstseinszustand existiert, untrennbar miteinander verbunden seid, so verhält es sich auch mit den anderen Planeten eures Sonnensystems.
Jeder bewohnte und unbewohnte Planet in eurem Sonnensystem verfügt über ein eigenes Informationsfeld gleicher Struktur.
Die zentrale Informationsspeicherbank eures Sonnensystems ist das Zentralgestirn, eure Sonne.
Dort laufen alle Erfahrungen, alle Informationen, die ihr ständig verarbeitet, alle Informationen, die jeden Bruchteil einer Sekunde von Bewusstseinszuständen auf eurem und anderen Planeten eures Systems gemacht werden oder gemacht wurden, zusammen.

Wir haben euch erzählt, dass Bewusstsein gleich Energie ist. Es ist an der Zeit, dieser mathematischen Formel einen weiteren Wert hinzuzufügen:

Bewusstsein = Energie = Information

Bewusstsein, Energie und Information sind ein und dasselbe. Wir werden später nochmals darauf eingehen. Zum besseren Verständnis der folgenden Erzählung wollten wir diese Formel jetzt definieren.

Eure Sonne ist der zentrale Sammelpunkt ***aller*** Informationen von allen dem Sonnensystem zugehörigen Bewusstseinszuständen.
In eurer Galaxie gibt es jedoch eine ungeheure Menge an Sonnensystemen, die ebenso wie das eure über Planeten verfügen. Die gerade in unserer Erzählung beschriebenen Vorgänge der Informationsspeicherung finden in den anderen Systemen ebenso statt wie in dem euren.
So verfügt jede Galaxie über einen zentralen Informationssammelpunkt - eine zentrale Sonne.

Euer Universum wiederum verfügt über eine ungeheure Anzahl von Galaxien, die, wie beschrieben, Informationen in ihrer Zentralsonne speichern. So gibt es auch wiederum einen Informationsspeicher, der die gesamten Informationen aller Zentralsonnen aller Galaxien speichert und verwertet.
Die Summe aller in den Zentralsonnen der Universen gesammelten Einzelinformationen werden dorthin übermittelt, woher alles kommt, was jemals existierte, existiert und existieren wird.

Betrachtet für einen kurzen Moment den Inhalt eures Bewusstseins und multipliziert diesen mit der Summe der menschlichen Erdbevölkerung. Nehmt dann noch die Information des Tier- und Pflanzenreiches. Hinzufügen müsstet ihr noch die Information des Mineralreiches und einer weiteren Unmenge von euch nicht wahrnehmbarer Bewusstseine.

Diese Summe multipliziert ihr dann mit der Anzahl eurer Planeten. Somit erhaltet ihr eine Vorstellung von der Summe der Informationen, die jede Sekunde in eurem Zentralgestirn eingeht. Ein gigantisches Datenverarbeitungssystem mit einer Kapazität, von dem eure Wissenschaftler nicht einmal zu träumen wagen. Wir wissen, wovon wir sprechen, sind wir doch die Hüter von Alcyone, der zentralen Sonne der Plejaden.

Information ist der Faktor in der Gleichung, der fehlte, um die Zusammenhänge tatsächlich begreifen zu können.

Bewusstsein = Energie = Information

Euer Urbewusstsein, also der Zustand von Bewusstsein, der jegliche Information aller eurer bisherigen Inkarnationen enthält, ist nichts anderes als die Summe der Information, die ihr in euren bisherigen Inkarnationen gesammelt habt. Der Begriff Urbewusstsein beschreibt den Informationsgrad, den ihr in eurer gesamten bisherigen Existenz erreicht habt. Er beschreibt, wenn ihr so wollt, den Informationsgehalt eurer Seele. Habt ihr etwas Neues gelernt, so fügt ihr diesem Urbewusstsein eine weitere Information hinzu. Habt ihr eine neue Erfahrung gemacht, so fügt ihr den Informationsgehalt dieser Erfahrung eurem Urbewusstsein hinzu. Eure Erfahrung wird ohne nennenswerten Zeitverlust über die Summe der zentralen Sonnen dorthin geleitet, wo das System der Information endet.
Eure Gedanken und Gefühle im Zusammenhang mit einer Situation definieren lediglich eine Information.
Ihr habt bisher in den meisten Fällen Situationen, gleich welcher Art, unbewusst erlebt und im Rahmen eurer Bewertungen, Begrenzungen und eurer Wahrnehmung entsprechend gehandelt.
Ihr wart bisher die Sklaven eures begrenzten Selbst.

Da ihr nun diese Informationen erhalten habt, ist es euch nun möglich, bewusst mit Situationen umzugehen und entsprechend zu handeln.

Durch eure euch zugänglichen Bewusstseinsinhalte setzt ihr Ursachen, deren Wirkungen ihr in eurem täglichen Leben am eigenen Leib erfahrt. Eure euch zugänglichen Bewusstseinsinhalte setzen jedoch auch Ursachen im Zusammenwirken aller Bewusstseine eures Planeten und eures Sonnensystems.
Wenn ihr, nachdem ihr nun aus eurem Schlaf erwacht seid, beginnt, die Zusammenhänge zu begreifen, so wird es euch, ihr vermeintlich Machtlosen, möglich sein, Ursachen zu setzen, deren Wirkung in konstruktiver Weise spürbar wird.
Erforscht den Inhalt eures Bewusstseins, so, wie ihr selbst es könnt, und setzt diesen in Relation zu eurem täglichen Leben.
Erforscht den Inhalt eures Bewusstseins, so, wie ihr selbst es könnt, und setzt diesen in Relation zu den Geschehnissen auf eurem Planeten.
Wenn euch dies gelingt, so beginnt ihr, das Paradies zu erschaffen.

MULTIDIMENSIONALITÄT

Um verstehen zu können, was Multidimensionalität tatsächlich bedeutet, müsst ihr euch der Tatsache bewusst werden, dass ihr nicht nur in eurer dreidimensionalen Ausdrucksform existiert.
Das, was ihr als Seele bezeichnet und wir euer persönliches morphogenetisches Feld nennen, ist die Gesamtheit aller von euch selbst in der Vielzahl euer Inkarnationen in einer Vielzahl von unterschiedlichen Ausdrucksformen von Schwingungsenergie erworbenen Erkenntnisse. Eure Seele ist reine Energie oder, wenn ihr so wollt, reines Licht. Eure Seele korrespondiert ständig über eine Vielzahl von Schaltstellen, den zentralen Sonnen der unterschiedlichen Energieebenen, direkt mit dem, den wir den EINEN nennen. Das Energie- oder Informationspotential des EINEN ist so unglaublich stark, dass sich die Definition mit keinen Worten eurer Sprache definieren ließe. Wir selbst, die wir die Hüter eines immensen Energie- oder Informationspotentials sind, könnten der Anwesenheit des EINEN nicht standhalten. Es wäre uns möglich, IHM zu begegnen, jedoch ist es dafür von größter Bedeutung für uns, eine Art Sicherheitsabstand einzuhalten, da das Energiepotential des EINEN uns auf ähnliche Art zerstören würde, wie dies eure Sonne tun würde, wenn ihr eurem Zentralgestirn zu nahe kommt. Es ist uns möglich, eine Form der eingeschränkten Kommunikation zu führen. Diese Form der Kommunikation führt über einige Energie- oder Informationsschaltzentralen, die die Erscheinungsform der Energie soweit abschwächen, dass sie für uns zu verarbeiten ist.
Jede zentrale Sonne hat die Aufgabe, Information zu bündeln, und über die Menge der Schaltstellen eben zum Ende der Informationskette zu übermitteln.

Multidimensionalität bedeutet im Prinzip nichts anderes als die Existenz in mehreren Schwingungsebenen zur gleichen Zeit.

Hier beginnt die Sache etwas komplizierter zu werden, denn Zeit hat in anderen Dimensionen keine oder nur untergeordnete Bedeutung. Zeit wird zu einem Faktor, wie es für euch beispielsweise die Himmelsrichtungen sind.
Ihr existiert gleichzeitig in unterschiedlichen Seinsebenen, ohne euch dessen in eurer dreidimensionalen Ausdrucksform bewusst zu sein.
Es wäre euch beispielsweise möglich, dass ihr, während ihr euch in eurer höchsten Seinsform, nämlich der Ausdrucksform reiner Energie oder Information damit beschäftigt, ein neues Planetensystem zu erschaffen, und um eine oder mehrere Informationen zu erhalten, euch gleichzeitig auf fünf unterschiedlichen Welten inkarniert habt, während ihr als "höhere Wesenheit" Informationen auf eine dieser Welten übermittelt.
Dies sollte nur ein Beispiel sein, um euch eure Multidimensionalität zu erläutern.

Energie definiert ihr als etwas, was bei euch aus der Steckdose kommt. Ihr habt die Möglichkeit, ein Gerät dort anzuschließen und euch an dessen Funktion zu erfreuen.
Um Energie zu erzeugen, nehmt ihr eine Ausdrucksform von Energie oder Bewusstsein, z.B. Kohle. Ihr verbrennt diese Kohle, um Wärme zu erzeugen. Diese Wärme wiederum erhitzt Wasser, das sich in Wasserdampf umwandelt. Dieser Wasserdampf treibt ein Schaufelrad an, das wiederum mit einem Generator verbunden ist. Dieser Generator erzeugt ein magnetisches Feld, das in euren Stromkabeln gebündelt wird und über mehrere Transformatoren in eben eure Steckdose gelangt.
Um Wärme für den Wasserdampf zu erzeugen, verwendet ihr unterschiedliche Methoden.
Die für euch risikoreichste ist die Spaltung des Atoms. Durch diesen Vorgang wird Strahlung erzeugt. Diese Strahlung ist für euch bereits in eurer dreidimensionalen Ausdrucksform äußerst schädlich. Was ihr jedoch weder sehen noch anderweitig erfas-

sen könnt, ist der Einfluss dieser Strahlung auf eure Energiekörper. In einem großen Umfang um eben diese Atomkraftwerke wird ein Strahlungsfeld erzeugt, das durch die vorgenommenen Schutzmaßnahmen eben nicht eingeschränkt wird. Darin ist für euch auch die Ursache weitreichender Schädigungen in den Bereichen um diese Kraftwerke zu finden, die von eurer Wissenschaft nicht erklärt und deshalb als ad absurdum geführt werden.
Eine andere Methode der Energieumwandlung ist die Nutzung der Wasserkraft. Dabei wird Bewegungsenergie, nämlich die Kraft des Wassers, genutzt, um den Generator anzutreiben.
Energie wird von euch nicht gewonnen, sondern lediglich von einer Erscheinungsform in eine andere umgewandelt. Das Verfahren ist äußerst umständlich und störungsanfällig.

Wir haben bereits mehrmals erklärt, dass nichts existiert als Energie oder Bewusstsein oder Information. Diese Energie kann nicht verbraucht werden - sie existiert einfach und wird immer existieren. Wärt ihr euch dessen bewusst, könntet ihr Energie einfach aus dem Nichts "entnehmen". Ihr seid ständig umgeben von Energie, die ihr durchaus für eure Zwecke nutzen könntet.
Ihr müsst nur Technologien entwickeln, die euch die Nutzung freier Energie ermöglichen. Derartige Technologie gab es bereits, und es gibt sie noch.
Diejenigen, die die wahre Macht haben auf eurem Planeten, sind jedoch keinesfalls daran interessiert, dass diese Art von unbegrenzter Energie euch zugänglich gemacht wird. Energie, gleichgültig, ob in Form von Erdölerzeugnissen oder in Form von Elektrizität, ist euch nicht frei zugänglich. Um diese Energieformen nutzen zu können, müsst ihr Steuern bezahlen und die Energie bezahlen.
Wer die Energie verwaltet, hat die Macht, und diejenigen, die Energie nutzen wollen oder müssen, sind von denjenigen abhängig, die Energie verwalten.

Um die gesamte Energie für die Beheizung und die Versorgung eurer Geräte in einem mehrstöckigen Haus zu gewährleisten, müsste die Energiegewinnungsanlage nicht größer sein als eine Schuhschachtel.
Um eure Fahrzeuge zu betreiben, wäre lediglich ein kleines Kästchen und eine Antenne erforderlich. Diese Form der Energie würde es euch auch ermöglichen, völlig neue Antriebstechniken zu entwickeln, die nicht auf mechanischer Basis funktionieren.

Dies würde für eure Machthaber jedoch einen gewaltigen Machtverlust bedeuten. Liegt es in ihrem Interesse, Unabhängigkeit, gleichgültig in welcher Art auch immer, zuzulassen?
Diejenigen, die derartige Technologie entwickelten, wurden von eurem Gesellschaftssystem gezielt diskreditiert oder mundtot gemacht. So wird nur noch im stillen Kämmerlein experimentiert und die Öffentlichkeit gemieden.

Multidimensionalität bedeutet die gleichzeitige Nutzung mehrerer Schwingungsebenen. Wäre beispielsweise die Schwingungsform dessen, was ihr als Seele bezeichnet, die der zwölften Dimension, so wäre es euch möglich, in jeder untergeordneten Dimension mehrfach zu existieren. Theoretisch könntet ihr euch zu gleicher Zeit mehrfach auf einem Planeten inkarnieren. Davon wird jedoch nur in Ausnahmefällen Gebrauch gemacht, da niemals ausgeschlossen werden kann, dass ihr euch selbst dort begegnet. Ihr würdet euch selbst finden. Ihr verwendet für diese Vorgehensweise den Begriff Dualseele. Die Möglichkeit, sich selbst zu begegnen, birgt jedoch ein immenses Gefahrenpotential, denn es würde unter Umständen eine gigantische Energieverschiebung zur Folge haben. Den Traum, eurer Dualseele zu begegnen, solltet ihr aus diesem Grund aufgeben.
Jede Dimension hat eine bestimmte Schwingung, sozusagen eine bestimmte Eigenfrequenz. Wir möchten nochmals betonen, dass anstelle der Definition "Schwingung" ebenso die Definitionen

"Energie", "Bewusstsein" oder "Information" verwendet werden könnten.
Dieser Grundschwingung werden einfach weitere Schwingungen zugeordnet, deren Eigenschwingung der Grundschwingung in einem bestimmten Bereich zugeordnet werden können.
Dies bedeutet nichts anderes, als dass die Grundschwingung einer Dimension nichts anderes als die Existenz eben dieser Dimension bedeutet. Die Zuordnung weiterer Schwingungen bedeutet nichts anderes, als dass Planeten, Monde, Sonnen usw. entstehen. In diesem Zustand existiert Bewusstsein, also Leben lediglich in Form von Sonnensystemen, Galaxien usw.
Das Hinzufügen weiterer Schwingung oder Bewusstsein oder Energie oder Information bedeutet nichts anderes als das Hinzufügen von Lebewesen, so wie ihr diesen Begriff definiert.
Jede Dimension hat ihre ureigene Ausdrucksform. So gibt es Dimensionen, deren Ausdruck Farbe und Form ist, wobei Farbe und Form in diesem Fall ein und dasselbe sind. Andere Dimensionen drücken sich durch Töne und Farben und Formen aus, wobei wiederum Ton, Farbe und Form ein und dasselbe sind.
Dies bewegt sich jedoch weit außerhalb eurer Vorstellungskraft. Bis ihr euch in diese hohe Schwingungsform begeben werdet, wird noch etwas eurer Zeit vergehen.

Könnt ihr euch vorstellen, dass ihr einzeln oder gemeinsam miteinander eure Galaxie erschaffen habt und euch nun hier mit einem Teil eures wahren Seins immer wieder auf diesem und anderen Planeten inkarniert, um an euch selbst zu erfahren, was ihr erschaffen habt?
Nun, das ist Multidimensionalität!

ERKENNTNIS DES SEINS

Das, was ihr als Seele bezeichnet, ist der gesamte Energie-, Bewusstseins oder Informationszustand eures höheren Selbst.
Während ihr euch auf eurem Planeten damit beschäftigt, euch möglichst schnell soweit zu entwickeln, dass ihr selbst glaubt, an dem Prozess des Dimensionssprunges teilhaben zu können, habt ihr unter Umständen in eurer höheren Seinsform Probleme völlig anderer Art.

In diesem Zustand eures Seins sind euch die Zusammenhänge der Energie- oder Bewusstseinszustände im einzelnen und im kollektiv bewusst, und ihr wisst, welche Konsequenzen ein völlig unvorbereiteter evolutionärer Prozess, wie eben beispielsweise der Wechsel in eine andere Dimension, haben kann.
Nicht nur euer Planet wird sich transformieren, sondern von diesem Vorgang wird eine große Anzahl von Sonnensystemen betroffen sein.
Wir haben bereits mehrfach erklärt, welch immenses Energiepotential jeder einzelne von euch repräsentiert. Ihr lasst euren Gefühlen unkontrolliert ihren Lauf. Dies ist weder gut noch schlecht, es ist einfach so. Jeder einzelne von euch setzt durch seine Bewusstseinsinhalte Ursachen, die sich oftmals nicht nur in eurer Dreidimensionalität auswirken. Seit einigen Jahren wird gezielt das Bewusstsein der Angst bei euch gefördert. Da von diesem Angstbewusstsein nicht nur einzelne betroffen sind, sondern der Großteil der Erdbevölkerung, tut ihr genau das, was wir bereits in unserer Erzählung beschrieben haben. Ihr habt euch durch eure Furcht, die jeder einzelne von euch für sich selbst und seine Existenz empfindet, miteinander unbewusst verbunden und erzeugt ein immenses Energiepotential der Angst.

Dieses von euch unbewusst erzeugte Energiepotential, das nicht auf eurem Planeten allein verbleibt, sondern weit über die Grenzen eures Sonnensystems hinaus Wirkung zeigt, ist so gigantisch, dass alle Explosivwaffen, die in ihrer Gesamtheit auf eurem Planeten existieren, würden sie gemeinsam zur Explosion gebracht, gegen dieses von euch Menschen erzeugte Energiepotential lediglich wie ein kleines Neujahrsfeuerwerk wirken würde.
Denkt hierbei an die Auswirkung der Energie- oder Informationsübertragung über die große Anzahl von zentralen Sonnen. Die von euch erzeugte Energie der Information durchdringt die Weiten des All-es und nimmt damit Einfluss auf All-es.

Das, was auf eurem Planeten geschieht, betrifft also nicht nur euch allein.

Vielen von euch ist bekannt, dass eine gigantische Armada von Sternenschiffen sich innerhalb der Grenzen eures Sonnensystems und zum Teil in der Nähe eures Planeten aufhält.
Diese Armada von Sternenschiffen wartet nicht darauf, dass sich endlich einmal eine Möglichkeit für ein Eingreifen ergibt, die ihren Aufwand an Lebewesen und Technologie rechtfertigt.
Eine ihrer Hauptaufgaben ist es, das von euch unbewusst erzeugte Energiepotential zu kanalisieren und in eine Ausdrucksform von Energie zu transformieren, deren Auswirkungen unschädlich für die Weiten des All-es sind.

Würde euer Planet durch eine globale Katastrophe innerhalb kurzer Zeit vernichtet werden und damit die Summe eurer inkarnierten Bewusstseine gezwungen sein, den Schwingungsbereich eures Planeten zu verlassen, würde das durch diese gigantische Katastrophe freigesetzte Energiepotential dramatische Geschehnisse im gesamten All in Gang setzen.

Die Gesamtheit der freigesetzten Energie wäre selbst mit dem größten technologischen Aufwand nicht zu kanalisieren und zu transformieren.

Ihr seid eine Rasse, die vom Prinzip her einer wesentlich höheren Schwingung unterliegt, als dies tatsächlich der Fall ist. Ihr befindet euch durch gezielte Manipulation innerhalb eurer dreidimensionalen Begrenzung. Aufgrund verschiedener Vorgänge war es den wahrhaft Mächtigen eures Planeten möglich, eure Gene in einer Form zu manipulieren, die es ermöglichte, euch von dem kosmischen Informationssystem abzukoppeln. Ihr verfügt über 12 DNS Stränge. 2 dieser DNS Stränge sind noch intakt. Diese beiden Stränge gewährleisten eure dreidimensionale Existenz, jedoch könnt ihr euch an euer multidimensionales Wissen nicht mehr erinnern. Ihr wurdet in eurer dreidimensionalen Existenz sozusagen von eurer multidimensionalen Existenz abgetrennt.
Im Zuge der an euch vorgenommenen Manipulation war es lediglich möglich, 10 eurer DNS Stränge von der Gesamtheit eures Seins abzutrennen. Nicht möglich war es, diese Stränge völlig zu entfernen.
Die DNS-Stränge sind nach wie vor vorhanden, jedoch für euch nicht einsetzbar. Der Fluss an Information, der euch zugänglich ist, kann mit einer geringen Kapazität eures Gehirnes verarbeitet werden. Wären eure DNS-Stränge nicht nur abgetrennt, sondern entfernt worden, so würdet ihr über ein wesentlich kleineres Gehirn verfügen, das für die euch zugänglichen Informationen ausreichend wäre. Dadurch, dass jedoch die genetische Information der 12 DNS-Stränge nach wie vor vorhanden ist, wird jeder Körper im Zuge seines Entstehens im Mutterleib mit einer Gehirnkapazität versehen, die der entspricht, die notwendig wäre, um das gesamte Informationspotential von 12 DNS-Strängen zu verarbeiten.

Seid euch bewusst, dass es einen Plan des Lichtes und einen Plan der Dunkelheit gibt. Seid euch bewusst, dass das Licht ohne die Dunkelheit nicht sein könnte, und seid euch weiterhin bewusst, dass Licht und Dunkelheit ***in*** euch ist.
Euer Planet wurde und wird beherrscht von der Dunkelheit. Diejenigen, die euren Planeten in Besitz genommen haben, sind diejenigen, denen das Licht, die Information ein Greuel ist. Es liegt in der Art dieser Wesenheiten, wenn sie etwas auf Dauer nicht behalten können, lieber Chaos, Vernichtung und Verwüstung hinter sich zu lassen, als einfach das Feld zu räumen.
Lange Zeit gab es für diejenigen, die sich dem Licht verschrieben haben, keine oder nur wenige Möglichkeiten, Einfluss zu nehmen.
Es gab eine Art von Vereinbarung zwischen beiden Seiten, die eine Art von stillschweigendem Übereinkommen garantierte.

In der Gesamtheit des Seins ist Evolution der Prozess, der zwangsläufig in Äonen der Zeit dazu führen wird, dass All-es sich wieder vereint. Evolution ist zwangsläufig der Prozess, der das Dunkel und das Licht zusammenführt. Die Erhöhung der Schwingung, also der Wechsel in eine höhere Dimension, ist Evolution. Derartige Prozesse lassen sich beschleunigen oder verzögern. Dies ist lediglich eine Frage von konstruktivem oder destruktivem Bewusstsein. Verhindern lassen sich derartige Prozesse ***niemals***.

Bevor ihr dem Einfluss eurer Mächtigen anheimgefallen seid, sollte euer Planet eine multidimensionale Bibliothek allumfassenden Wissens werden. Eine nie dagewesene Schöpfung höchster Kreativität und Potenz. Ein Zugang für Wesenheiten zu einem immensen Informationspotential, das Schöpfungen insoweit vereinfacht hätte, dass Informationsbeschaffung nicht über eine Reihe von Inkarnationen geführt hätte. Somit wäre mehr

Energiekapazität vorhanden, um Schöpfung zu kreieren, die der Vereinigung des All-es dienen.
Dieser Plan jedoch wurde durch die Mächte der Dunkelheit verhindert und die Informationszugänge der Schöpfergötter, die diese Bibliothek erschaffen sollten, wurden durch die Manipulation der DNS-Stränge unterbrochen.
Um eine direkte Konfrontation zwischen den Mächten der Dunkelheit und des Lichtes zu verhindern, wurde durch weitere geschickte Manipulationen destruktiver Art dafür gesorgt, dass immer mehr Bewusstseine sich auf eurem Planeten inkarnierten, in der Hoffnung, durch die Vorgänge auf diesem Planeten für sich selbst Entwicklungspotential zu erhalten.
Durch die Anwesenheit der Schöpfergötter auf eurem Planeten, denen jedoch der Zugang zu ihrer eigenen Erinnerung verwehrt ist, ist das von eurem Gesamtbewusstsein erzeugte Energiepotential kaum zu bändigen.

Ein unkontrollierter Transformationsprozess eures Planeten, und damit eures Bewusstseins, hätte fatale Folgen für das gesamte Sein.
Indem ihr Information von außen erhaltet, helft ihr euch selbst.
Es kann und wird nicht zugelassen werden, dass der Prozess der Wandlung der Vernichtung dient.

Es gibt einen gigantischen Plan des Lichtes, um euren Planeten aus der Dunkelheit zum Licht zu führen. Die Mitglieder der Lichtfamilie haben sich bereit erklärt, bei der Durchführung dieses Planes mitzuwirken. So ihr euch von unseren Geschichten berührt fühlt, könnt ihr euch sicher sein, dass ihr die Kinder des Lichtes seid.

Es liegt an euch, den Prozess der Evolution zu gestalten. Die Zukunft wird aus der Gegenwart gestaltet. Beginnt, euch selbst zu

erkennen als das, was ihr seid, und seid in euch selbst bereit, dies zu akzeptieren.
Ihr seid nicht allein und erhaltet mehr Hilfe, als ihr ahnt. Sucht euch, findet euch und erkennt euch. Einer wird dem anderen helfen. Verbindet euch und jeder handle, wie es ihm möglich ist.
Eskalieren die Geschehnisse, so sei euch versichert, dass ihr nicht euch selbst überlassen seid.

IHR SEID NICHT ALLEIN !

DIE LICHTFAMILIE

Jede Dimension hat ihre Realitäten. In jeder Dimension gibt es Verknüpfungen zwischen Dimensionen höherer und niedrigerer Schwingung.
Wesenheiten hoher Schwingung leben ebenso wie ihr im Verbund mit anderen Lebewesen gleicher Erscheinungsform, lediglich die Form des Zusammenlebens unterscheidet sich wesentlich von der euren.
Erschafft eine Wesenheit hoher Schwingung eine Realität, die sich in ihrer Ausdrucksform in einer niedrigeren Schwingung bewegt, so ist sie aufgrund kosmischer Gesetze genötigt, einen Teil ihres Selbst in der niedrigen Schwingung als Lebensform zu manifestieren. Erschafft also ein Schöpfergott allein oder in Verbindung mit anderen Schöpfergöttern beispielsweise ein Sonnensystem, so ist der Schöpfergott allein oder in Verbindung mit den anderen gezwungen, einen Teil seines Selbst in Form von Leben auf der Sonne und den Planeten zurückzulassen. Dies bedeutet nicht, dass, wird eine humanoide Rasse erschaffen, der Schöpfergott sich lediglich als Mensch dort manifestiert. Der Schöpfergott selbst drückt sich mindestens einmal als eigenständige Wesenheit in ***jeglicher*** Ausdrucksform von Leben aus, also beispielsweise als ***ein*** Mensch, als ***ein*** Tier jeglicher Gattung, als ***eine*** Pflanze jeglicher Gattung und so weiter, um von jedem erschaffenen Bewusstsein eine eigenständige Erfahrung zu machen.
Der Schöpfergott ist untrennbar mit dem Schicksal der einzelnen Bewusstseinszustände innerhalb des von ihm erschaffenen Planetensystems verbunden.
Unabhängig davon lebt der Schöpfergott weiterhin in oder mit seinem Verbund der Lebewesen gleicher Schwingung. Der Schöpfergott teilt sich zwar in seiner Schöpfung niedrigerer Schwingung auf, wird als Wesenheit hoher Schwingung jedoch

in seiner Existenz nur insoweit eingeschränkt, dass er in seinem Sein an seine Schöpfung gebunden ist.

Unter normalen Umständen wird in die normalen Abläufe, die sich aus einer Schöpfung ergeben, von den Schöpfergöttern nicht mehr eingegriffen, da es die Aufgabe der Schöpfung ist, sich selbst zu erkennen und sich wiederum zu der höheren Schwingung seines Schöpfergottes hinzuentwickeln.

Erst, wenn Umstände auftreten, die ein besonderes Eingreifen erfordern, wenden sich die Schöpfergötter und diejenigen, die ihnen verbunden sind, in besonderer Weise den Geschehnissen zu.
So gibt es eine Art von "besonderer Eingreiftruppe", um einen Begriff zu verwenden, der euch durch die Vorgänge auf eurem Planeten besonders geläufig ist.
Diese Eingreiftruppe besteht im wesentlichen aus Wesenheiten, die wiederum ein Teil des Bewusstseins der Schöpfergötter sind, die an der Schöpfung beteiligt waren oder Wesenheiten, die durch ihr Sein in höheren Schwingungsebenen daran interessiert sind, die Schöpfergötter durch ihr Tun zu unterstützen.
Diese Eingreiftruppe bezeichnet sich selbst als ***Lichtfamilie***. Die Lichtfamilie setzt sich aus einer großen Zahl von höheren Bewusstseinen zusammen, die von den unterschiedlichsten Planeten stammen.
Bahnen sich besondere Ereignisse an, inkarniert sich ein Teil der Lichtfamilie auf dem Planeten, der diese Ereignisse wahrscheinlich verursachen wird. In den meisten Fällen werden einige Inkarnationen benötigt, um sich mit den Gegebenheiten dieser Welt vertraut zu machen. Oftmals müssen in diesen wenigen Inkarnationen große Potentiale an Erfahrungen gesammelt werden, was wiederum bedeutet, dass gerade diese Inkarnationen oftmals großes Leid erfahren. Dies jedoch dient lediglich dazu, sich selbst zu erkennen. Oftmals fühlen sich diese Bewusstseinsmanifestationen getrieben von etwas, das sie sich selbst nicht erklären

können. Sie fallen zwar mit ihrer Inkarnation auf einer Welt genauso dem Vergessen anheim wie alle anderen auch, jedoch gibt es eine dünne Schnur der Erinnerung, die sie irgendwann, wenn die Qualität der Zeit gekommen ist, dorthin führt, wo sie Information erhalten, die es ihnen ermöglicht, sich selbst wieder bewusst zu werden.
Dann beginnt für einen Teil dieser Menschen ein Entwicklungsprozess, der durch ihren Verstand nicht mehr zu verarbeiten ist. Deshalb ist es oftmals so, dass diese Menschen in Lebenssituationen geraten, aus denen sie keinen Ausweg mehr sehen.
Dadurch werden diese Menschen gezwungen, ihr gesamtes Leben neu zu überdenken und sind dann bereit, andere Wege einzuschlagen. Jedoch sei an dieser Stelle bemerkt, dass diese Menschen nicht von höheren Mächten in leidvolle Lebenssituationen hineingezwungen werden, sondern das Erfahren dieser Geschehnisse ist ein Teil des Planes, den sie bei ihrer Inkarnation mitgebracht haben. Sie selbst hatten sich vorgenommen, diese Situationen zu erleben, um sich selbst zu erkennen und sich ihres Selbst bewusst zu werden.
Gemeinsam wurde ein Plan entworfen, bei dem festgelegt wurde, wer sich auf diesem Planeten inkarniert und wer außerhalb des Planeten welche Aufgaben übernimmt.
Ihr solltet erwachen in der Qualität der Zeit, in der ihr euch selbst und eure Aufgaben erkennen sollt.
Zunächst erkennen die sich selbst, deren Aufgabe es sein sollte, Information auf euren Planeten zu bringen. Diese Information wiederum erweckt in denen, die diese Information erhalten, einen Teil der Erinnerung, der ihnen hilft, weitere Erinnerung in sich hervorzurufen.
Jeder von euch trägt in sich Wissen und Erfahrung, das sich von anderen unterscheidet.

Spürt ihr den Drang in euch, seit langem etwas tun zu müssen, wisst jedoch nicht mehr, was es war, so ist für euch nun der Zeitpunkt gekommen, euch zu erinnern.

Die verloren geglaubte Information wird dann wieder zu euch gelangen, wenn ihr euch entscheidet, euch dem Licht zuzuwenden. Es ist die Qualität der Zeit gekommen, in der ihr, nachdem ihr endlich erwacht seid, beginnt, euch zusammenzufinden.

Ihr befindet euch in einer Zeit der Verwirrung und der Desinformation. Woher sollt ihr wissen, was der "richtige" oder der "falsche" Weg ist?
Der Weg, den ihr geht, ist immer der "richtige". Selbst wenn ihr erfahren müsst, dass ihr euch falsch entschieden habt, dient dies eurem weiteren Wege der Evolution, denn die Erfahrung war für euch von Bedeutung.

Wenn ihr euch entscheiden wollt, euren Schlaf und eure Lethargie zu überwinden, so formuliert die Absicht, dies zu tun. Dies wird einen Prozess in Gang setzen, der es euch im Rahmen eurer Erfahrungen und den Möglichkeiten, die eure Phantasie euch erlaubt, ermöglicht euch selbst in einem Maße zu erkennen, wie ihr es jetzt in diesem Moment noch nicht glauben könnt.
Überwindet eure Furcht vor dem, was kommen mag. Seid euch bewusst, dass ihr euch bereits jetzt von den Menschen unterscheidet, die die Zeichen der Zeit nicht erkennen. Deren Weg ist es nicht, Veränderungen herbeizuführen, sondern lediglich die Erfahrung dessen in ihr Bewusstsein zu integrieren, was geschehen wird.
Seid nochmals daran erinnert, dass die Geschehnisse nicht festgelegt sind und ihr selbst eure Zukunft und die weitere Entwicklung gestaltet.
So ihr für euch selbst fühlt, dass der Zeitpunkt des Erkennens für euch gekommen ist, so gesteht dies vor euch selbst ein. Beabsichtigt, euch zu erkennen, und es wird geschehen. Fragt euch nicht, woher ihr kommt oder warum ihr hier seid. Ihr seid ihr selbst und seid dort, wo ihr seid, weil ihr euch selbst dafür entschieden habt.

EURE VERWIRRUNG IST GROSS

Einerseits fühlt ihr euch von dem Gedanken angezogen, dass ihr mehr sein könntet als das, was ihr zu sein scheint, nämlich die Mitglieder der Lichtfamilie. Andererseits ist in euch der Gedanke aktiv, warum ausgerechnet ihr diejenigen sein solltet, die Veränderungen herbeiführen sollen; fühlt ihr euch doch so klein, so allein, so machtlos.

Es gibt so viele Ängste, die ihr in euch tragt. Habt ihr euch schon einmal Gedanken darüber gemacht, warum ausgerechnet ihr euch mit "Dingen" auseinandersetzt, die über das normale Begriffsvermögen eures Verstandes hinausgehen? Warum empfindet ausgerechnet ihr Vorgänge und Gegebenheiten für möglich, die eure Wissenschaft strikt ablehnt? Woher nehmt ihr Kleinen und Machtlosen die Arroganz, trotz aller gegen euch gerichteten Vorzeichen euren Weg weiterzugehen und trotz aller Verunsicherung, die von allen Seiten auf euch einwirkt, weiter zu behaupten, dass es da "mehr" geben muss? Sollte dies gar keine Arroganz sein, sondern einfach die dünne Schnur der Erinnerung?

Warum beschäftigt ihr euch mit diesem "Mehr", ohne die Gewissheit zu haben, von eurer Wissenschaft zu erfahren, dass ihr recht habt?

Ihr seid hin- und hergerissen zwischen dem, was ihr in euch fühlt und eurer scheinbaren Realität. Ihr seid erwacht und fühlt in euch den Drang zu tun, doch noch wisst ihr nicht, was ihr tun sollt.

Ihr seid geplagt von den Zweifeln an euch selbst. Ihr bewundert diejenigen von euch, bei denen es euch so scheint, als wären sie spirituell weiterentwickelt, als ihr euch selbst bewertet.

Ihr hofft darauf, dass irgendjemand kommen möge und euch sagt, was ihr tun sollt. Nach wie vor sucht ihr im Außen nach Information, die ihr nur in eurem Inneren erhalten könnt.

Ein wahrer Lehrer lehrt seine Schüler im Bewusstsein, dass er von seinen Schülern lernen kann. Somit wird der Lehrer zum Schüler und der Schüler zum Lehrer.

Seid ihr euch dessen bewusst, dass jeder einzelne von euch in eurer Realität tatsächlich einmalig ist? Seid ihr euch dessen bewusst, dass jeder einzelne von euch in der Kombination von Wissen und Erfahrung ***ein-malig*** unter mehreren Milliarden Menschen ist?

Jeder von euch trägt in sich ein immenses Potential von Wünschen und Träumen. Wer von euch kann sagen: "Ich habe keine Wünsche, die ich erfüllt haben möchte!" ?
Ihr könnt euch nicht lösen von euren Wertungen und Beurteilungen. Seid euch bewusst, dass wenn ihr euch die Erfüllung seit langem gehegter Wünsche oder Träume versagt, ihr einen Teil eures wahren Selbst verleugnet!
Ihr haltet euch für schlecht, lebt in dem Bewusstsein, "Schlechtes" in eurer Vergangenheit getan zu haben und haltet euch deshalb in den Tiefen eures Herzens für unwürdig, die wahre Erfüllung eures Selbst erfahren zu dürfen.
Wenn ihr Handlungen begangen habt, von denen ihr denkt, sie wären nach den Bewertungsgrundlagen eurer Gesellschaftsordnung schlecht oder gar von euch denkt, ihr hättet gegen die Gesetze des Kosmos verstoßen und müsstet nun als Folgeerscheinung euer Char-ma erleiden und Schuld abtragen, die ihr durch eurer Tun auf euch geladen habt, so sei euch gesagt, dass ihr euch gewaltig irrt.
Was habt ihr aus dem, was ihr als eure Verfehlung bezeichnet, gelernt? Würdet ihr eine Handlung, die euch unter Umständen ein geraumes Maß an Zeit das vermittelte, was ihr als "schlechtes Gewissen" bezeichnet, nochmals begehen?
Hattet ihr zu der Zeit, als ihr diese Handlung durchgeführt habt, das Wissen, die Konsequenzen in euch abzuschätzen, die diese Handlung im nachhinein tatsächlich an Konsequenzen mit sich brachte?

In welchem Bewusstsein habt ihr gehandelt? Waren die Umstände eures Lebens nicht gerade so, dass ihr keinen anderen Weg gesehen habt als denjenigen, den ihr beschritten habt?
Nun fragen wir euch, wer kann euch im Bewusstsein der Liebe für eure Tat verurteilen? Eure Handlung hat euch eine Erfahrung beschert, ihr habt aus eurem Tun gelernt, eine Information erhalten, die es euch ermöglichte, euer Bewusstsein zu erweitern. Nicht mehr, aber auch nicht weniger.
Wir fragen euch nochmals, wer kann euch verurteilen? Diejenigen Menschen, von denen ihr denkt, sie handeln im Bewusstsein der Liebe? Oder diejenigen, die ihr als Meister bezeichnet und die euch Verhaltensregeln suggerieren?
Wer kann euch verurteilen, der im Bewusstsein der Liebe handelt?

Wäre es nun nicht an der Zeit, die Beurteilung und Bewertung, die ihr für euch selbst habt, neu zu überdenken und neu zu fühlen?

Ihr lebt in einem System, das eine sehr subtile, und damit auf den ersten und zweiten Blick nicht sichtbare Kontrolle auf euch ausübt.
Würdet ihr unter diesem Gesichtspunkt eure Filme betrachten, die durch eure Medienmaschinen laufen, so könntet ihr die Botschaften erkennen, die darin verborgen sind.
Welche Möglichkeiten habt ihr, euch der Propaganda der Angst zu entziehen?
Welche Möglichkeiten habt ihr, euch der Suggestion von ständiger Schuld zu entziehen?
Ihr lebt in Lebensumständen, aus denen es scheinbar keine Auswege gibt. Einerseits tragt ihr euer Potential an Wünschen, die nach Erfüllung drängen, in euch, andererseits habt ihr beschlossen, nach dem "Mehr", der geistigen Erkenntnis, zu suchen.

Der Drang in euch, materiellen Besitz zu erwerben, und der Drang nach geistiger Entwicklung ist für euch scheinbar nicht zu vereinigen.
In eurer Vorstellung nach geistiger Verwirklichung seht ihr euch genötigt, der Materie zu entsagen. Diese Entsagung jedoch führt wiederum zu dem Zustand eures Bewusstseins, dass eure Lebensumstände sich in gänzlich andere Richtung bewegen, als ihr es tief in eurem Inneren erhofft habt. Ihr seid in diesem Zustande jedoch bereits so weit in die geistige Welt eingedrungen, dass ein Rückzug bei den meisten von euch nicht mehr in Frage kommt. Ihr habt euch ein Paradoxon geschaffen, das euch gewaltig zu schaffen macht und euch immer wieder an euch und dem, was ihr tut oder beabsichtigt zu tun, zweifeln lässt.
Ihr wisst, dass da "etwas" ist. Es gelingt euch jedoch nicht, die geistige mit der materiellen Welt zu verbinden.

Wo ist der Ausweg aus eurem Dilemma?
Aus einer höheren Warte betrachtet ist alles, was existiert, ein Zustand miteinander verbundener bewusster und unbewusster Energie oder Information.
Der Vorgang eures ständigen Atmens ist ein Zustand von Bewusstsein, der Teil eures Urbewusstseins ist. Ob ihr nun daran denkt oder nicht, ständig füllen sich eure Lungen mit Luft und entleeren sich wieder. Obwohl ihr nicht einen Gedanken daran verschwendet, atmet ihr ständig ohne Unterbrechung. Diesen Zustand verändert ihr unter Umständen im Beginn einer Meditation. Dort konzentriert ihr euch auf euer Atmen und füllt bewusst eure Lungen mit Luft und entleert sie bewusst wieder. In diesem Zustande habt ihr euch dafür entschieden, diesen Vorgang bewusst zu steuern, und euer Körper tut das, was ihr wollt.
Der Prozess des Atmens ist eine Information, die in eurem Urbewusstsein vorhanden ist. Diese Information besagt: "Die Lungen müssen mit Luft gefüllt werden, und sie müssen danach wieder entleert werden". Durch Übung ist es euch möglich, diese In-

formation eures Urbewusstseins dahingehend zu verändern, dass ihr die Technik eures Atmens dauerhaft verändern könnt.
So wie es euch möglich ist, diese Information eures Urbewusstseins zu verändern, ist dies mit jeder weiteren Information eures Urbewusstseins ebenfalls möglich. Voraussetzung dafür ist, dass ihr euch dem Vorhandensein einer Information zunächst einmal bewusst werdet.

Wenn ihr als Kind geboren werdet, sind von allen von euch in diese Inkarnation mitgebrachten Informationen zunächst nur die von Bedeutung, die euren Körper funktionsfähig erhalten.
Weitere Informationen eures Urbewusstseins sind während dieser Zeit von euch nicht von wesentlicher Bedeutung und euch somit nicht zugänglich.
Wenn ihr beginnt, euch in eurer Kindheit körperlich und geistig weiter zu entwickeln, so beginnt ihr, Fähigkeiten oder Veranlagungen zu entwickeln, die ihr euch in dem Zustand eures Seins vorgenommen habt zu erfahren, der zwischen zwei Inkarnationen liegt.
Bevor ihr geboren werdet, wisst ihr sehr genau, was ihr euch vorgenommen habt, in der Inkarnation zu erfahren, die euch bevorsteht. Ihr habt euch selbst sehr genau die Stolpersteine in euren Lebensweg gelegt, von denen ihr der Meinung wart, sie würden euch dazu dienen, die Aufgaben lösen zu können, die ihr euch eben vorgenommen habt zu lösen.
Ihr habt euch auch sehr sorgfältig eure Eltern ausgesucht in dem Bewusstsein, dass sie euch helfen werden, eure Aufgaben zu lösen, indem sie euch ganz wesentlich in eurer Jugend beeinflussen.

In eurer Kindheit erlebt ihr durch ständige Übung durch eure Eltern eine Umprogrammierung eures Urbewusstseins, und zwar in dem Maße, als ihr euch dies vor eurer Inkarnation bereits vorgenommen hattet.

Jeder von euch, ohne Ausnahme, hat in kleinerem oder größerem Umfang in seiner Kindheit eine Umerziehung seines Urbewusstseins erlebt.
Litt beispielsweise ein Elternteil unter Höhenangst, so ist es durchaus möglich, dass ihr in eurer Kindheit "gelernt" habt, dass Höhe Angst erzeugt. Dies bedeutet keinesfalls, dass, wenn ihr selbst unter Höhenangst leidet, Höhenangst ein Teil eurer Urinformation sein ***muss***. Versucht, euch bewusst ein oder mehrmals dieser Angst auszusetzen - erst dann werdet ihr erfahren, ob dies eure "eigene" Höhenangst oder die euer Mutter ist.
Haben eure Eltern in Armut gelebt, so ist es durchaus möglich, dass ihr euch vorgenommen habt, Armut in eurer Kindheit zu erleben. Es könnte jedoch auch so sein, dass eure Eltern euch auf Armut "programmiert" haben und ihr durchaus das Potential in euch tragt, in materiellem Wohlstand zu leben. Es scheint euch nur deshalb nicht möglich, weil ihr keine Informationen darüber habt, wie ihr diesen Zustand ändern könnt.
Litten eure Eltern ständig unter irgendwelchen Erkrankungen, so ist es durchaus möglich, dass euer ureigenes Gesundheitspotential durch die vorgelebte Suggestion eurer Eltern in euch als Information verändert wurde.

Wurden von euren Eltern, Lehrern oder Vorgesetzten Fähigkeiten oder Möglichkeiten unterdrückt, so tragt ihr diese so lange unerfüllt in euch, bis ihr, oftmals durch irgendwelche Lebensumstände, die euch treffen, praktisch gezwungen werdet, euch damit zu beschäftigen.
Ihr mögt eure Eltern, eure Lehrer oder wen oder was auch immer dafür hassen, was sie euch "angetan" haben, jedoch solltet ihr euch bewusst sein, dass dies von euch detailliert geplant wurde. Wem also wollt ihr dafür böse sein?

So jedoch, wie in eurer Kindheit eure Urinformation verändert wurde, habt ihr die Möglichkeit, dies nicht nur wieder rückgän-

gig zu machen, sondern ***jegliche*** in euch vorhandene Urinformation zu verändern.
Um diese Information sozusagen zur Veränderung vorzubereiten, ist es für euch nur notwendig, diese in euer Bewusstsein zu holen. Allein die Absicht, diese oder jene Lebensumstände verändern zu wollen, führt oftmals schon kleinere Veränderungen herbei, die sich jedoch dann wieder verlieren, wenn ihr vergesst, bewusst damit umzugehen und in eure alten Muster zurückfallt.

Tragt ihr Blockaden in euch, von denen ihr das Gefühl habt, sie führen euch immer wieder im Kreis, so dass es euch nicht möglich scheint, diese Umstände dauerhaft zu verändern, so nehmt euch soviel Zeit, wie ihr benötigt, und versucht, so real als möglich nochmals eure Kindheit zu durchleben. Achtet dabei besonders auf bestimmte Aussagen oder Umstände, mit denen ihr immer wieder konfrontiert wurdet. Habt ihr derartige Hinweise gefunden, so betrachtet euch genau, ob diese Verhaltensweisen euer Handeln auch heute noch bestimmen.

Unbewusste Veränderungen eures Urbewusstseins werden auch heute noch durch unterschwellige Botschaften in euren Filmen und eurer Werbung in euch projiziert. Betrachtet einen eurer Filme oder einen eurer Werbespots einmal unter diesem Aspekt. Ihr werdet erstaunt sein über die subtilen Botschaften. Vielleicht müsst ihr es ein wenig üben, jedoch werdet ihr daraus lernen, wie ihr selbst euer Urbewusstsein verändern könnt, und zwar in dem Sinne, der euch selbst als sinnvoll erscheint.

.

DAS WESEN DER MATERIE

Das Wesen der Materie haben wir vom Prinzip her schon beschrieben. Materie ist eine Ausdrucksform von Bewusstsein, und Bewusstsein ist in seiner Urform absolut neutral, also weder in konstruktiver noch in destruktiver Form manipuliert.
Ähnlich wie ihr Energie nicht gewinnt, sondern lediglich von einer Form in eine andere umwandelt, so tut ihr dies auch mit eurer Materie. Ihr erschafft keine Materie, sondern nutzt die vorhandene Erscheinungsform von Materie und wandelt sie in eine andere Erscheinungsform um. Um Eisen oder Stahl zu gewinnen, baut ihr das Mineral ab und wandelt es um. Ihr verwendet Ton und andere Materialien, um Ziegel zu erzeugen; um Balken für eure Häuser zu haben, fällt ihr Bäume und schneidet sie in die Form, die ihr dazu benötigt.
Dieses Vorgehen wird in der Zukunft dazu führen, dass die Vorräte an euren Grundstoffen, die ihr für den Erhalt und weiteren Ausbau eurer Zivilisation benötigt, zur Neige gehen.

Die Umwandlung eines Minerals zu einem Material wird auf Dauer keine Zukunft haben. Um euch Technologien erschließen zu können, die es euch ermöglichen, Materie aus ihrem "Grundmaterial" selbst erzeugen zu können, wird es notwendig sein, euch eben dieses Grundmaterials, nämlich Bewusstsein, bewusst zu werden.
In der Zukunft werdet ihr Häuser, Fahrzeuge und all das, was ihr für den Erhalt eurer Zivilisation glaubt zu benötigen, aus Bewusstsein erschaffen.
In eurer Vergangenheit habt ihr dies bereits getan. Eure Pyramiden, die ihr ***über-all*** auf eurem Planeten finden könnt, sind eine Verbindung aus Materie und Bewusstsein, deren Geheimnisse ihr dann im Detail ergründen könnt, wenn ihr euch eines Teils eurer tatsächlichen Fähigkeiten bewusst geworden seid.

Materie, wir möchten dies nochmals betonen, ist lediglich eine Ausdrucksform von Bewusstsein. Welche Erscheinungsform dieses Bewusstsein auch gewählt haben mag, so verfügt auch dieses Bewusstsein, so wir ihr selbst, über eine Urinformation. Die Urinformation eines Baumes wird beim derzeitigen Stand der Dinge das Bewusstsein eines Baumes bleiben. Ihr könnt den Baum fällen und ihm ein anderes Aussehen, beispielsweise das eines Balkens geben, dennoch wird die Information des Baumes nach wie vor enthalten sein. Das Holz bleibt Holz, selbst wenn ihr es unendlich zerkleinert und beispielsweise Papier beimischt, bleibt die Information "Holz" in dem entstandenen Material enthalten. Ihr seid noch nicht in der Lage, aus Holz beispielsweise Metall zu machen, denn dazu müsstet ihr das Urbewusstsein des Baumes in das Urbewusstsein des Metalls umwandeln.
Selbst wenn ihr euch aufgrund eures geistigen Entwicklungsstandes dazu in der Lage sehen würdet, wäre es vom Prinzip her unsinnig, Urbewusstsein, also Bewusstsein, das bereits eine Information enthält, so zu verändern, dass es nach dem Umwandlungsprozess völlig anderes Bewusstsein ist.
Wesentlich einfacher ist es, neutrales Bewusstsein, von dem ihr ständig umgeben seid, mit einem Urbewusstsein zu versehen und somit in eine gewünschte Erscheinungsform zu bringen.
Das erscheint euch unmöglich? Erinnert euch. Dieser Vorgang ist euch bestens bekannt.

Diesen Prozess der Programmierung von Bewusstseinszuständen gibt es in vielfältiger Art auf eurem Planeten. Ihr selbst unterliegt diesem Prozess ständig. Die wahrhaft Mächtigen eures Planeten vollziehen diesen Programmierungsvorgang immer wieder in Situationen, von denen sie glauben, dass er sie ihren Zielen näher bringt.

Prinzipiell wäre es zum Beispiel möglich, einen Schreibtisch, an dem ihr eure Arbeit tut, mit einem Bewusstsein zu versehen, das

es euch unmöglich macht, eure Arbeit zu tun. Prinzipiell wäre es möglich, das Bewusstsein jedes einzelnen von euch so umzuprogrammieren, dass ihr willenlose Sklaven wärt. Dies ist in der Praxis deshalb nicht durchzuführen, weil der Aufwand an Bewusstsein für diese Manipulation so immens hoch wäre, dass diejenigen, die euren Planeten in Besitz genommen haben, in einem so großen Maße ihr Bewusstsein teilen müssten, dass ihre Existenz in höheren Schwingungsformen beendet wäre und sie sich, ebenso wie ihr dies tut, zu sich selbst zurückentwickeln müssten. Somit wäre ihr Besitztum gefährdet, weil sie selbst es nicht mehr verwalten könnten.
Aus diesem Grunde wird die bewährte Manipulation der Desinformation und der Suggestion beibehalten.

Eure Wünsche und Träume sind Projektionen eures Urbewusstseins in eure Realität. Durch die Wertigkeiten und Gegebenheiten eurer Zivilisation ist die Erfüllung eurer innersten Wunsch- und Traumwelt gebunden an die durchaus praktische Erscheinungsform von materiellem Wert, nämlich eurem Geld. Geld wiederum ist ein Faktum, über das die meisten von euch nicht oder nicht in ausreichendem Maße verfügen, um die dreidimensionale Realisierung eurer Wünsche und Träume dreidimensional durchführen zu können.
Da ihr euch aufgrund eurer meist unbefriedigenden Lebensumstände nicht in der Lage seht, die materielle Situation in dem Maße zu verändern, als ihr dies in eurem Inneren tatsächlich möchtet, bleibt euch eben nur der Traum, der wiederum nach Erfüllung drängt.
Um die Manipulation perfekt zu machen und die Projektion eurer Wünsche möglichst dort zu lassen, wo sie schon so lange sind, nämlich in euch selbst, wurden von euren wahrhaft Mächtigen Verhältnisse geschaffen, die euch die dreidimensionale Realisierung eurer Wünsche zwar vor eure Nase halten, mit deren Möglichkeiten ihr bis auf wenige Ausnahmen jedoch dort bleiben

werdet, wo ihr jetzt seid - bei den Wünschen und Träumen, die ihr euch scheinbar nicht verwirklichen könnt.

Ihr lebt in einer Welt, in der die Realisierung von Wünschen und Träumen oftmals lediglich vom Faktor Geld abhängt. Hättet ihr genügend Geld, so wäre es euch möglich, die Reisen durchzuführen, die ihr schon immer machen wolltet; hättet ihr genügend Geld, so könntet ihr die Operation bezahlen, die euch eure körperlichen Leiden hilft zu lindern; hättet ihr genügend Geld, könntet ihr das Haus bewohnen, das ihr euch vorstellt, das Auto fahren, das ihr euch wünscht, euch dieses oder jenes leisten, das ihr euch aufgrund eurer Lebensumstände jetzt versagen müsst.
Warum gelingt es euch nicht, an genügend Geld zu kommen? Warum seid ihr diejenigen, die unter materiellem Mangel zu leiden haben und deren Lebensqualität sich aufgrund des Mangels niemals zu ändern scheint?
Warum könnt nicht ihr einmal den großen Treffer landen, das große Los ziehen und all eure Sorgen schlagartig loswerden?

Ihr könnt es deshalb nicht, weil der Faktor Geld durch eine Programmierung seines Urbewusstseinszustandes manipuliert wurde. Wohlstand anzuziehen, gelingt euch deshalb nicht, weil eure Wertigkeit, die ihr für euch selbst empfindet, dies in keinster Weise zulässt.
Eure Wünsche zu erfüllen, gelingt euch deshalb nicht, weil ihr spirituell orientiert seid und materielle Werte für euer Empfinden aus diesem Grunde nicht zu eurer geistigen Entwicklung passen.

Euch allen sei gesagt, dass ihr durch das bewusste oder unbewusste Blockieren all eurer materiellen oder geistigen Wünsche euch selbst die Erfüllung versagt.
Krankheit beispielsweise ist ein Bewusstseinszustand, der, wird er in die Neutralität gebracht, im gleichen Maße ebenso das Potential der Gesundheit enthält. Erkrankung ist im Prinzip ledig-

lich eine Hinzufügung von Information zu dem Informationspotential eures persönlichen Urbewusstseins. Was nun bei jedem einzelnen von euch diese Information der Erkrankung hinzugefügt hat, mag bei jedem von euch unterschiedlich sein.
Es mag die Erfahrung eures Char-ma sein, also die Erfahrung, die ihr benötigt, um einen weiteren notwendigen Schritt in eurer Entwicklung zu tun. Es mag eine Programmierung aus eurer Kindheit sein, die besagt, wenn dieses oder jenes ist, wirst du an diesem oder jenem erkranken. Es mag eine traumatische Erfahrung sein, die es dem Bewusstsein der Krankheit aufgrund bestimmter Umstände ermöglichte, sich in euer Urbewusstsein "einzuklinken" und somit Krankheit in euch zu projizieren. Es mögen Suggestionen eures Propagandaapparates sein, denen es in einem Moment eurer Unachtsamkeit gelang, tief in euer Urbewusstsein einzudringen.
Was es auch sein mag, das Krankheit in euch projiziert hat, welche Art der Erkrankung es auch immer ist, unter der ihr zu leiden habt, es ist lediglich ein Zustand von Bewusstsein, den ihr durchaus fähig seid zu verändern.

Gleichgültig, ob es in eurem besonderen Fall um materiellen Mangel, Mangel an Zuwendung oder Zuneigung, Krankheit, um eingeschränkte Möglichkeiten, eure inneren Fähigkeiten auszuleben oder um was auch immer gehen mag, die Ursache und die Wirkungsweise ist immer dieselbe.

Niemand eurer tatsächlich Mächtigen ist daran interessiert, dass ihr erfahrt, wer und was ihr tatsächlich seid und was ihr tatsächlich in der Lage seid zu tun.
Das genaue Gegenteil ist der Fall. Durch gezielte Desinformation wird euch suggeriert, was ihr zu tun habt und was ihr verändern könnt und was nicht.

Wollt ihr nun tatsächliche Veränderungen in eurem Leben herbeiführen, seid ihr immer wieder mit dem Faktor Geld konfrontiert.

Lebt ihr in bescheidenen Umständen, so seht ihr keinen anderen Ausweg, als Lotterielose zu kaufen, in der Hoffnung, dass sie euch helfen werden, den Zustand ewigen Mangels zu beseitigen. Geht ihr einem Beruf nach, der es euch ermöglicht, durch mehr Arbeit mehr Geld zu verdienen, so werdet ihr feststellen müssen, dass sich an eurer Situation wiederum nur wenig verändert. Unter Umständen verschuldet ihr euch, um eure Wünsche wenigstens in einem Umfang zu realisieren, der euch erreichbar erscheint.
Was ihr auch tut, eure Lebensumstände könnt ihr im Außen, in eurer materiellen Welt, nur im kleinen Maße tatsächlich verändern. Was euch bleibt, ist eure Phantasie, eines Tages doch noch das große Los zu ziehen.

Geld ist ein Instrument der wahrhaft Mächtigen, der tatsächlichen Herrscher eures Planeten. Viele derer, die über wahrhaft große Vermögen verfügen, sind die Diener der Mächtigen. Die Diener der wahrhaft Mächtigen bedienen die Manipulations- und Suggestionsmaschinen der Mächtigen. Dies sind meist verwirrte Geister, die glauben, durch ihr Tun sich Vorteile in Form von Macht und Geld verschaffen zu können. Im Prinzip sind es arme Kreaturen, die in Form ihres Char-ma erleben werden, was es bedeutet, gegenteilige Erfahrungen machen zu müssen, ohne über die euch zugänglichen Möglichkeiten der Information verfügen zu können.

Geld ist ein Instrument der Macht und wurde somit mit einer Information programmiert, die es den meisten von euch verwehrt, auf einem euch bekannten Wege daran in dem Maße zu gelangen, wie ihr es glaubt zu benötigen.
Materiellen Besitz solltet ihr euch, wenn es euer Wunsch ist, nicht versagen. Auch hierbei kommt es wiederum auf das Bewusstsein an, unter dem ihr nach Wohlstand strebt. Geht es euch darum, einfach zu besitzen, oder geht es euch darum, das zu haben, was ihr benötigt, um eure Wünsche zu befriedigen und damit zu erlösen?

Löst euch aus dem Bewusstsein des Geldes. Macht die Erfüllung eurer Wünsche unabhängig von dem Machtinstrument Geld.
Geht in die Ruhe und atmet bewusst. Lasst vor eurem geistigen Auge Bilder entstehen von dem, was ihr euch erfüllen wollt. Verändert diese Bilder bewusst in dem Sinne, dass ihr Situationen, die ihr mit der Erfüllung eures Wunsches verbindet, erlebt. Seht diese Situationen nicht nur, sondern durchlebt sie, als wären sie Realität. Handelt so immer und immer wieder, bis in euch das Gefühl entsteht, dass ihr der Realität immer näher kommt. Habt keine Furcht und experimentiert mit euren Bildern und Vorstellungen.
Ihr werdet mit etwas Übung feststellen, dass Situationen beginnen werden, sich zu verändern, wie Zufälligkeiten sich ergeben, die euch helfen, euren Wunsch zu realisieren.
Seid es euch selbst wert, die Erfahrungen zu machen, nach denen ihr euch sehnt. Eure Vorstellungen und Wünsche sind ein Teil eures Selbst, und ihr wolltet euch selbst erkennen.

Eure Abneigung in euch, die den Machtfaktor Geld betrifft, ist verbunden mit der Schnur der Erinnerung, die ihr in euch tragt. In den höheren Ebenen eures Sein ***wisst*** ihr von der Manipulation des Machtfaktors Geld.
Diese Erinnerung projiziert die Abneigung gegen das, was ihr gern hättet - das Geld, das ihr glaubt zu benötigen, um eure Wünsche zu befriedigen.
Fragt euch nicht, ob es "gut" ist, im Wohlstand zu leben, während die anderen der Armut frönen. Habt ihr für euch die Möglichkeiten erkannt, Wohlstand, Gesundheit, Freude am Leben, Erkenntnis oder was auch immer zu realisieren, so erklärt den anderen, die euch fragen, was ihr getan habt und wie ihr es getan habt.

BEWUSSTSEIN DER GEOMETRIE

Neutrales Bewusstsein lässt sich durchaus in jeglicher Form mit Urbewusstsein programmieren. Dabei spielt es nur eine untergeordnete Rolle, ob dieser Akt höchster schöpferischer Potenz bewusst oder unbewusst vollzogen wird. Ihr habt dieses schöpferische Potential, von wenigen Ausnahmen abgesehen, unbewusst genutzt und euch selbst mit Ergebnissen eurer Schöpfung konfrontiert, die eher geeignet waren, euch zu erschrecken und zu deprimieren, als euch zu erfreuen.
Betrachtet die Umstände eures Lebens, sowohl eure persönlichen Lebensumstände als auch diejenigen eures Planeten in der Gesamtheit, so könnt ihr erkennen, was ihr mit eurer Schöpferkraft erschaffen habt.

Ihr könnt und wollt noch nicht glauben, dass alles so ***ein-fach*** sein kann, steht es doch in völligem Widerspruch zu der Kompliziertheit eurer dreidimensionalen Welt und den damit von euch allen gemeinsam projizierten Scheinwahrheiten.

Bewusstsein ist All-es. Bewusstsein wird ständig in jeglicher Form manipuliert. Konstruktiv und destruktiv, bewusst und unbewusst.
Ihr möchtet es so gern glauben, doch was, wenn all unsere Erzählungen doch nicht der Wahrheit entsprechen? Was, wenn der Untergang eures Planeten doch kurz bevorsteht und wir in Wahrheit die "Bösen" sind und wir versuchen, euch einfach solange ruhig zu halten, bis ihr endlich vernichtet seid?

Wie sollt ihr die echten Wahrheiten von den falschen unterscheiden?

Ihr könnt ***in euch fühlen***, was die Wahrheit ist.

Im Prinzip gibt es nur eine Wahrheit, die jedoch der jeweiligen Aufnahmekapazität des Bewusstseins angepasst werden muss, damit sie verstanden und in ihrem Informationsgehalt verarbeitet werden kann. Da ihr euch ständig weiterentwickelt, ihr morgen nicht mehr so seid wie heute, werden wir euch morgen andere Geschichten erzählen als heute.
Das Prinzip der einzig wahren Wahrheit ist die Einfachheit. Da ihr euch jedoch wieder dorthin entwickeln müsst, da dies der Weg der Evolution ist, müsst ihr den Weg der Einfachheit durch die Kompliziertheit erfahren.

Wolltet ihr die einzig wahre Wahrheit in Form einer graphischen Darstellung erklären, so würde diese Form so aussehen:

Wobei die graphische Darstellung wiederum nur eine Symbolik ist. Die graphische Darstellung der einzig wahren Wahrheit ist nicht der schwarze Rahmen, sondern der Inhalt des Rahmens, nämlich das Nichts, wobei in dieser graphischen Darstellung die Wahrheit wiederum durch den Rahmen begrenzt wurde. In der tatsächlichen Wahrheit ist der Rahmen um das Nichts nicht vorhanden. Das Nichts ist in der absoluten Konsequenz der Wahrheit unbegrenzt. Das Nichts ist All-es.
Könnt ihr diese Wahrheit in ihrer letztlichen Konsequenz begreifen?
Die Symbolik der Zahlen ist in ihrer gesamten Konsequenz für euch in ihrer Einfachheit nicht zu verstehen, da die Einfachheit euch nach wie vor fremd ist. Unabhängig davon sollte es euch nicht daran hindern, das Potential an Bewusstsein in den Zahlen zu ergründen, das für euch von Nutzen ist.

Ähnlich verhält es sich mit geometrischen Figuren und Formen. Das, was einige von euch als heilige Geometrie bezeichnen, ist nichts anderes als ein weiterer Aspekt der EINEN Wahrheit.
Alles, was euch umgibt, ist Geometrie. Ihr wohnt in Häusern, deren Geometrie in der Regel dem Viereck oder, bezieht ihr die Höhe des Hauses mit ein, dem Kubus entspricht. Ihr stellt eure Möbel in der Regel nach den Gesetzmäßigkeiten der ***vier*** Seiten, also wiederum ausgerichtet nach dem Viereck oder dem dreidimensionalen Kubus.
Würdet ihr eure Häuser nach anderen Gesichtspunkten, nämlich dem Gesichtspunkt des Bewusstseins oder der Information der Geometrie und den damit verbundenen Formen bauen und einrichten, so würdet ihr euch, allein durch das Bewohnen eurer Häuser die Möglichkeiten zu beeindruckenden Bewusstseinssprüngen eröffnen.
Unter Umständen würde bereits das Verändern des Winkels, in dem euer Bett zur Wand steht, die Qualität eures Schlafes verändern.

Geometrische Strukturen sind Information, Bewusstsein, Energie.

Die Geometrie besteht nicht nur aus Grundformen, wie dem Viereck, dem Dreieck, dem Kreis, der Säule, dem Kubus der drei- oder vierseitigen Pyramide und sonstigen Grundformen.
Geometrie ist die bewusste Formgebung von Zahlenbewusstsein, indem das Zahlenbewusstsein eben in Form einer geometrischen Struktur dargestellt wird. Geometrische Form ist Bewusstsein, ist Information, ist Energie. Die Geometrie ist untrennbar verbunden mit den Zahlen. Beides ist Bewusstsein, wobei die Geometrie die Manifestation der Zahlen in der Materie ist.

Um das Wesen des EINEN besser verstehen zu können, ordnen wir den Zahlen jeweils ein Vorzeichen in Form eines "+" oder "-"

zu. "+" bezeichnet das konstruktive Bewusstsein, "-" das destruktive Bewusstsein des EINEN. Ihr solltet darin keinerlei Wertung sehen. Konstruktivität und Destruktivität sind absolut gleichwertig. Sowohl das eine als auch das andere sind absolut notwendig, damit All-es existieren kann.

Die "0" repräsentiert All-es ohne das Bewusstsein der Selbsterkenntnis, jedoch im Bewusstsein des Seins. Wolltet ihr euch eine Vorstellung vom absoluten Nichts machen, so stellt euch die Weiten des All-es vor, ohne dass sich dort ***irgendetwas*** befindet. Wenn sich dort absolut nichts befindet, woran würdet ihr euch orientieren? Würde das All-es sich selbst bewusst, könnte das All-es nicht feststellen, ob es groß oder klein ist, ob es sich bewegt oder stillsteht.

Um sich seines Selbst bewusst zu werden, musste das All-es in den unendlichen Weiten von sich selbst einen Bezugspunkt schaffen. Dieser Punkt, dem die Zahl "1" entspricht, symbolisiert die ***konstruktive Selbsterkenntnis*** oder ***das weibliche Prinzip***.

Dieser Punkt war in den Weiten des All-es der Bezugspunkt für die Bewusstwerdung des EINEN.
Um sich in seiner Gänze erkennen zu können, erschuf der EINE einen zweiten Punkt. Dieser Punkt, dem die Zahl "2" entspricht, symbolisiert die ***destruktive Selbsterkenntnis*** oder ***das männliche Prinzip***.

Dieser zweite Punkt erlaubte es dem EINEN, sich selbst aus einer anderen Sicht zu sehen. Dennoch waren beide Punkte EINS, waren sie doch aus sich selbst entstanden. Um die entstandene Zweiheit wieder zu (Ver-)EINEN, um beide Punkte wieder miteinander zu verbinden und somit auch die Möglichkeit zu erschaffen, zwischen den beiden Punkten oder Bewusstseinszuständen der jetzt bereits vorhandenen Polarität zu wählen, wurde ein dritter Punkt notwendig, der eine höhere Sichtweise erlaubte, indem zwischen dem einen Punkt oder Bewusstseinszustand und dem anderen Punkt oder Bewusstseinszustand gewählt werden konnte.

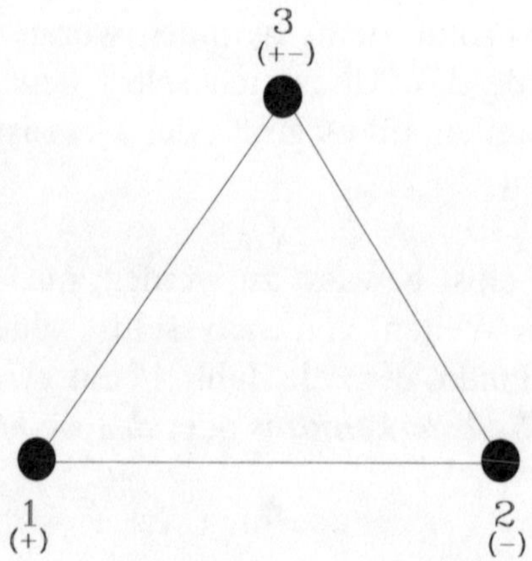

So entstand aus dem Nichts die Einheit, daraus die Zweiheit, aus der Zweiheit die Dreiheit, das Bewusstsein in der Polarität. All-es entstand aus dem Nichts und ist dennoch All-es. Der dritte Punkt, das Bewusstsein, ***beinhaltet*** beide anderen Punkte ("1" + "2" = "3"), also das Bewusstsein der Einheit und das Bewusstsein der Zweiheit und ist deshalb in seinem Bewusstsein absolut neutral. Anders ausgedrückt, sind in dem Bewusstsein des EINEN beide Pole der Polarität enthalten.
Als der EINE sich seines Selbst bewusst geworden war, wollte er sich selbst ***erfahren***.
Da er sich in sich selbst nicht erfahren konnte, begann er, sich in sich selbst zu teilen, um sich selbst zu erfahren. So erschuf er ei-

nen weiteren Bewusstseinszustand. Die Erfahrung seines Selbst im Bewusstsein der Destruktivität.

Die "4" symbolisiert also die Erfahrung des destruktiven Bewusstseinszustandes.
Somit gab es eine Störung des Gleichgewichtes, und ein weiterer Bewusstseinszustand wurde erforderlich, nämlich der Bewusstseinszustand der konstruktiven Erfahrung, symbolisiert durch die "5".

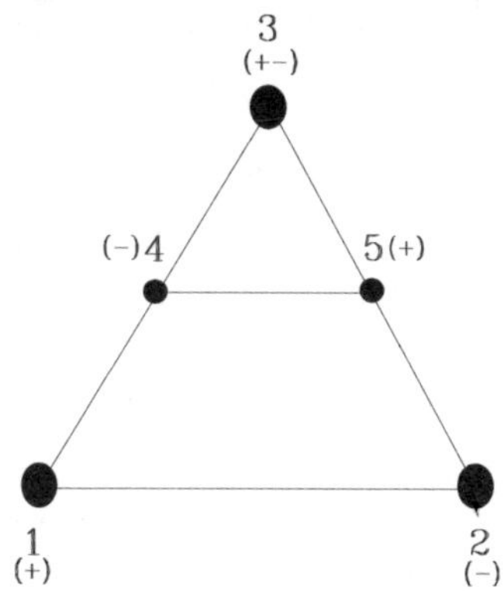

So entstand auf der Verbindungslinie zwischen der Konstruktivität ("1") und dem Bewusstsein ("3") der Bewusstseinszustand destruktiver Erfahrung ("4") und auf der Verbindungslinie zwischen der Destruktivität ("2") und dem Bewusstsein ("3") die konstruktive Erfahrung ("5").
Diese beiden Erfahrungszustände wären in der Lage, die ***Gleichgültig***keit der Dreiheit zu neutralisieren. So mussten zunächst die Erfahrungszustände "4" und "5" Ausgleich erfahren.

Der Bewusstseinszustand der konstruktiven und der destruktiven Erfahrung machten den Bewusstseinszustand des Ausgleiches erforderlich.
So wurde ein Bewusstseinszustand erschaffen, der sowohl den einen als auch den anderen Pol beinhaltet, die "6".

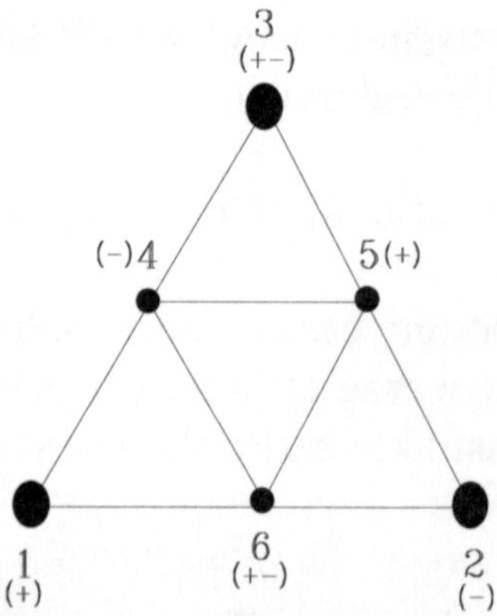

Gleichzeitig dient die "6" in ihrem Ausdruck der Neutralität der Erfahrung, dem Ausgleich der beiden Pole destruktivem ("2") und konstruktivem ("1") Bewusstseins. Dennoch ist das neutrale Potential der "6" nur halb so groß, wie das Potential der "1" und der "2", da in der "6" die "1" und die "2" zweimal enthalten ist (1 + 2 + 1 + 2 = 6). Neutralität gegenüber allen Bewusstseinszuständen musste in der Dreiheit gewahrt bleiben, wollte die Dreiheit ihre Existenz nicht selbst gefährden.
Das Bewusstseinspotential des EINEN musste in seiner Gesamtheit, der Dreiheit erhalten bleiben. Eine Teilung der Göttlichkeit in das Bewusstsein der Erfahrung konnte nur durchgeführt werden, wenn die dadurch erzeugten Energie- oder Bewusstseinszustände in sich ausgeglichen waren.

Im Prinzip beinhalten die Zahlen "1" bis "6" jeden nur erdenklichen Bewusstseinszustand, der jemals existierte, existiert oder existieren wird.
Die Zahl "7" entstand durch das Umsetzen des Bewusstseins des EINEN in die Erfahrung der Materie.
Die Zahl "8" symbolisiert den stetigen Wechsel zwischen den beiden Bewusstseinspolen in der Materie.
Die Zahl "9" wiederum ist die Verbindung oder der Ausgleich des entstandenen Energiepotentials zwischen der "7" und der

"8", nämlich die Zuwendung des Bewusstseins in der Materie zum Geiste des EINEN. Aus diesem Grunde ist die "9" der "3", also dem Bewusstsein des EINEN am nächsten.

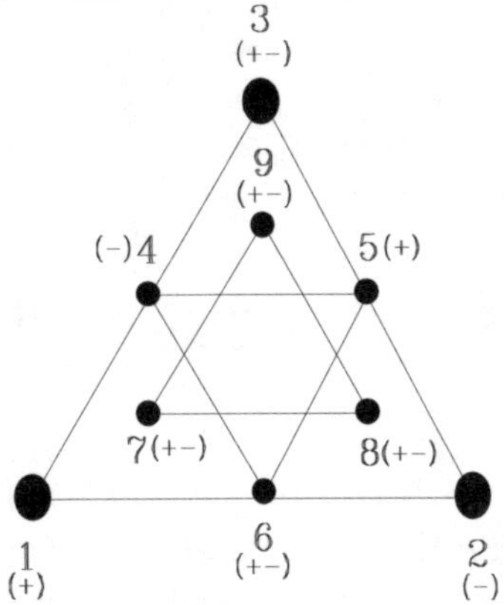

Die Zahlen "7", "8" und "9" sind jede in sich, im Potential ihres Bewusstseins ausgeglichen, beinhalten also beide Seiten der Polarität.

Somit musste noch Bewusstsein geschaffen werden, das in der Lage war, das jeweilige Energiepotential der "4", "5" und "6" auszugleichen, damit die Harmonie des Bewusstseins wiederhergestellt wurde.
Die Zahlen "10", "11" und "12" bezeichnen die Schnittpunkte des inneren Sechsecks und des äußeren Dreiecks.

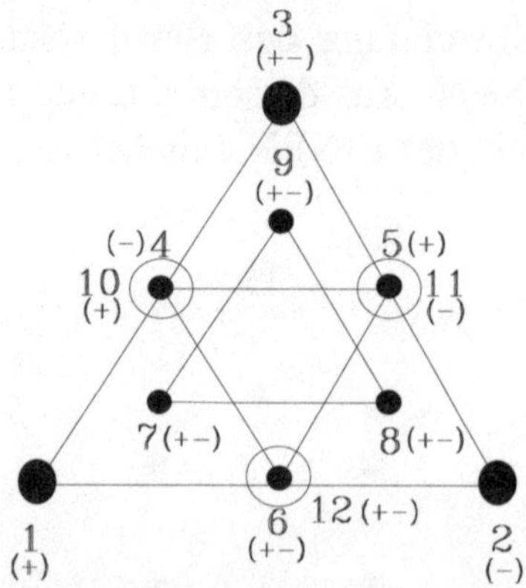

Würde sich die "4" als Ausdruck der Destruktivität allein auf der Verbindungslinie der Konstruktivität zwischen der "1" und der "3" befinden, so würde sie die Konstruktivität der Dreiheit neutralisieren. Um dies zu verhindern, ist die Zahl "10" ("4" + "6") von Bedeutung. Die "6", also die Neutralität zwischen der Destruktivität und der Konstruktivität außerhalb der Dreiheit, wird also auf die "4" projiziert, damit die "4" als Bewusstseinsausdruck zwar weiter bestehen kann, jedoch die Dreiheit nicht beeinflusst. So entsteht durch die Projektion der "6" auf die "4", die "10".

Die "11" übernimmt im Prinzip die gleiche Aufgabe, wie die "10", lediglich mit umgekehrten Vorzeichen. Sie schafft den Ausgleich zwischen dem Ausdruck der Konstruktivität der "5", die sich auf der Verbindungslinie der "2" als Ausdruck der Destruktivität in der Dreiheit und der "3", also dem neutralen Bewusstsein der Dreiheit befindet. Die "11" entsteht durch die Projektion der "6" auf die "5". Wäre die "11" nicht, so würde durch die konstruktive "5" der destruktive Aspekt der Dreiheit neutralisiert.

Die "12" wiederum bildet die Mitte, die Ausgeglichenheit zwischen den ***Projektionen*** der Konstruktivität "11" und der Destruktivität "12" auf die jeweiligen Polaritäten.

Es ist das Bestreben des EINEN, Ausgleich zu schaffen. Jegliche vorhandene Energie unterliegt der Polarität, sonst könnte sie nicht existieren.
Alles, was ihr erlebt, findet in der Dreiheit des EINEN statt. Es existiert nichts außerhalb der Dreiheit.
Nehmt ihr die letzte Abbildung des göttlichen Prinzips und gleicht jedes (-) mit je einem (+) aus, so entsteht folgendes Bild:

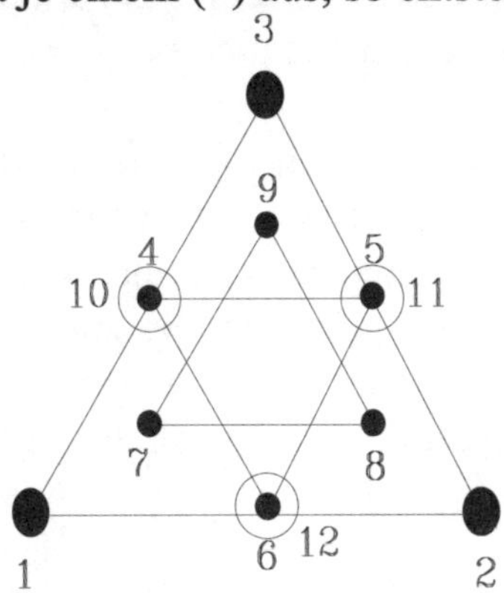

Jeglicher Bewusstseinszustand, gleich-gültig, welchem Aspekt er angehörte, gleicht sich mit dem gegenteiligen Bewusstseinszustand aus. Übrig bleibt die absolute Harmonie des Ausgleiches.

Es ist das unabänderliche Prinzip des EINEN auszugleichen. Jeder Bewusstseinszustand beinhaltet den gegenteiligen Pol. Würde ein Teil dieses Energiesystems entfallen, geriete das gesamte Energiesystem außer Kontrolle und würde sich selbst vernichten. Dies jedoch kann niemals geschehen.

DAS BEWUSSTSEIN DER ZAHLEN

Das Grundbewusstsein der Zahlen in seiner tatsächlichen Konsequenz zu verstehen, scheint euch schwierig zu sein.
Dennoch findet ihr in euren Mythologien immer wieder Hinweise auf die Zahlen "1" bis "12".
Was bedeutet es für euch, dass die Schöpfung und das in ihr enthaltene Bewusstsein sich in Zahlen ausdrückt? Im Prinzip ändert sich für euch nichts. Ihr könnt von nun an jedoch mit der erhaltenen Information anders umgehen. Es mag euch helfen, mit der überall um euch vorhandenen Geometrie anders umzugehen und, so ihr wollt, damit zu experimentieren.

Das Entstehen des Bewusstseins, so wie wir es erzählt haben, ist die Definition des gesamten göttlichen Bewusstseins, das sich in sich wiederum in verschiedene Zustände des Bewusstseins aufteilt. Dennoch ist es EIN göttliches Bewusstsein, das sich in den Zahlen "1" bis "3" ausdrückt. Alle weiteren Zahlen der inneren Göttlichkeit entstehen aus den Verbindungen von "1", "2" und "3".

Nachdem der EINE sich selbst, sein eigenes Bewusstsein in sich in Form der Zahlen von "1" bis "12" erfahren hatte, musste ein Weg gefunden werden, die Erfahrung des Innen in das Außen zu projizieren.
Die äußere Erfahrung konnte nur auf der Basis der inneren Erfahrung aufgebaut werden. So entstand nochmals die Zahlenreihe von "1" bis "12", bezogen auf die äußere Erfahrung.

So symbolisiert die "0" das Nichts in der äußeren Erfahrung, in dem jedoch All-es enthalten ist.
Die "1" symbolisiert das Bewusstsein der Einheit in der Materie.
Die "2" symbolisiert das Bewusstsein der Polarität in der Materie, den Wechsel, zwischen zwei Polen.

Die "3" ist Ausdruck für das Bewusstsein der Verbindung von Einheit und Polarität.
Die "4" ist Ausdruck für das Bewusstsein des destruktiven Geistes in der Materie.
Die "5" ist Ausdruck für das Bewusstsein des konstruktiven Geistes in der Materie.
Die "6" ist Symbolik für das Bewusstsein der Verbindung von Konstruktivität und Destruktivität in der Materie.
Die "7" symbolisiert das Bewusstsein des Neubeginns in der Materie verbunden mit dem Bewusstsein der Phantasie.
Die "8" symbolisiert das Bewusstsein der Erfahrung der Materie im Bewusstsein der Polarität.
Die "9" ist Symbolik für das Bewusstsein, den Weg aus der Materie in den Geist zu beschreiten.

Alle weiteren Zahlen sind Zusammensetzungen der Zahlen "1" bis "9".

Eine besondere Stellung nehmen sie Zahlen "10, "11", und "12" ein.
Die "10" symbolisiert die "1" der inneren Göttlichkeit, also die EIN-heit des EINEN.
Die "11" symbolisiert die "2" der inneren Göttlichkeit, also die ZWEI-heit des EINEN.
Die "12" symbolisiert die "3" der inneren Göttlichkeit, also die Verbindung von EIN-heit und ZWEI-heit des EINEN.

So ihr wollt, mögt ihr euch mit diesen Erzählungen über Geometrie und Zahlenbewusstsein näher auseinandersetzen. Es mag euch durchaus schwierig erscheinen, diese Zusammenhänge in ihrer Wahrheit zu verstehen, dennoch ist der Inhalt dieser Erzählung in seinem Informationsgehalt für euch von Bedeutung.
Euer Verstand mag sich sträuben, in eurem Herzen habt ihr diese Information jedoch verstanden.

Ihr könnt geometrische Formen in Zahlen umwandeln und somit das in den Formen vorhandene Bewusstsein entschlüsseln. Es gibt 144.000 verschiedene geometrische Formen. Parallel dazu gibt es 144.000 verschiedene Bewusstseinszustände. Die Zahl 144.000 entsteht im wesentlichen aus der "12".
So ergibt das Ergebnis aus der "12" x der "12 die Zahl "144". Es fehlen also noch drei "0". Die Nullen entstehen aus dem inneren göttlichen Bewusstsein, nämlich der "1", der "2" und der "3". Da diese Zahlen ursprünglich aus dem Nichts entstammen, ist in jeder dieser Zahlen von "1" bis "3" die "0" enthalten. So liegt die Wertigkeit der Zahlen "1", "2" und "3" eigentlich in der "01, "02" und der "03". In diesem Zusammenhang spielt die "0" keinerlei mathematische Rolle. Deshalb wäre der Ausdruck der "0" ebenso als "10", "20" und "30" definierbar.
Diese Vorgehensweise ist mit eurem Verständnis der Mathematik nicht zu vereinbaren.
Es ist nicht von Bedeutung, ob ihr nun das Wesen der Geometrie verstanden habt oder nicht. Das Bewusstsein der Zahlen sollte euch hier aufgeschlüsselt werden, damit ihr verstehen könnt, wie Manipulation von Bewusstsein durch anderes Bewusstsein erreicht werden kann. So seid ihr in der Lage, unterscheiden zu können, ob ihr mit konstruktiver oder destruktiver Manipulation konfrontiert seid oder nicht.

So ist es euch möglich, das Datum eures Geburtstages anhand der Aufschlüsselung der Zahlen zu analysieren. Dies wiederum mag euch Erkenntnis vermitteln, welcher Bewusstseinszustand eures Urbewusstseins euch in dieser Inkarnation besonders zu schaffen macht.
Dabei solltet ihr zunächst das Bewusstsein der einzelnen Zahlen beachten, und erst dann die sich aus den einzelnen Zahlen ergebende Summe. Ihr werdet feststellen, dass, besteht das Datum eures Tages der Geburt aus einer Kombination destruktiver Zahlen, die Summe dieser Zahlen einen konstruktiven Ausdruck hat.

Ein weiterer Hinweis für euch mag sein, dass ihr immer wieder mit einer, unter Umständen mit mehreren Zahlen konfrontiert werdet. Dies mag bisher unbewusst geschehen sein. Vielleicht habt ihr eine Lieblingszahl oder ihr verwendet immer wieder in verschiedenen Situationen die gleiche Zahl.
Achtet einmal darauf.

Geometrie ist manifestiertes Zahlenbewusstsein.
Es ist euch möglich, geometrische Formen und Figuren bewusst dazu zu verwenden, euer Urbewusstsein umzuprogrammieren oder Information in euer Urbewusstsein zu integrieren.
So ihr wollt, baut euch aus irgendeinem Material die Form eines Viereckes, bringt diese Form in die Nähe eures Scheitelchakras, das sich in Höhe eurer Schädeldecke befindet, schließt die Augen und fühlt. Versucht es anschließend mit einem Dreieck.
Überfordert es eure handwerklichen Fähigkeiten nicht, so fertigt aus dem Viereck eine Pyramide und bringt diese wiederum in Höhe eures Scheitelchakras, schließt wieder die Augen und fühlt. Versucht es anschließend mit der dreiseitigen Pyramide.
Es mag sein, dass ihr zu Beginn dieser Übung nichts fühlt. Euer Scheitelchakra ist der Zugang zu eurem Urbewusstsein. Ist euer Scheitelchakra noch nicht aktiv, so schränkt dies die Wahrnehmung von Bewusstsein ein. Aus diesem Grunde ist es möglich, dass ihr zunächst nichts oder keinen Unterschied empfindet. Übt ein wenig.

Bewusstseinsinhalte von Zahlen lassen sich mit der nächst niedrigeren oder nächst höheren Zahl umprogrammieren.
Entscheidend dafür ist, dass ihr die Zahlen von "1" bis "12" in Dreiergruppen unterteilt, also von "1" bis "3", "4" bis "6", "7" bis "9", "10" bis "12".

Seid ihr beispielsweise mit der "2" konfrontiert, so wird die "1" euch helfen, das Bewusstsein der "2" zu neutralisieren. Ihr neutralisiert die "1" mit der "2", die "4" mit der "5" und umgekehrt. Versucht, wenn ihr bewusst mit dem Bewusstsein der Zahlen umgeht, die Mitte, die Ausgeglichenheit zu finden.

Wenn ihr beginnt, mit geometrischen Formen zu experimentieren, achtet darauf, dass die geometrische Form auf dem Bewusstsein des Ausgleiches aufgebaut ist.
Habt ihr euch eine Pyramide gebaut, so baut auf der Grundfläche der ersten noch eine weitere, die der ersten entgegengerichtet ist.

Ihr seid auf dem Wege, neue Technologien zu entwickeln, die von eurer bisherigen Technologie, der Umwandlung eines Ausdruckes von Bewusstsein in einen anderen Ausdruck von Bewusstsein, abweichen.
Die Technologie der Zukunft wird Technologie sein, die das überall im Überfluss vorhandene neutrale Bewusstsein in gewünschte Bewusstseinszustände umwandelt.
Macht euch an die Arbeit, Kinder des Lichtes. Haltet nicht still und fragt euch, was ihr tun dürft und was nicht. Tut das, was ihr in euch fühlt. Das, was ihr in euch fühlt, ist das, was ihr seid.
Kehrt zurück, Kinder des Lichtes, dorthin, woher ihr gekommen seid - in euch selbst.

DAS BEWUSSTSEIN DER FARBEN, TÖNE UND DÜFTE

Wesentlich einfacher für euch zu verstehen ist das Bewusstsein des Farbspektrums. Eurer Wissenschaft ist schon seit geraumer Zeit bekannt, dass Farben in einem gewissen Maße Einfluss auf euer Wohlbefinden und auf eure Gesundheit nehmen können und nehmen. Farbige Kleidung wählt ihr oftmals nach eurer Stimmung aus.
Ebenso verhält es sich mit Tönen, deren Wirkung euch wesentlich zugänglicher ist.
Die Art der Musik, die ihr hören mögt, ist für euch oftmals mit den Schwankungen in eurer Stimmung verbunden.
Ähnlich verhält es sich auch mit den zahlreichen, euch zugänglichen Duftessenzen. Auch von Düften fühlt ihr euch oftmals je nach Laune angezogen oder abgestoßen.
Könntet ihr dies akzeptieren, wäre es für euch ***Realität***, dass Farben, Töne und Düfte Bewusstsein sind und somit Einfluss auf anderes Bewusstsein nehmen können, wenn das andere Bewusstsein dies zulässt, so wäre die Wirkung des Farb-, Ton- oder Duftspektrums auf euch wesentlich größer, als dies im Augenblick noch der Fall ist.

Solange ihr euch standhaft weigert, andere Aspekte der EINEN Wahrheit auch nur ansatzweise als Möglichkeit in Betracht zu ziehen, errichtet ihr um euch eine Energieblockade, die alle Information von euch abhält.
Die Facetten der EINEN Wahrheit sind so vielfältig wie das Leben selbst.
Zieht für euch selbst einmal in Betracht, dass das, was euch lange Zeit als die einzige Wahrheit suggeriert wurde, deshalb schon nicht die einzigste Wahrheit sein kann, weil Wahrheit ein Zustand von Information ist, der durch die jeweilige Wahrnehmungsfähigkeit und -möglichkeit der einzelnen Lebensform ge-

prägt wird. Somit werdet ihr erkennen müssen, dass es eben nicht nur eine Ausdrucksform der Wahrheit gibt.

Die Wahrheit eines Menschen, der davon überzeugt ist, dass die dreidimensionale Ausdrucksform die einzige Realität ist, begrenzt sich in seinen Möglichkeiten selbst.

Eure Dreidimensionalität ist nur ein Aspekt eines großen Ganzen. Bewusstseinserweiterung ist euch nur dann tatsächlich möglich, wenn ihr bereit seid, eure Informationsblockaden soweit zu öffnen, dass ihr euch selbst ermöglicht, mit Alternativen zu experimentieren.
Ihr könnt diese Informationen nur dann ***tatsächlich*** in euer Urbewusstsein integrieren, wenn ihr die ***Erfahrung gemacht*** habt.

Lest Bücher, besucht Seminare, tut, was immer ihr wollt, um euch Informationen zu beschaffen, ihr werdet erst dann persönlichen Nutzen davon haben, wenn ihr mit dem, was ihr an Information erhalten habt, tatsächlich umgeht und in euer Bewusstsein integriert. Erfahrt ihr dann, dass der Inhalt der erhaltenen Information für euch nicht von Nutzen war, so habt ihr wiederum eine Erfahrung gemacht, nämlich die, dass dieser Weg nicht der eure war. Nichtsdestotrotz habt ihr Wissen in euch integriert, das zu einem späteren Zeitpunkt, nämlich dann, wenn ihr euch soweit entwickelt habt, dass das von euch erworbene Wissen für euch von Nutzen ist, anwenden könnt.

Wenn ihr in die Natur geht, so könnt ihr dies auf zwei Arten tun. Ihr könnt hinausgehen, die Natur betrachten und als schön oder weniger schön empfinden oder ihr könnt hinausgehen und euch öffnen, um so mit der Natur in Kommunikation zu treten.

Fühlt ihr euch von Farben angezogen, so seid versichert, dass diese Farbe für euch von Nutzen ist. Ihr könnt sie einfach betrachten und als schön oder weniger schön empfinden oder ihr könnt euch öffnen und mit der Farbe kommunizieren und somit die Information in euch aufnehmen.

Es scheint euch nicht möglich, eine Verbindung herzustellen zwischen dem Bewusstsein der Zahlen und dem Bewusstsein der Farben. Zahlen und Farben sind untrennbar miteinander verbunden. Verbindet ihr beispielsweise das Bewusstsein einer geometrischen Form mit dem Bewusstsein einer oder mehrerer Farben, so ist es euch möglich, das Bewusstsein der Form grundlegend zu beeinflussen oder zu verändern.
Farben sind Ausdruck von Bewusstsein, Töne sind Ausdruck von Bewusstsein, Düfte sind Ausdruck von Bewusstsein, Formen sind Ausdruck von Bewusstsein und Zahlen sind Ausdruck von Bewusstsein. Tatsächlich sind die einzelnen Zahlen mit Bewusstseinsinhalten der Farben, Töne und Düfte versehen.

Geht in die Ruhe, schließt eure Augen und atmet bewusst. Stellt euch eine beliebige Zahl zwischen "1" und "9" vor und versucht, diese Zahl mit einer Farbe, einem Ton oder einem Duft zu verbinden.
Mit etwas Übung wird es euch möglich sein, Zahlen einer Farbe, einem Duft oder einem Ton zuzuordnen und umgekehrt.
Wollt ihr bestätigt haben, dass ihr euch nicht irrt, so sucht euch einen anderen Menschen, der diese Übung ebenso durchführt. Ihr werdet feststellen, dass das Maß der Übereinstimmung größer ist, als ihr dachtet.

Im Prinzip gibt es für euch ***DREI*** Grundfarben. Alle anderen Farben sind Mischungen aus diesen drei Farben. Diese drei Grundfarben sind rot, blau und gelb.
Ordnet der "1" die Farbe "gelb" zu, der "2" die Farbe "rot" und der "3" die Farbe "blau".

So könnt ihr anhand der Geometrie und den mit ihr verbundenen Zahlen die Farben der weiteren Zahlen erkennen.
Die "4" wäre also eine Mischung aus einem Teil gelb und einem Teil blau, die "5" eine Mischung aus einem Teil rot und einem Teil blau, die "6" eine Mischung aus einem Teil gelb und einem Teil rot.

Ihr findet in den Zahlen das Wesen der Dreiheit, findet es in der Geometrie und ihr findet es in den Farben.

Fällt euch noch immer nichts auf?

DIE ZENTREN DER INFORMATION

Scheint euch der Gedanke, eine Ansammlung von Farben, Formen und Zahlen zu repräsentieren, unerträglich?
Nun, euch sei gesagt, dass Formen, Farben, Düfte, Töne und Zahlen lediglich ***Symboliken*** für entsprechende ***Bewusstseinszustände*** sind. Zahlen, Formen und Farben, Düfte und Töne sind Ausdrucksformen von Bewusstsein und diese Information mag euch behilflich sein, das Wesen eures Seins weiter zu entschlüsseln.
Es scheint euch nicht möglich, Farben, Düfte und Töne, Formen und Zahlen als EINS zu sehen, sind es doch für eure Wahrnehmung unterschiedliche Zustände des Ausdrucks von Materie. Dennoch sind sie von einer höheren Wahrnehmung als der euren aus betrachtet EINS.
Es ist für euch einfacher, die Zahlen mit Farben zu markieren, um das Wesen des EINEN besser verstehen zu können. So ihr das Bedürfnis habt, so markiert euch auf der Abbildung die Zahlen mit Farben, vielleicht gelangt ihr zu einer weiteren Erkenntnis.

Euer Urbewusstsein, der Bewusstseinszustand, mit dem ihr euch auf eurem Planeten inkarniert habt, ist eine Verbindung von Farben und Zahlen, aus der wiederum Geometrie entsteht.

Um euch dies besser zu verdeutlichen, stellt euch jeden Bewusstseinszustand als Kreis vor. Der Inhalt dieses Bewusstseinszustandes wird dargestellt durch eine farbliche Markierung:

Werden nun diese drei einzelnen Bewusstseinszustände im gleichen Verhältnis gemischt, so ergeben sich durch die Vermischung in den Überschneidungsflächen zwei weitere Bewusstseinszustände:

Geht ihr nun davon aus, dass jeder Bewusstseinszustand mehr oder weniger stark ausgeprägt ist, so ergeben sich aus den Grund-Bewusstseinszuständen eben größere oder kleinere Kreise:

Somit verändern sich wiederum die beiden neu entstandenen Bewusstseinzustände in ihrer Intensität. Ersetzt ihr nun den Begriff "Bewusstseinszustand" durch den Begriff "vorhandenes Bewusstsein", so bekommt diese graphische Darstellung für euch eine völlig andere Bedeutung.
Indem ihr also das in euch vorhandene Potential in anderer Weise ***mischt***, seid ihr in der Lage, Fähigkeiten und Möglichkeiten, die in euch als Bewusstseinszustand oder Information vorhanden sind, mehr oder weniger zu nutzen. Diese Information über das Vermischen der Bewusstseinszustände kann, so ihr dies wollt,

eure persönliche Zukunft drastisch verändern, und zwar in dem Maße und dem Umfang, als ihr dies selbst wollt.
Dies setzt wiederum voraus, dass ihr euch selbst die Mühe macht, die Grundlage eures Problems in absoluter Ehrlichkeit vor euch selbst zu ergründen. Dann und erst dann ergibt sich für euch der Weg, bewusst das Mischungsverhältnis eurer Bewusstseinszustände zu verändern.

Ist Krankheit euer Problem, so geht davon aus, dass jeder der Kreise eine Information beinhaltet:

Werden nun aufgrund bestimmter Umstände, beispielsweise Schmerzen in den Gelenken, die keinesfalls etwas mit einer Erkrankung zu tun haben müssen, diese drei Einzelinformationen miteinander verbunden, so entsteht ein Mischungsverhältnis, das sich als Ursache für die Information "Ich bekomme Arthrose" in eurem Urbewusstsein verankert.

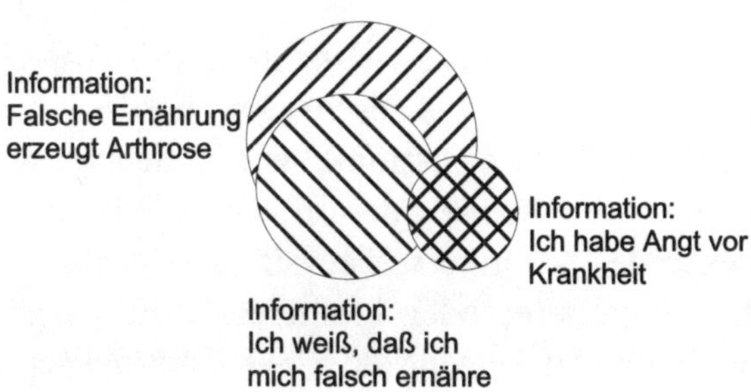

Wann sich nun die Wirkung aus der Verbindung von Informationen tatsächlich manifestiert, ist lediglich eine Frage der Wertigkeit, die ihr selbst der Information zuordnet, also der Größe des Kreises.

Könnt ihr der Ursache einer Krankheit nun bewusst eine weitere Information hinzufügen, nämlich, dass Krankheit lediglich eine Manifestation eines Bewusstseinszustandes ist, der sich aufgrund der unter euch herrschenden Desinformation in euer Urbewusstsein einschleichen konnte, so könnt ihr diesen Zustand der Erkrankung ohne großen Aufwand verändern.

Diese Vorgehensweise gilt für ***jede*** Situation eures Lebens, gleich-gültig, ob ihr nun in Armut lebt, euch einen Partner wünscht oder sonstige Umstände eures Lebens verändern wollt.

Es sei nochmals darauf hingewiesen, dass die bewusste Erkenntnis der Verbindung einzelner Bewusstseinszustände die absolute Ehrlichkeit sich selbst gegenüber voraussetzt. Ihr könnt jeden anderen Menschen belügen. Unter Umständen wird niemand es bemerken. Euch selbst gegenüber jedoch ist dies nicht möglich. Euer Verstand mag euch vorgaukeln, was er mag. Die Wahrheit über euch selbst könnt ihr nur dann finden, wenn ihr euch auf den Weg in euch selbst macht und euch dort selbst erkennt.

Die Vorgänge in eurem Urbewusstsein sind selbst-verständlich etwas komplizierter, als wir es beschrieben haben.
Tatsächlich gibt es 12 Informationsebenen, die sich wiederum in 12 einzelne Bewusstseinzustände aufteilen. Jeder dieser 12 Bewusstseinszustände ist unterschiedlich ausgeprägt, wird also schematisch als größerer oder kleinerer Kreis dargestellt. Das Mischungsverhältnis der mehr oder weniger ausgeprägten Bewusstseinszustände wiederum bestimmt eure Erfahrung im Außen, manifestiert sich also als Situation in eurem Leben.

Welche Bewusstseinszustände in welchem Maße miteinander verknüpft sind, ist lediglich eine Frage der Erfahrungen und Programmierungen, die ihr im Laufe eurer Inkarnation gesammelt und erhalten habt.

Nun verfügt ihr wiederum über 12 Informationsebenen. Jede dieser Informationsebenen ist einem eurer Chakras zugeordnet. Daraus ergibt sich folgende graphische Darstellung:

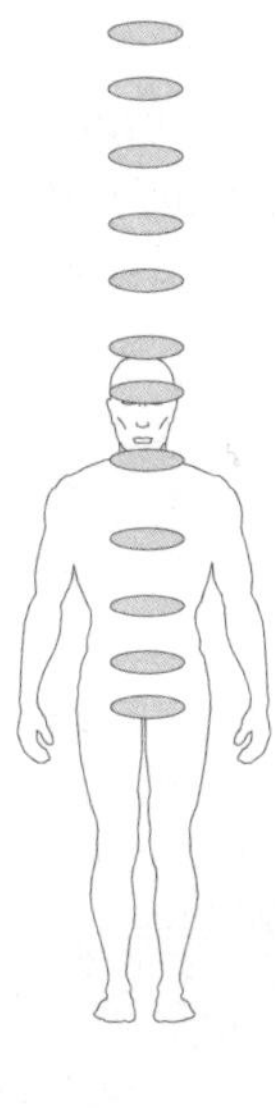

Die Kombinationsmöglichkeiten sind so unendlich groß, dass es möglich ist, dass jede Lebensform eine eigene Urinformation besitzt. Diese Kombinationsmöglichkeiten sorgen beispielsweise auch dafür, dass kein Mensch dem anderen gleich ist, keine Pflanze mit der anderen identisch ist oder die Zusammensetzung von Mineralien sich unterscheidet.
In diesem eurem Urbewusstsein ist all das enthalten, was ihr in eurer Inkarnation erleben und erfahren wolltet.

Wir werden auf die Möglichkeiten der konstruktiven und destruktiven Bewusstseinsmanipulation nochmals zu einem späteren Zeitpunkt unserer Erzählung eingehen.

Wir gestehen zu, dass in Wahrheit weit mehr als einige Kreise mit unterschiedlicher Programmierung für euer Leben verantwortlich sind. Dennoch gibt euch diese Erklärung die Informationen, die ihr benötigt, um euer Urbewusstsein in dem Maße zu beeinflussen oder zu manipulieren, als ihr selbst dies für erforderlich haltet.
Unsere Informationen mögen euch dazu dienen, Forschungen anzustellen, die euch ermöglichen, das Wesen eures Seins weiter zu entschlüsseln.

VORGÄNGE DER PROGRAMMIERUNG

Programmierung verbindet ihr mit den Geräten, die ihr Computer nennt. Ein Computer ist eine aus Materie geschaffene Maschine ohne eigenes Bewusstsein. Im Prinzip kann ein Computer lediglich zwischen zwei Zuständen unterscheiden. Dem Zustand "0" und dem Zustand "1". Ihr nennt dies Binärcodes. Damit ein Computer Rechenvorgänge vollziehen kann, müssen die Binärcodes ineinander verschachtelt werden. Also werden "1" und "0" in unterschiedlichen Reihenfolgen und Kombinationen miteinander verbunden, damit ein Rechenvorgang bearbeitet werden kann.
Um euch die Arbeit mit diesen Geräten zu erleichtern, wurden Programme entwickelt, mit denen ihr oftmals in euren Büros arbeitet oder zu Hause spielt. Diese Programme entbinden euch von dem Problem, einen zu schreibenden Satz in "1er" und "0er" Kombinationen ausdrücken zu müssen. Ihr nennt diese Programme Software.
Ob ihr auf einem Computer nun einen Brief schreibt oder ein Spiel spielt - der Computer berechnet immer Kombinationen der Zahlen "1" und "0". Der Unterschied zwischen einem Brief oder einem Spiel liegt, wie bereits erwähnt, in der Anzahl und der Kombination der Binärcodes.

Wollt ihr einen Computer zu anderen Zwecken wie bisher verwenden, so braucht ihr lediglich andere Programme zu installieren und der Computer stellt die Kombination von Binärcodes in einer anderen Form bildlich dar.

Ganz ähnlich wie bei euren Computern verhält es sich auch bei euch Menschen.

Eure Grundprogrammierung liegt in den Fähigkeiten und Möglichkeiten, die ihr vor eurer Inkarnation beabsichtigt habt zu erfahren. Eure Urprogrammierung könnte stark vereinfacht also vielleicht so aussehen:

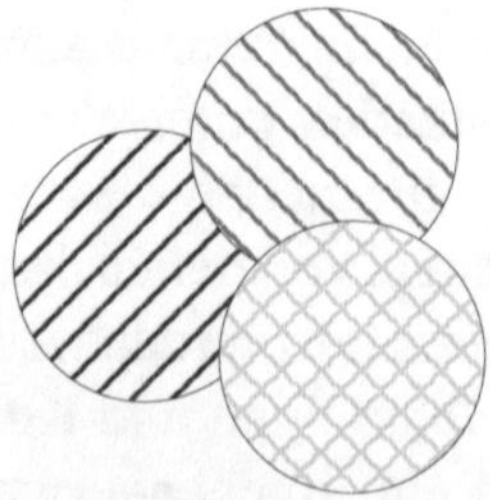

Ihr besitzt als Neugeborene bereits Charaktereigenschaften, Vorlieben oder Abneigungen und Fähigkeiten. Als Neugeborene seid ihr jedoch noch nicht in der Lage, diese im Detail auszudrücken.
Ihr seid auf eure Eltern oder auf Menschen angewiesen, die diese Rolle übernehmen. Eure Eltern ernähren euch und geben euch die Zuneigung, die ihr lebensnotwendig braucht, da ihr selbst noch nicht in der Lage seid, selbst für euch zu sorgen.
Eure Eltern vermitteln euch schon während der ersten Zeit nach eurer Geburt Eindrücke vielfältiger Art. Eure Eltern beginnen euch zu "erziehen". Grundlage dieser Erziehung sind die Vorstellungen und die Wertigkeiten, die eure Eltern in diesem Abschnitt ihres eigenen Lebens als "richtig" erachten. Eure Eltern wollen für euch nur das Beste, und ihr sollt es einmal "besser" haben als sie selbst. Ihr lernt aus dem Verhalten euer Eltern und ahmt sie in vielfältiger Weise nach.
Im Idealfall werden eure Eltern versuchen, eure Fähigkeiten zu erkennen und diese zu fördern.
Sind eure Eltern jedoch beispielsweise der Meinung, ihr müsstet Klavierspielen lernen, so werden sie in der Regel auch Möglichkeiten finden, euch dazu zu bewegen.

Seid ihr absolut unmusikalisch oder würdet ihr lieber Flöte als Klavier spielen lernen, so erzeugt der Zwang des Klavierspielens eine Information in Form von Abneigung gegen das Klavierspielen, unter Umständen eine Information der absoluten Abneigung gegen das Erzeugen von Musik. Es wäre jedoch möglich, dass ihr, hättet ihr Flöte lernen können, im Laufe eures Lebens ein begnadeter Flötist geworden wärt.

Eure Urinformation bezüglich des Erzeugens von Musik wäre durch eure Erziehung verändert worden:

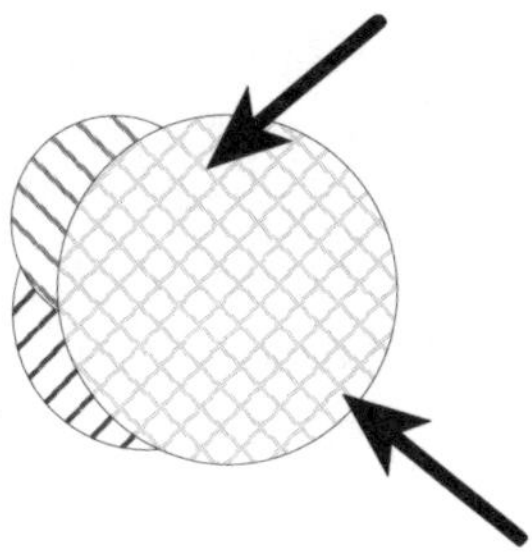

Im Laufe der Jahre hättet ihr vielleicht das Bedürfnis, das Spielen eines Instrumentes zu erlernen, jedoch ist nach wie vor die Umprogrammierung in euch aktiv. Ihr verbindet, ohne euch dessen bewusst zu sein, das Spielen eines Instrumentes mit Zwang. Aus diesem Grunde werdet ihr wahrscheinlich darauf verzichten, Flöte oder ein anderes Instrument zu erlernen, ohne euch der ***tatsächlichen*** Gründe bewusst zu sein.

Empfindet euer Vater Hass gegen Menschen anderer Hautfarbe, weil er der festen Überzeugung ist oder war, diese Menschen hätten ihn eines Arbeitsplatzes beraubt, wird in eurem Urbewusstsein diese Information durch das fortwährende Verhalten und der Äußerungen eures Vaters ebenfalls verankert. Im Laufe eures weiteren Lebens werdet ihr vielleicht erkennen, dass Menschen anderer Hautfarbe im Prinzip eben nicht anders sind als ihr selbst, trotzdem wird es euch schwer fallen, völlig offen und ohne Vorurteil auf einen solchen Menschen zuzugehen, weil die euch nicht bewusste Programmierung eures Urbewusstseins vorhanden ist.

Ein Kind, das in einer lieblosen Umgebung aufwächst, wird ein gestörtes Verhältnis zu seinen Mitmenschen haben. Unter Umständen wird es aggressiv auf andere Menschen reagieren oder es wird in späteren Zeiten die Liebe eines anderen Menschen nur schwerlich und immer mit einem unbewussten Misstrauen annehmen können, ohne genau zu wissen, warum dies so ist.

Eure Eltern pflanzen euch eine Vielzahl von Wertigkeiten ein, die im Prinzip gar nicht die euren sind. Eure Eltern tun dies nicht, um euch zu schaden, sie tun dies in der Überzeugung, "richtig" zu handeln. Ob dies tatsächlich für euch das "Richtige" war, erfahrt ihr im Laufe eures Lebens, wenn ihr beginnt, die Wertigkeiten eurer Eltern anzuzweifeln. Ihr erkennt einerseits, dass ihr anders denkt und fühlt als eure Eltern und die Menschen, die an eurer Erziehung beteiligt waren, jedoch ist das, was sie in euer Urbewusstsein programmiert haben, nach wie vor als ständige Information in euch und hindert euch oftmals daran, das zu tun, was ihr aus euch selbst heraus gern tun würdet.

Ihr erfahrt im Laufe eurer Kindheit eine Vielzahl von Programmierungen durch eure Eltern, Verwandte, Lehrer, Vorgesetzte und Zwänge eurer Gesellschaftsordnung.
Um euch eurer Programmierungen bewusst zu werden, kommt ihr nicht umhin, euch eure Vergangenheit und Gegenwart genauer zu betrachten, um herauszufinden, wer an euch welches Verhaltensmuster geprägt hat. Ihr kommt auch nicht umhin, euch selbst in eurem Inneren genauer zu betrachten - wie anders wollt ihr sonst erkennen können, was ihr an ungenutztem Potential in euch tragt, was eure tatsächlichen Werte und was nicht eure eigenen Werte, Fähigkeiten und Möglichkeiten sind?

Vorgänge der fortwährenden Programmierung erfahrt ihr auch jetzt noch ohne Unterbrechung: Die Nachrichten in euren Medien, die Werbung, Vorgesetzte, bei denen ihr euch nach bestimmten Mustern verhalten müsst, da ihr sonst euren Arbeitsplatz verliert, einen Partner in eurer Beziehung, bei dem ihr euch in bestimmter Weise geben müsst, Krankheiten, die euch zu bestimmtem Verhalten zwingen, Gesellschaftsordnung und Hierarchien in eurem Leben.

Durch fortwährende Suggestion erzeugt eure Werbung in euch ein Bild von euch selbst, das nichts, aber auch absolut gar nichts mit euch selbst zu tun hat.
Euch werden Bedürfnisse suggeriert, die euch zu Verhaltensweisen bewegen, die mit der Freiheit eurer Entscheidung nichts zu tun haben.
Euch werden Situationen mit Menschen vorgegaukelt, die ihr euch für euch selbst wünscht. Unbewusst wird in euch die Vorstellung erzeugt, dass ihr euch so oder ähnlich verhalten sollt, um das zu erleben, was diese Menschen erleben.
Eure Phantasie wird nicht angeregt, sie wird schlafen geschickt, denn ihr braucht euch ihrer nicht zu bedienen, um Schönes erleben zu können. Ihr braucht lediglich weiter in eure Fernseher zu sehen, damit euch weiterhin eine Scheinwelt vorgegaukelt werden kann.
Eure Nachrichten, über die ihr euch in euren Medien informieren könnt, erzeugen in euch Meinungen und Wertigkeiten, die ihr euch deshalb aneignet, weil ihr nur einen Teil dessen erfahrt, was tatsächlich vorgefallen ist. Über eure Nachrichten werden in euch Feindbilder und Vorstellungen projiziert, die nur deshalb in euch entstehen können, weil ihr nur ***einen Teil*** der Wahrheit erfahrt.
Wie anders erklärt ihr euch die Vorgänge im Mururoa Atoll im Zusammenhang mit den Atomtests?
Zunächst wurde mehrmals täglich über die aktuellen Vorgänge berichtet. Dies war so lange der Fall, bis sich in der Bevölkerung absoluter Unmut breit machte und immer mehr Menschen gegen

die Atomtests protestierten. Als es den Anschein gab, es könnte sich massiver Unmut in den Menschenmassen breit machen und sie unter Umständen außer Kontrolle zu geraten schienen, wurde die Berichterstattung so reduziert, dass nur noch berichtet wurde, wenn wiederum ein Atomtest durchgeführt ***war***.

Es ist nicht notwendig, dass ihr unsere Erzählungen bedingungslos glaubt. Macht nur einmal den Versuch, die Nachrichten in eurem Fernsehen unter dem Aspekt der Massenmanipulation und der Massenbeeinflussung zu sehen. Ihr werdet euch dann von den Vorgängen selbst ein Bild machen können.
Versucht das Gleiche mit den Werbeeinblendungen in eurem Fernsehen. Versucht zu erkennen, welche Botschaften dort an euch übermittelt werden.
Glaubt ihr tatsächlich, dass ihr euch der ständigen Suggestion tatsächlich entziehen könnt?

Wenn ihr für euch selbst erkannt habt, was ständig, Tag für Tag, Minute für Minute an euch in destruktiver Weise manipuliert wird, so stellt euch doch einmal die Frage, wer oder was den Nutzen aus dieser Form der Manipulation hat.
Was ist der Grund dafür, dass ihr ruhiggestellt werdet? Stellt euch selbst, wir bitten euch, öfter die Frage nach dem ***WARUM***.
Wie sonst wollt ihr erkennen, was aus euch selbst kommt und was in euch programmiert wurde?

Wir wollen keine Angst unter euch verbreiten. Wenn ihr Angst haben wollt, braucht ihr keine Erzählungen von uns. Es gibt genügend Potential der Angst in euch.
Wir wollen euch Information übermitteln.
Überprüft den Wahrheitsgehalt selbst sorgfältig und bildet euch eine ***eigene*** Meinung.

DESTRUKTIVE MANIPULATION

Die Vorgänge der destruktiven Manipulation sind Beeinflussungen, die der absoluten Freiheit des Geistes gegengerichtet sind. Destruktive Manipulation kann deshalb nur von Wesenheiten durchgeführt werden, die sich an den Werten der Dunkelheit orientieren, da das Licht die uneingeschränkte Freiheit jedes Lebens respektiert. Destruktive Manipulation wird von Wesenheiten höherer Seinsform ebenso durchgeführt wie von Menschen, die sich der Dunkelheit verschrieben haben.
Destruktive Manipulation kann nur von Bewusstseinszuständen, also Wesenheiten ausgeübt werden, die das allgegenwärtige göttliche Bewusstsein nicht erkannt haben oder nicht erkennen wollen.
Dennoch, dies sei nochmals betont, dient auch die Dunkelheit dem Lichte, da das Licht ohne die Dunkelheit nicht sein könnte. Licht und Dunkel entspringen der EINEN Quelle.

Diejenigen Menschen, die sich auf eurem Planeten der Dunkelheit verschrieben haben, unterliegen genauso wie ihr dem Prinzip der Desinformation. Auch ihnen bleibt die Gesamtheit der Wahrheit verborgen. Würden sie die tatsächliche Wahrheit kennen, so würden sie schreiend versuchen zu flüchten.
Für diese Menschen gibt es ein Machtgefüge, initiiert von den tatsächlich Mächtigen, in das sie hinein gehoben werden. Die Diener der dunklen Mächte verfügen über eine brüchige Variante von Einfluss und Macht.
Macht wird in diesen Kreisen verbunden mit der Macht über andere Menschen, die aufgrund ihrer sozialen Stellung eben nicht diesem Machtgefüge angehören.
Ihr werdet regiert von Politikern, denen es darum geht, Macht auszuüben und somit ihr ausgeprägtes Ego zu befriedigen, indem sie das Volk, das sie regieren, in ihrem Sinne beeinflussen.

Die scheinbar Mächtigen eures Planeten sind Menschen, die glauben, das "Richtige" zu tun, indem sie ihre Werte an das Volk übermitteln und indem sie das tun, von dem sie glauben, es würde dem Volk oder ihnen persönlich nützlich sein. Diese Menschen üben Macht in der materiellen Welt aus, ohne sich der geistigen Welt auch nur annähernd bewusst zu sein. Haben sie die Macht kennengelernt, wollen sie diese auch weiterhin ausüben.
Es sind auch "nur" Menschen und somit fallen auch sie oft genug den Verlockungen des leichten Geldes zum Opfer.
Die wahrhaft mächtigen Menschen auf eurem Planeten treten kaum in Erscheinung. Sie ziehen aus dem Hintergrund die Fäden und beherrschen wiederum die Politiker, die oftmals von sich selbst glauben, unabhängig und nicht beeinflussbar zu sein.
Die Politik, die Wirtschaft und die Wissenschaft ist infiltriert von den Agenten der wahrhaft Mächtigen. Diese Agenten sitzen an wesentlichen Schaltpunkten der Macht und haben somit Einflussmöglichkeiten, die sich euch im Moment noch absolut entziehen, da ihr noch keine Vorstellung von den tatsächlichen Vorgängen auf eurem Planeten habt.

Auch ihr, Kinder des Lichtes, verfügt über Macht. Eure Macht ist unendlich stärker als die Macht der Materie. Ihr verfügt über die Macht des Geistes. Dennoch fühlt ihr euch machtlos, seid ihr euch eures Selbst noch nicht bewusst.
Eure Macht in euch ruht, sie ist nicht aktiv. Ihr verfügt über geistige Fähigkeiten und Möglichkeiten, die sich eurer schlafenden Phantasie noch in jedweder Weise entziehen. Ihr wärt zu Taten fähig, die ihr euch im Augenblick noch nicht einmal annähernd vorstellen könnt. Eure Macht hat nichts zu tun mit der Vorstellung von Macht, wie sie in eurem Sprachgebrauch definiert wird. Habt ihr euch selbst erkannt, so wird euch in zunehmendem Maße diese Macht zur Verfügung stehen und niemand von euch

wird diese Macht missbrauchen, da ihr über die Liebe zu euch selbst und somit zu allem, was ist, verfügt.
Die euch innewohnende Macht des Lichtes ist in euch jedoch noch nicht verfügbar, sie wird, ebenso wie eure Phantasie, schlafend gehalten, damit ihr selbst euch nicht erkennen könnt. Würdet ihr aus eurem Schlaf erwachen, so würden die Mächtigen eures Planeten und deren Führer ihre Macht verlieren. Das Schlafmittel für eure Phantasie und eure Macht ist die subtile und somit nicht erkennbare destruktive Manipulation von jedem Menschen und jedem Volk auf eurem Planeten.

Eure Mächtigen entscheiden, was ihr an Wahrheiten erfahrt. Das, von dem sie denken, es würde Unruhe unter euch bringen, erfahrt ihr nicht. Ihr schlaft und sollt weiter schlafen, ohne es zu bemerken.

Euer Gesundheitssystem ist dem Ende nahe. Es gibt bereits eine Vielzahl von Möglichkeiten, Krankheiten äußerst effektiv zu lindern oder Heilung tatsächlich einzuleiten. Alternative Heilmethoden, die bestechend sind durch ihre Einfachheit und den geringen Kostenaufwand.
Diese Heilmethoden stehen jedoch im Widerspruch zu eurer, wie ihr sie nennt, Schulmedizin und sind und werden somit nicht anerkannt. Diese Heilmethoden werden deshalb nicht anerkannt, weil sie im Prinzip davon ausgehen, dass ihr über Körper, Geist und Seele verfügt.
Würde eure Wissenschaft jedoch anerkennen, dass Geist und Seele Teil eures irdischen Seins sind, würde das gesamte System auseinanderbrechen. Eure Wissenschaft müsste Geist und Seele Fähigkeiten und Möglichkeiten zusprechen, die jedoch nicht erwünscht sind, da sie das Machtgefüge eures Planeten revolutionieren würden. Es wäre ein Weg der Selbsterkenntnis des Men-

schen, der das Prinzip der Desinformation zerstören würde. Schlafen sollt ihr und nochmals schlafen.
So also bleiben die alternativen Heilmethoden auf der Strecke und euer Gesundheitssystem kämpft um sein Leben.

Ihr seid wie Schafe, die zur Schlachtbank geführt werden. Ihr spürt zwar, dass "etwas" nicht stimmt, dennoch lasst ihr euch in euer eigenes Verderben führen. Ihr wollt nicht denken, ihr wollt nicht erkennen, was mit euch geschieht, selbst wenn es euch das Leben kosten würde. Erst wenn ihr merkt, dass die Tötungsmaschine euch auf den Kopf gesetzt wird, beginnt ihr zu blöken, doch dann ist es zu spät. Euer Blöken verunsichert die anderen Schafe, die euren jämmerlichen Ruf hören, doch was können sie schon tun? Bestenfalls entsteht eine Panik unter den anderen Schafen, die jedoch bereits eingepfercht sind und sich somit auch nicht mehr wehren können.
Wann beginnt ihr endlich, eure Augen zu öffnen und zu sehen, was mit euch getan wird?

Ihr habt Furcht vor dem, was ihr denn da sehen könntet. So lasst ihr eure Augen lieber geschlossen und überlasst die Verantwortung für euch selbst anderen Menschen. Wenn ihr dann den Weg zur Schlachtbank geht, so könnt ihr wenigstens von euch selbst behaupten, ihr könntet nichts dafür, denn die anderen hätten ja diesen Zustand verursacht.
Welche Form der Selbstverleugnung!
Habt ihr nicht selbst bestimmt, wer für euch handelt?
Warum gebt ihr die Macht über euch an andere Menschen ab?
Ihr könnt ja doch nichts tun! Könnt ihr nichts tun?
Ihr könntet beginnen, die Augen zu öffnen und zu sehen, dann werden sich auch Möglichkeiten des Handelns ergeben.
Was könntet ihr schon finden in euch, was euch erschrecken könnte? Ihr seid wie ein Kind, das sich die Augen zuhält und denkt, niemand könnte es mehr sehen. Alles, was in euch ist, ist

und bleibt in euch, bis ihr es verändert. Um das, was in euch ist verändern zu können, müsst ihr es jedoch zunächst einmal sehen können, damit ihr dann entscheiden könnt, was in euch bleiben soll und was nicht.
Fürchtet ihr euch davor, unendlich Schreckliches in euch zu finden?
Glaubt ihr, es würde dadurch verschwinden, indem ihr euch weigert, es wahrzunehmen?
Seht in euch hinein und erkennt euch selbst. Findet ihr dort Furchterregendes, glaubt ihr, es würde unkontrolliert aus euch hervorbrechen? Zwanghaft versucht ihr, "gut" zu sein, und messt die Güte eures Seins an den Maßstäben derer, die euch schlafen schicken.
Wer anders als ihr selbst entscheidet über euer Handeln? Ihr tragt die Dunkelheit ebenso in euch wie das Licht. Doch wie wollt ihr das eine oder das andere erkennen, wenn ihr nicht hinseht? Liegt es nicht an euch selbst, ob ihr im Lichte oder der Dunkelheit handelt?
Vertraut ihr euch selbst so wenig, dass ihr fürchtet, von der Dunkelheit mehr angezogen zu werden als vom Licht?

Ihr besitzt die Fähigkeit, euer Leben selbst zu gestalten. Miteinander verbunden gestaltet ihr die Erfahrung eures gesamten Planeten.
Eure Möglichkeiten in der materiellen Welt sind überaus begrenzt, da hier das Bewusstsein der wahrhaft Mächtigen regiert.
So gibt es für euch zwei Wege der bewussten Veränderung. Der eine Weg führt über die Materie. So ist es euch möglich, in der Materie Veränderungen herbeizuführen. Die Information der Erfahrung dringt in euer Urbewusstsein ein und führt dort Veränderungen herbei, die sich auf Dauer in eurer äußeren Erfahrung darstellen.

Auf diesem Weg werdet ihr oftmals die Erfahrung machen zu scheitern. Ihr werdet erfahren, dass euer Bewusstseinspotential nicht ausreicht, um das Bewusstseinspotential der destruktiven Manipulation von fast allen Vorgängen auf eurem Planeten in eurem Sinne zu beeinflussen.
Dies ist der Weg, den ihr bisher versucht habt zu gehen. Betrachtet euer Leben und findet selbst heraus, ob dieser Weg für euch von Vorteil war. Betrachtet die Umstände eures Lebens und findet heraus, ob euer Leben in jeglicher Weise befriedigend ist.

Der zweite Weg führt über die Programmierung eures Urbewusstseins durch die Fähigkeiten eures Geistes. Dort könnt ihr durch das Bewusstseinspotential eurer Phantasie und eurer Gefühle ebenfalls Ursachen setzen, die sich dann wiederum in eurer äußeren Erfahrung darstellen.
Die Auswirkung in eurem Urbewusstsein ist ein und dieselbe.

Diesen Weg habt ihr noch nie ***bewusst*** beschritten. Diesen Weg beschreitet ihr tagtäglich, ohne Unterlaß. Ihr beschreitet diesen

Weg unbewusst, indem ihr eurem Gedanken- und Gefühlspotential freien Lauf lasst. Ihr materialisiert euren Hass, eure Frustration und eure Angst.
Dieser Weg könnte, bewusst genutzt, jedoch der Ausweg aus eurem Dilemma sein, wenn ihr im tiefsten Inneren eures Herzens Veränderungen in eurem Leben herbeiführen wollt.
Wenn ihr euch ***bewusst*** dafür entscheidet, diesen Weg versuchsweise zu gehen, werdet ihr im Laufe der Zeit feststellen, dass dieser Weg für euch tatsächlich derjenige ist, der euch Veränderungen eures Lebens in der Weise ermöglicht, die ihr euch für euch selbst wünscht. Auf diesem Wege habt ihr die Möglichkeit, euch aus eurem Schlaf, eurer Frustration, eurem Hass und eurer Angst zu befreien. Auf diesem Wege habt ihr die Möglichkeit, das zu euch zu ziehen, was der Erfüllung eurer Herzenswünsche entspricht.
Dieser Weg ist, wird er bewusst gewählt, kaum von denen, die eure Selbstverwirklichung vermeiden wollen, zu beeinflussen.

Euer Körper besteht zu etwa zwei Dritteln aus Flüssigkeiten. Die Basis dieser Flüssigkeiten bildet eine chemische Verbindung, die eure Wissenschaft als "H_2O" bezeichnet. Die Grundlage eurer Körperflüssigkeiten bildet das Wasser.
Wäre Wasser tatsächlich nur die chemische Verbindung von zwei Teilen "H_2", also Wasserstoff und einem Teil "O", also Sauerstoff, so wären Dürrekatastrophen auf eurem Planeten kein Problem mehr. Wasserstoff und Sauerstoff lässt sich in ausreichendem Maße erzeugen. So könnten in Dürregebiete in benötigter Menge diese chemischen Substanzen transportiert werden und an Ort und Stelle miteinander vermischt werden, um Wasser zu erzeugen.
Merkwürdigerweise funktioniert dies nicht.
Wird Wasser chemisch analysiert, besteht es aus nichts weiter, als eben aus Wasser- und Sauerstoff. Dennoch ist es eurer Wis-

senschaft nicht möglich, so etwas wie künstliches Wasser zu erzeugen.
Was dieser Zusammenmischung fehlt, ist die Information, das Bewusstsein des Wassers.
Wasser ist ein wesentlicher Informationsträger eures Planeten. Wasser ist das Blut eurer Erde.
So befördert ihr Getränke in euren Körper, die ***immer*** mit dem Bewusstsein des Wassers verbunden sind. Selbst eure destillierten, alkoholischen Getränke enthalten immer einen Teil Wasser, nämlich in letzter Konsequenz das Wasser, das sich in der Frucht befand, aus der das destillierte Getränk gewonnen wurde.

Wasser ist ein Informationsträger, der in seinem Urbewusstsein ***alle*** Informationen des morphogenetischen Feldes eures Planeten enthält.
Was jedoch nehmt ihr an Getränken zu euch?
Selbst wenn ihr Wasser trinkt, ist dieses Wasser durch den Vorgang der Umweltverschmutzung nicht mehr in seinem gesamten Informationsgehalt verfügbar.
Das gesamte Wasser eures Planeten ist durch den Vorgang der Umweltverschmutzung in seinem Informationsgehalt ***gezielt*** verändert worden. Das Wasser eures Planeten ist bis auf einige Ausnahmen durchaus noch für euch trinkbar. Was sich verändert hat, ist lediglich der Informationsgehalt eures Wassers.
Durch die fortlaufende Verschmutzung eures Wassers mit chemischen Substanzen wurde die Urinformation eures Wassers umprogrammiert. Das Problem dabei ist nicht die Verseuchung durch chemische Substanzen, denn diese Verunreinigungen können durchaus mit euren technologischen Möglichkeiten weitestgehend bereinigt werden, sondern vielmehr ist es die Umprogrammierung durch die geometrische Struktur dieser molekularen Verbindungen.
Erinnert euch an unsere Erzählung über die Verknüpfungen von Zahlen- und Geometriebewusstsein. Das Bewusstsein oder der

Informationsgehalt des Wassers wurde durch die Hinzufügung von Information in Form von anderer Geometrie verändert. Der Bewusstseinsinhalt dieser chemischen Geometrie verändert die Grundinformation eures Wasser in großem Maße.
So nehmt ihr lediglich Flüssigkeiten zu euch, deren Informationsgehalt in euren Körper kommt und somit eine Veränderung eures Urbewusstseins vornimmt.
Das Wasser wurde umprogrammiert durch chemische Produkte, die ihr ständig verwendet und somit dem Wasser beimengt.

Ähnlich verhält es sich mit euren Lebensmitteln. Zunächst nehmen die Grundsubstanzen eurer Lebensmittel, also Tiere und Pflanzen, das veränderte Wasserbewusstsein in sich auf.
Durch die Haltung eurer Tiere und den für die Tiere von panischer Angst erfüllten Vorgang der Tötung nehmt ihr diese Informationen zu euch. Ihr esst nicht nur die Materie, aus der die Tiere bestehen, ihr esst ebenso die Information. Ihr nehmt die panische Todesangst des Tieres zu euch, die in dem Fleisch als Information vorhanden ist. Ihr esst das Bewusstsein des Tieres, in unnatürlichen Umständen gelebt zu haben.
Ihr esst die Information des Stillhaltens, des Gefüttertwerdens und des Nichts-verändern-könnens. Ihr esst die Resignation der unter unnatürlichen Umständen gehaltenen Tiere.

Ihr esst die Information der Pflanzen, des unnatürlich bearbeiteten und gedüngten Bodens, ihr esst das Bewusstsein der gepeinigten Erde.
Was fühlt ihr dabei, wenn ihr dies lest?

Um euch zu verdeutlichen, wie tief eingreifend Information für euer Bewusstsein ist, betrachtet euch eine alternative Heilmethode, die ihr Homöopathie nennt. Seid ihr erkrankt, so wird in der Homöopathie eurem Körper eine Information zugeleitet, die der

Information der Erkrankung nicht etwa gegengerichtet ist, sondern es wird eine Information verabreicht, die der des Krankheitsbildes entspricht.
Um dies zu erreichen, wird die Grundsubstanz des Medikamentes so stark verdünnt, dass in der Regel nicht einmal mehr ein Molekül dieser Grundsubstanz auffindbar ist. Je stärker die Potenzierung, also die Verdünnung des Medikamentes ist, desto stärker ist dessen Wirkung.
Das homöopathische Medikament ist ***reine Information***, dennoch spricht euer Körper darauf an. Könnt ihr diesen Vorgang physikalisch erklären?

Wird euch von einem Heiler eures Vertrauens ein Medikament verabreicht, von dem ihr absolut überzeugt seid, dass es eure Krankheit heilen oder zumindest lindern wird, so wird tatsächlich eine Linderung oder Heilung eintreten. Dabei hat es keinerlei Bedeutung, wenn dieser Heiler euch nur eine Attrappe eine Medikamentes verabreicht hat, ein Placebo.
Wie erklärt ihr dies physikalisch?

AUSWEGE AUS DEM DILEMMA

Euer Geist, eure Phantasie, euer inneres Potential wird künstlich, dennoch mit Erfolg, im Schlaf gehalten.
Die Esoterikwelle, die vor einigen Jahrzehnten bei euch begann, wurde gezielt und bewusst diffamiert, damit jeder, der sich mit Vorgängen, die außerhalb des materiell-wissenschaftlichen Bereiches lagen, als Spinner galt, der sich außerhalb eurer eng gesetzten gesellschaftlichen Grenzen bewegte.

Als sich trotz dessen immer mehr Menschen mit den Vorgängen des Geistes beschäftigten, wurde diese Szene mit gezielter Desinformation versorgt. Es wurden Informationen eingeschleust, die für sensationelle Enthüllungen sorgen. Damit wurde beispielsweise die Diskussion über außerirdische Lebensformen angeheizt.
Solange ihr diskutiert und euch untereinander nicht einig seid, fragt ihr nicht nach dem WARUM, sondern streitet euch mit denen, die anderer Meinung sind.

Die Esoterik wurde zu einem Modetrend und somit in ihrer Grundaussage wiederum unglaubwürdig. Heute seid ihr spirituell, doch was glaubt ihr, hat sich verändert?
Noch immer seid ihr auf der Suche nach "***ich weiß nicht was, aber irgendetwas ist da***", und habt immer noch nicht begriffen, dass ihr einen Schritt nach dem anderen tun müsst und euer erster Schritt derjenige in euer Innerstes sein sollte. Ihr werdet im Außen nicht das finden, wonach ihr sucht.

Ihr fürchtet euch vor Sektierern, die lediglich die Suche von euch nach dem "ich weiß nicht was" benutzen, um Macht über euch zu haben.
Ihr braucht weder Gurus noch Meister, ihr braucht nur euch selbst.

Es soll mit allen Mitteln versucht werden, euch daran zu hindern, euch selbst und somit die Fähigkeiten, die in euch stecken, zu erkennen. Es soll mit allen Mitteln verhindert werden, dass ihr beginnt, euch zu vereinen.
So werden Situationen geschaffen, die euch voneinander trennen. Die Armen von den Reichen, die Gesunden von den Kranken, die Männer von den Frauen, das eine Land von dem anderen.
Das, wonach ihr sucht, das, wonach euer Herz sich sehnt, findet ihr ***nur*** in euch selbst.
Wo also könnt ihr danach suchen?

Ihr werdet ruhiggestellt, so wie psychisch Kranke ruhiggestellt werden, die den Drang zur Selbstvernichtung haben. Ihr erhaltet Medikamente, die euch in eurem Schlafe halten. Euer Medikament heißt Desinformation und Zersplitterung.

Ihr werdet ständig, ohne Unterlaß, durch Suggestion beeinflusst.

Was jedoch könnt ihr nun tun, um euch aus dem Kreislauf der destruktiven, der zerstörerischen Manipulation zu befreien?
Nur wenige von euch haben die Möglichkeit, selbst den Boden zu bestellen und das anzupflanzen, was ihr tagtäglich an Lebensmitteln benötigt. Selbst wenn ihr dies tun könntet, wie wollt ihr jedoch das Wasser von seiner destruktiven Manipulation entseuchen?

Ihr müsst also Mittel und Wege finden, um eine der Desinformation gegengerichtete Information in euer Urbewusstsein einzupflanzen. Ihr müsst Mittel und Wege finden, um eure Nahrungsmittel von der in ihnen enthaltenen Desinformation zu befreien.

Ihr werdet nicht darum herumkommen, euch zunächst einmal der Formen der destruktiven Manipulation ***bewusst*** zu werden. Könnt ihr diesen Vorgang für euch selbst als Wahrheit definie-

ren, so habt ihr bereits die Möglichkeit, euch ***bewusst*** auf diese Vorgänge einzustellen.
Wir bitten euch eindringlichst, glaubt nicht einfach kritiklos unserer Erzählung, sondern bemüht euch darum, die Manipulation, der ihr unterliegt, selbst im Detail zu erkennen. Denn nur so wird die Information in euer Urbewusstsein eindringen und Teil eures Selbst werden.

Habt ihr diese Information in euch tatsächlich aufgenommen, so könnt ihr durchaus vor jeder Mahlzeit, gleichgültig, was ihr dabei zu euch nehmt, ein kleines Ritual vollziehen, indem ihr euch das Tier oder die Pflanze in Licht gehüllt vorstellt und euch dafür bei dem Tier oder der Pflanze bedankt, dass dieses Bewusstsein bereit war, seine Inkarnation für euch zu verlassen.

Seid euch beim Essen und Trinken immer bewusst, dass ihr Information zu euch nehmt.

Dieses Vorgehen wird bereits die Information, die ihr dann in Form der Mahlzeit zu euch nehmt, verändern.

Moleküle sind Verbindungen mehrerer Atome miteinander. Molekulare Verbindungen entstehen dann, wenn zwei oder mehrere Substanzen miteinander vermischt werden, deren Atome die Fähigkeit haben, eine Verbindung miteinander einzugehen. Aus zwei oder mehreren Substanzen entsteht eine neue Substanz, die nur durch ein kompliziertes Verfahren wieder getrennt werden kann.
Diese Moleküle unterliegen in der Regel einer bestimmten Geometrie.

Ihr findet also auch hier wiederum Geometrie vor.
Die geometrischen Strukturen, die das ***Bewusstsein*** eurer Nahrungsmittel ***verändern***, sind Formen, die oftmals sehr komplex

sind. Eines haben sie jedoch alle gemein, sie sind in ihrer Geometrie asymmetrisch aufgebaut.

Asymmetrische Geometrie entspricht also im weitesten Sinne der Desinformation. Asymmetrische Geometrie kann durchaus, gezielt und bewusst eingesetzt, von Nutzen sein.

Um euer Urbewusstsein wieder in geordnete Bahnen zu lenken, solltet ihr euch zunächst einmal eine Vorstellung davon machen können, wie es denn im Augenblick dort aussieht.
In eurem Urbewusstsein ist eine Information vorherrschend. Eine Information überlagert alle anderen Informationen und ist somit mit allen anderen Bewusstseinsinhalten verbunden.

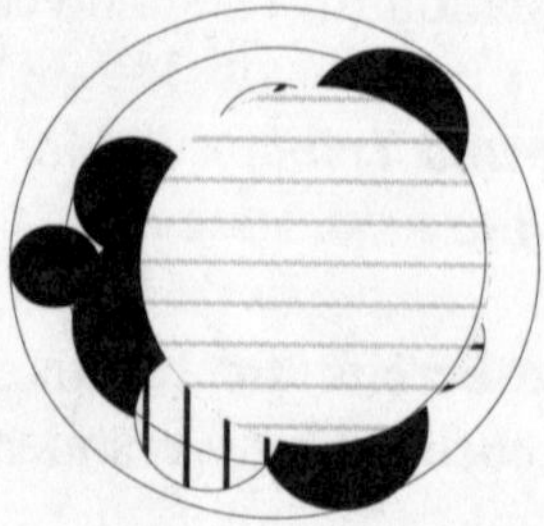

Diese alles beherrschende Information ist die Information der Angst. Alles in euch selbst ist verknüpft mit diesem Gefühl.
Ihr habt Angst, den Arbeitsplatz zu verlieren, krank zu werden, nicht gesund zu werden, arm zu sein oder arm zu werden, keinen Partner zu finden oder euren Partner zu verlieren. Ihr habt Angst, euch nicht schnell genug spirituell zu entwickeln, und habt Angst davor, euch vielleicht zu irren, ihr habt Angst, einen Unfall zu haben, und wenn das noch nicht reicht, so habt ihr Angst davor, Angst zu haben.
Ihr sehnt euch nach Sicherheit, doch wer, so fragen wir euch, soll euch Sicherheit geben, wenn nicht ihr selbst es tut?

Angst ist ***das*** Mittel, um euch dort zu halten, wo ihr seid. Erst wenn ihr euch eure Angst einmal genau betrachtet, wenn ihr euch bewusst werdet, was eure tatsächliche Angst ist, werdet ihr die Möglichkeit haben, eure Angst zu verlieren.
Wie wollt ihr wahre Gefühle in euch erzeugen, wenn ihr von der Angst beherrscht seid?
Geht in eure Angst und kleidet sie in Bilder, die ihr sehen könnt, nehmt euch Papier und haltet die Angst in euren Gedanken schriftlich fest, so holt ihr sie aus der diffusen Vorstellung in euren Gedanken in eure materielle Welt und könnt sie erforschen. Angst ist seit vielen Jahren euer ständiger Begleiter. Sie ist euch so vertraut, dass ihr sie nicht einmal mehr wahrnehmt, wenn es nicht einen direkten Grund gibt und sie verstärkt auftritt.

Es gibt durchaus eine Vielzahl von Möglichkeiten, um euch aus eurem Zustand des Schlafes zu befreien. Es ist jedoch nicht damit getan, dass ihr ein Mittelchen zu euch nehmt in der Hoffnung, dass alles Weitere sich selbst ergeben wird. Ihr müsst selbst eure Trägheit überwinden und wieder lernen, bewusst mit euch umzugehen. Erst wenn ihr dazu bereit seid, und erst dann, könnt ihr bewusst damit beginnen, von außen Information zu euch zu nehmen, die euch wiederum ein Stück dazu verhelfen wird, eure Urinformation wieder herzustellen und wieder zu dem zu werden, was ihr wart.
In manchen Fällen wird dies schneller gehen, als ihr euch vorstellen könnt. Bei anderen wird es wieder Schrittchen für Schrittchen gehen, denn das eine muss auf das andere aufbauen.

Lernt, euren Verstand wieder mit dem Gefühl zu vereinen. Experimentiert mit eurem Verstand und eurem Gefühl. Ist es für euch notwendig, eine Entscheidung zu treffen und euer Verstand rät euch zu der einen Entscheidung und ihr habt dabei ein "unangenehmes Gefühl", so vertraut einmal auf euer Gefühl und lasst Zeit vergehen, um zu erfahren, ob euer Gefühl euch gut geraten hat oder nicht.

Beginnt mit Kleinigkeiten, mit Entscheidungen, die euch nicht so wichtig erscheinen, damit ihr lernt, dass ihr eurem Gefühl vertrauen könnt. Auf diese Art und Weise "entwöhnt" ihr euren Verstand von seiner allumfassenden Einflussnahme und ihr geratet in euch nicht in Konflikt.
Ihr lernt auf diese Weise, in euch selbst den Zustand der Verbindung zwischen Verstand und Gefühl zu erreichen. Ihr erhaltet über euch selbst und somit zu allem, was ist, eine höhere Sichtweise.

Ihr verbindet damit die "1" mit der "2" und stellt euch selbst auf die "3", die sowohl das eine als auch das andere beinhaltet.

Arbeitet mit dem Bewusstsein der Farben. Lasst euch hierbei ebenso von eurem Gefühl leiten. Nehmt euch ein wenig Zeit und betrachtet intensiv die Farbe, von der ihr euch angezogen fühlt. Versucht, euch, soweit euch dies möglich ist, in diese Farbe hineinzufühlen. Öffnet euren Geist und lasst euch in diese Farbe hineinfallen. Es mag durchaus sein, dass nach kurzer Zeit euch eine andere Farbe angenehmer scheint. So wendet euch einer anderen Farbe zu. Nehmt euch Zeit und setzt euch nicht wieder selbst unter Druck.

Arbeitet mit dem Bewusstsein der Steine. Verwendet Halbedelsteine oder Edelsteine, soweit euch dies möglich ist. Bevor ihr sie kauft, nehmt sie in die Hand und fühlt sie. Vermitteln sie euch ein gutes Gefühl, so arbeitet mit ihnen.
Ihr könnt sie einige Minuten in das Wasser legen, das ihr trinkt. Das Wasser nimmt die Information in sich auf, und ihr bringt das Bewusstsein, das die Steine euch vermitteln, in euren Körper und somit in euer Urbewusstsein.
Nehmt die Steine bewusst in die Hand und fühlt euch auch in sie hinein.

So ihr euch von Zahlen angezogen fühlt, malt sie auf ein Blatt Papier, verschönert sie auf die Art und Weise, die euch beliebt, und verbindet das Bewusstsein der Zahl, die ihr euch gewählt habt, mit dem Bewusstsein der Zahl, die das gegenteilige Bewusstsein enthält. Auf dies Art schafft ihr wiederum Ausgleich in euch.

Es gibt durchaus auch einige Substanzen, die dem geometrischen Ausdruck eures Seins entsprechen. Unter Umständen wird es für euch schwierig sein, euch Zugang zu diesen Substanzen zu verschaffen, werden sie doch nicht offiziell gehandelt.

Hanf ist eine Pflanze, die ein hohes Bewusstsein enthält. So wäre es möglich, euch aus ***reinem*** Hanf ein Getränk zu bereiten. Hanf bildet auch die Ausgangsbasis für ein Rauschmittel, das oftmals von den Menschen verwendet wird, die ihr als Schamanen bezeichnet. Ihnen dient das Rauschmittel zur Bewusstseinserweiterung, bevor sie sich in den Zustand begeben, den ihr als Trance bezeichnet.

Eine weitere Substanz ist das ***organische*** Germanium. Die Geometrie dieser Substanz entspricht im wesentlichen der Geometrie eurer physischen Existenz.

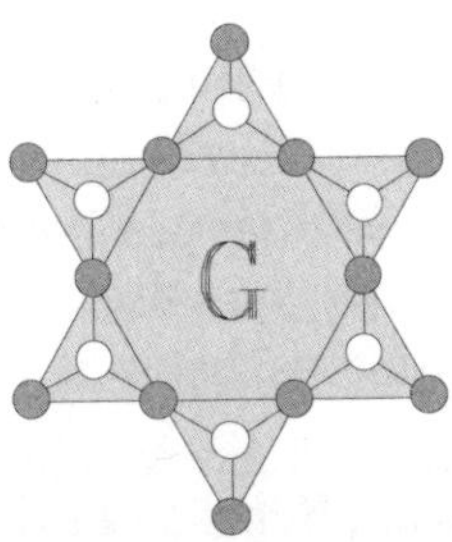

Organisches Germanium bringt in euren Körper einen wesentlichen Teil an die Erinnerung eures Urbewusstseins zurück. Diese Substanz enthalten verschiedene Pflanzen konzentriert an Stellen, an denen sie verletzt waren. Pflanzen erzeugen diese Sub-

stanz, um sich selbst zu heilen. Hoch konzentriert war dieser Stoff in einer Pflanze, die ihr Ginseng nennt. Den Mächtigen ist dieses Bewusstseinspotential durchaus bekannt. Aus diesem Grunde werdet ihr Schwierigkeiten haben, euch Zugang zu dieser Substanz zu verschaffen.
Es ist durchaus nicht notwendig, dieses Mittel hochkonzentriert zu euch zu nehmen. Entscheidend ist lediglich die Information dieses Stoffes.
Wollt ihr euch diese Substanz beschaffen, so achtet auch darauf, wie sie ver- und bearbeitet wurde, damit ihr nicht wiederum manipuliertes Bewusstsein zu euch nehmt.

Die für euch einfachste Möglichkeit, Information der Erinnerung in euer Urbewusstsein zu integrieren, liegt in geometrischen Formen. Ihr könnt sie euch ohne großen Aufwand selbst konstruieren.
Achtet bei dem Entwurf jedoch auf das Bewusstsein der Zahlen. Verbindet die "3", den göttlichen Geist, mit der "4", dem Ausdruck der Materie. Ist die "3" in der geometrischen Form größer als die "4", so erhaltet ihr die Information, die die Materie in den Geist führt, ist die "4" größer als die "3", so erhaltet ihr die Information, die den Geist in die Materie führt.

Experimentiert ohne Furcht, denn jegliche Erfahrung dient dem EINEN.
Experimentiert jedoch in dem Bewusstsein, dass ihr Information in euch zuführt. Macht euch bewusst, dass Geometrie, Zahlen, Farben und Töne Bewusstseinszustände repräsentieren, die ihr in euch integriert.
Versucht nicht, den zweiten Schritt vor dem ersten zu machen in der Hoffnung, dass ihr den ersten irgendwann automatisch in euch integrieren werdet.
Geht mehr in euch und sucht dort nach dem, wonach ihr euch sehnt. Information, die ihr von außen in euch holt, wird euch un-

terstützen, sie wird euch jedoch nicht von der Suche nach euch selbst entbinden.
Gönnt euch Freuden und Zeiten der Erholung, die ihr immer wieder benötigt. Orientiert euch nicht an anderen, von denen ihr denkt, sie wären um so vieles weiter als ihr selbst, denn auch sie sind nur Lernende, und ein Lehrer ist nur dann ein wahrer Lehrer, wenn er weiß, dass er von seinen Schülern lernt. Somit wird auch der Lehrer wieder zum Schüler.
Entscheidet euch bewusst dazu, was ihr erleben und erfahren wollt und geht diesen Weg solange, wie er euch selbst behagt. Seid ihr an einem Punkt angelangt, an dem ihr denkt, ihr müsstet andere Erfahrungen machen, so zögert nicht, euch für das andere zu entscheiden. Dies ist ein Zeichen dafür, dass ihr euch ***entwickelt*** habt und euch somit neu orientieren müsst.

Ihr seid die Mitglieder der Lichtfamilie und habt euch vorgenommen, in eurer Inkarnation Aufgaben zu erfüllen. Sucht nicht nach der großen Aufgabe. Sucht zunächst nach euch selbst, dann werdet ihr erkennen, was zu tun ist und ihr werdet es tun.

Sucht und erkennt euch selbst, dann wird sich euch auch eure Aufgabe enthüllen.
Ihr seid die Kinder des Lichtes und ihr seid dort, wo ihr sein sollt. Verändert ihr euch, so wird sich auch alles andere, ohne Ausnahme verändern.

DIE GROSSE KATASTROPHE

In all euren Mythologien, verbunden mit den dazu gehörenden Weissagungen und Prophezeiungen, findet ihr Hinweise auf die große Katastrophe, die das Ende der Welt bedeutet. All diese Prophezeiungen scheinen um das Jahr 2000 ihr Ende zu haben. Tatsächlich verhält es sich so, dass seit dem Jahr 1972 eurer Zeitrechnung die Weissagungen der großen Propheten, die mit absoluter Präzision Voraussagen trafen, nicht mehr zutreffen.

Dies hat seine Ursache darin, dass ihr im Prinzip die große Katastrophe bereits hinter euch habt.

Im Jahre 1968 nach eurer Zeitrechnung stand bereits fest, dass die Aktivität eurer Sonne innerhalb weniger Jahre eine Strahlungsintensität erreichen würde, die eine völlige Vernichtung allen Lebens auf eurem Planeten zur Folge hätte. Innerhalb kürzester Zeit wären Naturkatastrophen unbeschreiblichen Ausmaßes über euren Planeten hereingebrochen. Erdbeben, Springfluten, das Entstehen neuer Vulkane in Gebieten, in denen es seit Jahrtausenden keine geologischen Aktivitäten dieser Art gegeben hatte, Kontinente wären im Meer versunken und neue aus ihm aufgetaucht. Das absolute Ende allen noch vorhandenen Lebens nach diesem Desaster wäre eine alles vernichtende Feuerwalze gewesen, verursacht durch die physische Ausdehnung der Sonne, die euren Planeten überrollt hätte.

Innerhalb kürzester Zeit wäre alles Leben auf eurem Planeten völlig ausgelöscht worden.
Kurz vor dem evolutionären Sprung in eine höhere Schwingungsform wäre der Planet Erde unbewohnbar geworden.

Hervorgerufen wurde diese extreme Steigerung der Sonnenaktivität durch ein Ungleichgewicht der Energien eures Sonnensys-

tems. Während die bewohnten Planeten eures Sonnensystems sich in andere Schwingungsformen transformierten, wurde euer Planet im Schlaf gehalten. Eine künstlich erzeugte Schicht in eurer Atmosphäre, die euch von dem kosmischen Energie- oder Informationsfluss isolierte, hat dafür gesorgt, dass euer Planet an seiner natürlichen evolutionären Entwicklung gehindert wurde.
Dies sorgte in eurem Sonnensystem für ein Ungleichgewicht der Kräfte. Eure Sonne wurde durch eine immense Überlastung, hervorgerufen durch ein hohes Maß an sehr hoher und sehr niedrigerer Schwingung, absolut überlastet.
Da sich dieser Vorgang ausschließlich in der dritten Dimension abspielte, wäre im Prinzip das Leben auf den anderen Planeten eures Sonnensystem, das sich bereits längere Zeit vor euch in höhere Dimensionen begeben hatte, nicht gefährdet gewesen.
Die schlagartige Vernichtung allen Lebens auf eurem Planeten hätte jedoch, wie wir es euch schon beschrieben haben, ein für euch unvorstellbares Maß an Lebensenergie freigesetzt, das nicht nur die Existenz der Planeten eures Systems gefährdet hätte.

Da absolut sicher war, dass kein Leben auf eurem Planeten überleben würde, entwickelten die Diener des Lichtes und deren Verbündete einen Plan, um euren Planeten so lange vor der Katastrophe zu schützen, bis ihr euren Evolutionsprozess vollzogen hättet.
Niemand wusste, ob dieser Plan tatsächlich gelingen würde. In der Tat war ein derartiges Vorhaben noch nie realisiert worden. Initiiert wurde dieses technologische Meisterwerk von den Sirianern, den Technologie-Freaks" eurer Galaxis, die von den Santinern, den weisen Kämpfern des Lichtes, unterstützt wurden.
Es galt, einen Weg zu finden, die Überenergie eurer Sonne um den Planeten herumzuleiten und in die Weiten des All-es abzuleiten, damit diese Energie sich möglichst gleichmäßig verteilen, von den weiteren Zentralsonnen aufgenommen und

von den weiteren Zentralsonnen aufgenommen und kanalisiert werden konnte.
Des weiteren galt es, ein gigantisches Hologramm zu erzeugen, das euch ein Bild vermittelte, das sich in nichts von eurem normalen Erscheinungsbild des sichtbaren Himmels unterschied.

Damit ein derartiges Energiefeld zur Ableitung der Sonnenenergie aufgebaut werden konnte, das möglichst die innere Harmonie des Energiesystems eures Planeten nicht beeinträchtigt, wurden in Form eines Tetraeders, also zwei in der Mitte ineinander verknüpfte, dreiseitige Pyramiden, der dreidimensionalen Variante des Sechssterns, spezielle Satelliten um euren Planeten herum stationiert.
Mit einem für euch unvorstellbaren Aufwand an Energie wurde ein Energiestrahl von einem Satelliten zum anderen geschickt und so das Energiefeld als Schutz um euren Planeten aufgebaut.

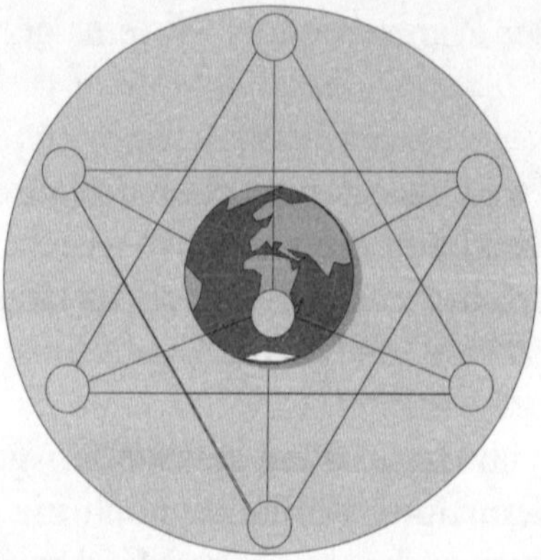

Die Sirianer bauten in diesem Zusammenhang ein gigantisches, holographisches Feld um euren Planeten auf, so dass ihr nicht bemerken konntet, was sich in eurem Sonnensystem abspielt.
Der Unterschied dieses erzeugten holographischen Feldes, das euch eine Realität vorgaukelt, die nicht mehr existiert, zu den

Holographien, die ihr in der Lage seid zu erzeugen, ist schlichtweg der, dass es in anderen Zivilisationen holographische Technologien gibt, die unmittelbar in eurem Urbewusstsein eine Art von Scheinrealität erzeugen.
In dieser Zeit wurde auch der Plan für die Evakuierung eures Planeten entworfen für den Fall, dass eine technische Panne das Energiefeld hätte zusammenbrechen lassen.

Verbunden war dieser Plan mit einer Erhöhung der Eigenschwingung eures Planeten und somit allen Lebens, das sich auf ihm befindet und somit auch euer Eintritt in die Schwingungsebene der ***vierten Dimension***.
Diese Schwingungserhöhung musste jedoch möglichst langsam vorgenommen werden, da höhere Schwingung gleichbedeutend ist mit mehr Informationsfluss. Ihr musstet die Möglichkeit haben, euch langsam an die erhöhte Schwingung und damit an den erhöhten Fluss von Information zu gewöhnen.

Wir möchten hier betonen, dass durch den Eingriff in eure Entwicklung eure Evolution nicht verändert, sondern lediglich beschleunigt wurde.
Habt ihr euch in die fünfte Dimension begeben, wird die Realität, die ihr dort vorfinden werdet, durch die dreidimensionalen Vorgänge auf eurem Zentralgestirn, der Sonne, in lediglich minimaler Weise beeinflusst werden.
Ist euer Transformationsprozess vollzogen, wird sich auch eure Sonne wieder in ihrer Aktivität normalisieren.
Das zu eurem Schutz erzeugte Energiefeld wird bis dahin bestehen bleiben.

Das Energiefeld, das euren Planeten umgibt, leitet nicht die gesamte Energie eurer Sonne um. Ein geringer Bruchteil erhöhter Sonnenenergie durchdringt dieses Feld. Dies wiederum hat zur

Folge, dass durch die erhöhte Strahlungsenergie eurer Sonne mehr Menschen als zuvor an Erkrankungen der Haut zu leiden haben.
Dies hat nichts mit der Zerstörung eurer Ozonschicht zu tun!
Die Ozonschicht eurer Atmosphäre ist ein künstlich in eure Luftschicht eingepflanztes Gebilde, das lediglich den kosmischen Informationsaustausch behindern sollte, um euch von den universellen Informationsdatenbanken abzuschneiden, damit ihr in eurem Schlafzustand verbleibt.

Seit in eurer Ozonschicht Löcher sind, schreitet eure geistige Entwicklung wesentlich schneller voran, als dies vorher der Fall war.
Immer mehr Menschen erhalten Durchgaben höherer Wesenheiten, wie ihr sie nennt Channels. Dies ist möglich geworden durch die Schwingungserhöhung eures Planeten und durch das Zerbrechen des Filters, der euren Planeten völlig umgab.

Es bildet sich neues Bewusstsein in und um euch. Die Zeit ist nahe, da ihr die ganze Wahrheit erfahren werdet.
Lebt nicht in Furcht, sondern im Bewusstsein der Information.

Im Prinzip hat die Verbindung der Kräfte des Lichtes gegen ihre eigenen Richtlinien verstoßen, ***niemals*** in die Entwicklung einer Rasse aktiv einzugreifen. Dennoch war dieser Schritt notwendig, da der Energieüberschuss eurer Sonne dadurch entstand, dass die freie Entwicklung eures Geistes dauerhaft gehindert wurde. Es entstand ein Ungleichgewicht der energetischen Ladungen der Planeten eures Sonnensystems, die eben die Überaktivität eurer Sonne zur Folge hatte.
Das Leben auf anderen Planeten hat sich bereits in höhere Seinsebenen begeben und wird somit von den dreidimensionalen Aktivitäten nicht mehr betroffen.

Der Plan verschaffte euch lediglich die Zeit, die ihr benötigt, um euch aus euch selbst heraus in die für euch noch ungeahnten Möglichkeiten der höheren Schwingung zu begeben. Es ist ein Plan, der euch einen kleinen Anstoß gab, die Fesseln der Sklaverei hinter euch zu lassen.
Ein kleiner Teil der Kinder des Lichtes ist bereits erwacht, und sie ebnen denen, die folgen werden, den Weg.

Der Übergang in die fünfte Dimension wird sich für jeden von euch so gestalten, wie ihr ihn euch vorstellt. Was euch daran hindert, euch auf euren Wandel des Seins zu freuen, ist die Angst, die ihr vor dem vermeintlich Unbekannten in euch tragt.

Beginnt, mit euren Möglichkeiten zu experimentieren, und ihr werdet eure Furcht verlieren.

DIE FÜNFTE DIMENSION

Die Furcht, die ihr empfindet, wenn ihr an die Veränderungen denkt, die verbunden sind mit dem Wechsel in eine höhere Form der Existenz, ist eure tief in euch verwurzelte Angst vor Veränderungen, die von euch nicht absehbar und somit nicht zu planen sind.

Euer Verstand in euch rebelliert gegen die Vorstellung von Veränderungen, die er selbst sich nicht erklären kann. So wie die Furcht vor eurem physischen Tod eine Furcht eures Verstandes ist, so projiziert euer Verstand immer ein Gefühl der Ablehnung oder Angst in euch, wenn es um Vorgänge geht, die nicht mit euren verstandesmäßigen Vorstellungen konform gehen.

Im Prinzip habt ihr nichts davon gemerkt, dass sich euer Planet und somit auch ihr selbst euch von der dritten Dimension in die vierte begeben habt.
Während die vierte Dimension sich nur unwesentlich von der dritten Dimension unterscheidet, sind die damit verbundenen Veränderungen für euch kaum mit eurem Verstand wahrzunehmen.
Etwas anders wird es sich verhalten, wenn der Übergang in die fünfte Dimension stattfindet.

Während euer Planet, verbunden mit dem Bewusstsein allen Lebens auf eurem Planeten, sich von Oktave zu Oktave bewegt, schreitet die Entwicklung eures, wie ihr es nennt, Christusbewusstseins, mit voran. Euer Planet ist sozusagen das Zugpferd, das alles Leben mit sich zieht.
Zwischen der höchsten Schwingungsoktave der vierten Dimension und der untersten Oktave der fünften Dimension gibt es so

etwas wie einen Bewusstseinsfilter, der entwickeltes Bewusstsein von unentwickeltem Bewusstsein trennt.

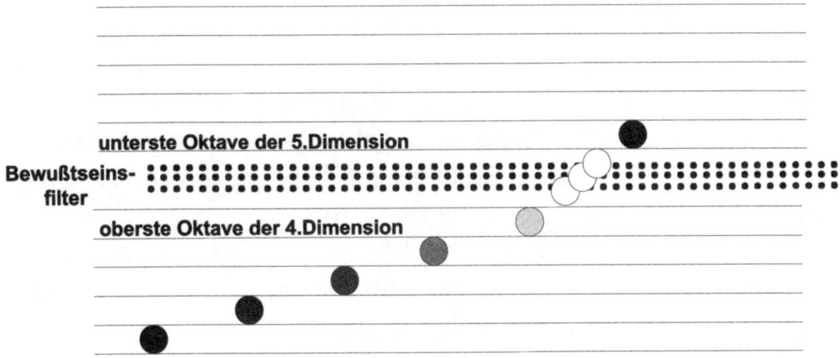

Verlässt euer Planet und somit ihr die oberste Oktave der Schwingung der vierten Dimension, bewegt ihr euch sozusagen im freien Raum. Dieser freie Raum ist im weitesten Sinne vergleichbar mit einem Zustand, den ihr immer wieder in euren Science Fiktion Filmen sehen könnt, wenn ein Raumschiff sich aus der Existenz im dreidimensionalen Raum in den Hyperraum bewegt.

Wenn dieser Existenzzustand allen Bewusstseins auf eurem Planeten erreicht ist, strukturiert sich das Energiefeld eures Planeten und euer eigenes Energiefeld völlig um.
Ihr erlebt dann einen Zustand, den ihr in euren Mythologien als Tage der Dunkelheit erleben werdet.
Ihr verlasst eure Existenz im dreidimensionalen Raum und manifestiert euch im fünfdimensionalen Raum.
Das Magnetfeld eures Planeten wird sich in dieser Zeit völlig umstrukturieren. Das Magnetfeld eures Planeten, das an dem magnetischen Nordpol austritt und am magnetischen Südpol wieder eintritt, um den Kreislauf der Energie zu schließen, wird während des Überganges in die fünfte Dimension nicht mehr in der Form existieren, wie ihr es kennt.

Alles Leben auf eurem Planeten orientiert sich an eben diesem Magnetfeld.
Jedes in dreidimensionaler Form existierende Leben auf eurem Planeten verfügt über ein körpereigenes Magnetfeld, das einigen von euch als Mer-kah-ba bekannt ist. Diese Mer-kah-ba, auf die wir zu einem späteren Zeitpunkt nochmals eingehen werden, ist verbunden mit dem Energiefeld eures Planeten, das ihr als Magnetfeld oder Gravitationsfeld bezeichnet.
Bricht das Gravitationsfeld eures Planeten zusammen, so verliert das euch innewohnende Energiefeld, die Mer-kah-ba, ihren Bezugspunkt und ist somit orientierungslos.

Während dieser Zeit werdet ihr das Gefühl haben, keinen materiellen Körper zu besitzen. In dieser Zeit der Transformation, also des Wechsels von einem Existenzzustand zum nächsten, werdet ihr als körperlose Wesen im Nichts schweben. Ihr werdet Menschen um euch herum wahrnehmen können, die ebenso, wie ihr selbst, als reines Bewusstsein um euch sind. Ihr werdet mit ihnen kommunizieren, ohne zu sprechen, ihr werdet sie spüren können, ohne sie zu sehen.

Drei Tage der Dunkelheit werdet ihr erleben, die keine Dunkelheit sein wird. Ihr werdet drei Tage und drei Nächte in einem Zustand verbringen, der für euch, würdet ihr euch nicht fürchten, unendlich beglückend sein könnte.
Ihr werdet in der Zeit die unendliche Angst der Menschen fühlen können, wenn ihr euch öffnet, die völlig unvorbereitet in diesen Zustand geraten sind, und die nicht wissen, was mit ihnen geschieht.

Ihr könntet diese Zeit in einem Zustand absoluter Glückseligkeit und völliger Losgelöstheit von jeglichem destruktiven Gefühl verbringen - wäre da nicht die Angst in euch.

Sogar jetzt, in diesem Moment, da ihr diese Information erhaltet, spürt ihr schon wieder Angst in euch vor den kommenden Ereignissen.
Ihr fühlt schon wieder Angst vor etwas, mit dem ihr noch gar nicht konfrontiert seid.
Allein unsere Geschichte zu hören, veranlasst euren Verstand dazu, euch zu verweigern, oder, so ihr unsere Worte als wahr empfindet, Angst in euch zu erzeugen.

Sofort setzt bei euch die Gedankenmaschinerie ein und ihr stellt euch wiederum hunderttausende von Fragen, die ihr euch zwar nicht beantworten könnt, die euch jedoch sofort suggerieren, dass ihr euch möglichst schnell entwickeln müsst, um ja dabei zu sein bei dem Jahrhundertereignis.

Bin ich gut genug, um durch den Bewusstseinsfilter zu gelangen?
Bin ich spirituell genug, um mich zu transformieren?
Was wird mit mir sein, wenn es nicht so ist?
Was, wenn ich der einzige unter all meinen Lieben bin, der sich transformiert?
Was wenn....., was wenn.......

Habt ihr bisher noch nichts verstanden von unserer Geschichte?

Das Gefühl der Angst ist ***immer*** eine Projektion eures Verstandes. Im wahren Wesen eures Seins wisst ihr, dass es nichts, aber auch absolut gar nichts gibt, vor dem ihr euch fürchten müsstet.

Auf eurem Planeten haben sich eine Vielzahl von Bewusstseinszuständen als Menschen inkarniert, die diese Vorgänge, die mit dem Prozess großer Bewusstseinserweiterung verbunden sind, erleben und erfahren wollten. Diese Menschen, die sich für sich selbst Bewusstseinserweiterung versprechen, indem sie sich zu

eben dieser Zeit auf eurem Planeten inkarniert haben, sind oftmals in keinster Weise an Geschehnissen interessiert, die über die Wahrnehmung des Verstandes hinausgeht.
Noch nie war eure Erde so bevölkert, wie dies jetzt der Fall ist. Kurze Zeit noch wird diese Entwicklung beibehalten werden, dann wird die Geburtenrate auf eurer Welt erheblich sinken. Auch dafür, seid euch dessen bewusst, wird es eine dreidimensional erklärbare physische Ursache geben. Ihr jedoch wisst inzwischen, dass die Ursache in der, wie ihr sie nennt, geistigen Welt gesetzt wird, und das physikalische Geschehen lediglich die Wirkung der geistigen Ursache ist.

Ihr solltet euch bewusst sein, dass ihr, die ihr euch versucht, dem Lichte zu nähern, diejenigen sein werdet, die nicht zurückbleiben werden.
Damit ihr den Weg der Evolution gehen werdet, ist es nicht einmal notwendig, dass ihr euch bewusst spirituell entwickelt. Es gibt viele Menschen unter euch, die sich ihres geistigen Potentials in keinster Weise bewusst sind, Menschen, die sich in keinster Weise mit dem neuen Modetrend "Spiritualität" beschäftigen.

Spiritualität könnt ihr unterscheiden in diejenige geistige Entwicklung, die ein Mensch krampfhaft versucht zu erlangen, um seinem Verstand ein Gefühl der Sicherheit zu vermitteln, und diejenige geistige Entwicklung, die ein Mensch einfach in sich trägt.

Welche der beiden Varianten ist die eure?
Wie seid ihr spirituell?

Tragt ihr eure Spiritualität wie eine Fahne vor euch her und versucht, jeden anderen von ***euren*** Wahrheiten zu überzeugen? Messt ihr eure Entwicklung an der Entwicklung anderer Menschen, von denen ihr denkt, sie seien euch voraus?

Wollt ihr so sein wie diejenigen, von denen ihr denkt, sie wären weiter als ihr?

Wenn ihr so denkt und fühlt, belügt ihr euch lediglich selbst. Wenn ihr so denkt und fühlt, ist eure geistige Entwicklung wiederum bestimmt worden durch euren Verstand, der sich in seiner Existenz bedroht fühlt und euch suggeriert, dafür zu sorgen, dass ihr euch gefälligst zu transformieren habt.

Spiritualität kommt aus euren Herzen. Sie lässt sich weder beschleunigen noch verzögern. Sie ist Teil eures wahren Selbst und weiß aus sich heraus, was zu tun ist. Es wird immer das geschehen, was gerade notwendig ist. Das, was ihr als Spiritualität bezeichnet, ist die Öffnung für die höheren Weisheiten des Seins, zu denen euer Verstand nicht einmal ansatzweise Zugang findet. Tatsächliche geistige Entwicklung findet ihr weder in Büchern noch in Seminaren - ihr findet sie nur in euch selbst.
Ihr findet in euch selbst die Liebe zu allem, was ist und somit auch die Liebe zu euch selbst. Wenn ihr euch selbst liebt, seid ihr auch fähig, andere und anderes zu lieben. Dann, wenn ihr euer Herz öffnet, und erst dann, öffnet ihr euren Geist.
Wenn ihr diesen Zustand erreicht habt, ist es euch möglich, euren Verstand und euer Gefühl als zwei Seiten eines Ganzen zu erkennen, und es wird euch möglich sein, euch frei zu entscheiden, den Weg des Geistes, den Weg der Materie oder den Weg, der beides miteinander verbindet, zu gehen.

Wenn ihr soweit seid, dann werdet ihr wissen, was ihr zu tun habt. Ihr braucht euch nicht mehr den Kopf zu zerbrechen, welche Aufgabe ihr habt.
In euch selbst wisst ihr, was ihr zu tun habt, doch euer Verstand, eure Zentrale dreidimensionaler Wahrnehmung, lässt euch eure Aufgabe nicht erkennen. Noch seid ihr zu stark von eurem Verstand kontrolliert. Habt ihr Verstand und Gefühl in euch selbst

selbst ver-eint, so kontrolliert ihr Verstand und Gefühl auf eine Weise, die euch heute noch völlig fremd ist, hat doch der Begriff "Kontrolle" in eurer Dreidimensionalität für euch eine gänzlich andere Bedeutung.

Wenn ihr nun also wissen wollt, was eure Aufgabe in diesem gigantischen Plan des Lichtes ist, so geht in euch, öffnet eure Herzen und beginnt damit, euch selbst zu lieben.

EURE EXISTENZ IN DER FÜNFTEN DIMENSION

Ihr werdet euch nach den Tagen der Dunkelheit, die im Prinzip keine Dunkelheit sein werden, auf eurem Planeten, den ihr Erde nennt, wiederfinden. Ihr werdet über eine Form der Wahrnehmung verfügen, die ihr euch jetzt und heute nicht einmal ansatzweise vorstellen könnt.
Ihr werdet zum ersten Male euren Planeten als das wahrnehmen, was er tatsächlich ist - eine lebende Wesenheit.
Eure Existenz in der fünften Dimension wird sich im Anfang nur unwesentlich von der unterscheiden, die ihr vor dem Sprung der letzten Oktave der vierten in die erste Oktave der fünften Dimension gekannt und erfahren habt.

Ihr befindet euch im Augenblick in der unteren Hälfte der Oktaven der vierten Dimension. Mit jeder weiteren Oktave wird sich die Schwingungsenergie, der ihr ausgesetzt seid und an die ihr euch gewöhnen müsst, erhöhen. Mit der Erhöhung der Schwingung verbunden ist das Entfalten weiterer Fähigkeiten und Möglichkeiten, die ihr für euch einsetzen könnt.
Die Fähigkeit, die ihr als Hellsehen bezeichnet, Telepathie, also die Kommunikation auf der Ebene der Gedanken, die Verbindung zu denen, die ihr als höhere Wesenheiten bezeichnet - all das wird absolut üblich und "normal" für euch sein.

Viele von euch werden bereits in den nächst höheren Oktaven der vierten Dimension über weitaus mehr Fähigkeiten verfügen, als dies bisher der Fall ist.

Einigen von euch wird zunächst die Erweiterung ihres Bewusstseins in der Form zu schaffen machen, als dass sie sich mit der Entwicklung ihrer eigenen Fähigkeiten überfordert fühlen.

In diesem Falle ist es ausreichend, einfach die Absicht zu formulieren, euch eine Pause zu gönnen und euch somit aus dem Fluss erhöhter Energie "auszuklinken".
Gönnt euch, sollte euch dies betreffen, mehr Schlaf als gewöhnlich und führt euch während dieser Zeit möglichst vitamin- und mineralreiche Nahrung zu. Euer Körper und euer Geist benötigen in dieser Phase größere Ruhepausen.

Wie ihr nun den Übergang von der vierten in die fünfte Dimension erleben werdet, ist ungewiss und mag individuell unterschiedlich erfahren und wahrgenommen werden.
Es kursieren unter euch eine Unmenge von Informationen zu diesem Thema. Alle diese Informationen haben ihre eigene Wahrheit, denn ihr erfahrt eure Projektion der Realität auf die Art und Weise, wie ihr selbst sie erschafft.

Wenn es euch gelingt, das gesamte Energiefeld, alles auf eurem Planeten vorhandene Bewusstsein zu harmonisieren, so wird die Vorphase des Übergangs in jeglicher Weise ebenso harmonisch sein. Verbindet die Gesamtheit eures Bewusstseins die Vorphase der Transformation mit Chaos und von Katastrophen geprägt, so werdet ihr dies ebenso erleben.
Dies trifft jedoch nicht nur auf euer Erleben des Wandels als Gesamtheit des Bewusstseins zu, sondern von jedem einzelnen von euch wird der Prozess des Wandels unterschiedlich wahrgenommen werden. Eure persönliche Projektion dieses Vorganges wird sich für euch persönlich so gestalten.
Je mehr ihr euch der letzten Oktave der vierten Dimension nähert, desto mehr verliert der Faktor Zeit für euch an Bedeutung. Das Potential eurer Gedanken- und Gefühlswelt drängte seit jeher nach Manifestation. Solange die Zeit linear verlief, verging von dem Moment an, in dem ein Gedanke gedacht wurde, bis zu

seiner Realisierung ein bestimmtes Maß an Zeit, das sich nach der jeweiligen Intensität des Gedankens und des mit ihm verbundenen Gefühls orientierte.

Je mehr ihr euch der letzten Oktave eurer vierten Dimension nähert, desto mehr verliert der Faktor Zeit in seiner linearen Form für euch an Bedeutung.
Für euch bedeutet dies wiederum, dass von dem Zeitpunkt, in dem ihr einen Gedanken denkt, weitaus weniger Zeit bis zu dessen tatsächlicher Realisierung vergeht, als dies bisher der Fall war.
Je mehr ihr euch den euch zur Verfügung stehenden Energien höherer Schwingungsintensität öffnet, desto intensiver und umfangreicher werden eure persönlichen Anpassungs- und Wandlungsprozesse verlaufen.

Ihr selbst könnt den Prozess der Wandlung in der Form beeinflussen, als ihr selbst dies wollt. Wir haben euch erzählt, dass ihr in dieser Qualität der Zeit eure Wünsche und Träume wesentlich schneller manifestieren und somit realisieren könnt. Wenn euch dies gelungen ist, wenn ihr gelernt habt, bewusst Bewusstsein in eine euch angenehme Form zu transformieren, so werdet ihr erkennen, dass ihr auch die Geschehnisse auf und mit eurem Planeten gemeinsam beeinflussen könnt.

Ihr selbst, und niemand sonst, entscheidet und beeinflusst, ob der Prozess der Transformation, sowohl der von euch selbst als auch der eures planetaren Bewusstseins in seiner Gesamtheit als leidvoll oder friedvoll von euch empfunden und erlebt wird.

Seid ihr nun in der fünften Dimension angelangt, so werdet ihr feststellen, dass euer Planet immer noch der Planet ist, den ihr als Erde bezeichnet.

Ihr werdet feststellen, dass das Bewusstsein eures Planeten sich gereinigt hat. Die Flüsse werden wieder sauber sein, der Boden wird nicht mehr verseucht sein und die Luft wieder rein.

Ihr werdet feststellen, dass die meisten Bauwerke eures Planeten nicht mehr vorhanden sein werden.
Der Prozess der Transformation ist auch ein Prozess der Reinigung des verschmutzten Bewusstseins. Somit wird all die Materie, die kein ausgeprägtes Bewusstsein hatte oder dem Bewusstsein ständiger und künstlich erzeugter Desinformation unterlag, nicht mehr vorhanden sein.
Da es euch nach wie vor fremd ist, beispielsweise eure Bauwerke bewusst aus Material ***und*** aus Bewusstsein zu gestalten, werdet ihr lediglich Bauwerke vorfinden, die auf diese Art erschaffen wurden.

Ihr werdet Humanoide vorfinden, die euch erwarten. Sie werden euch während der ersten Zeit behilflich sein, euch zurechtzufinden.

Ihr werdet wieder über Körper verfügen, jedoch werden eure jetztigen materiellen Körper nicht mehr vorhanden sein. Euer "neuer" Körper wird einer eurer derzeitigen Energiekörper sein, nämlich derjenige, den ihr als Astralkörper bezeichnet.
Dieser Körper wird die Funktion eures jetzigen Körpers übernehmen. Da ihr euch in eine wesentlich höhere Schwingung transformiert haben werdet, wird dieser Körper für euch genauso physisch vorhanden sein, wie dies euer materieller Körper in der dritten und vierten Dimension war.

Durch die mit dem Transformationsprozess verbundene Bewusstseinserweiterung werden euch die Zusammenhänge des überall vorhandenen göttlichen Bewusstseins klar werden und ihr werdet lernen, mit diesem Wissen ***bewusst*** umzugehen.

Die Krankheiten eures materiellen Körpers werden nicht mehr existent sein. Armut und Verzweiflung werden der Vergangenheit angehören, da ihr in der Lage sein werdet, Situationen, denen ihr ausgesetzt seid, das Bewusstsein hinzuzufügen, das eurer Vorstellung einer Lösung entspricht.
Ihr werdet eine Zivilisation gründen, die mit eurer derzeitigen nicht einmal annähernd vergleichbar sein wird.
Ihr werdet nicht mehr isoliert in den Weiten des All-es sein, sondern intensiven Kontakt zu anderen Zivilisationen haben.

Die erste Zeit in der anderen Dimension mag für viele von euch nicht einfach sein, dennoch wird das Leben dort von wesentlich größerer Qualität sein, als dies für euch in der dritten und vierten Dimension der Fall war.

Die Zukunft ist fließend. Dennoch wird unsere beschriebene Projektion eurer nahen Zukunft in etwa entsprechen. Die ist der Weg eurer Evolution und Evolution unterliegt höheren Schöpfungsenergien als den euch derzeit zugänglichen.
Details, die ihr erleben und erfahren werdet, mögen sich von unserer Beschreibung durchaus unterscheiden. Dennoch werdet ihr im Prinzip den Wandlungsprozess eures Planeten in eben etwa dieser von uns beschriebenen Art und Weise erfahren.

Solltet ihr noch immer der Meinung sein, es gäbe Grund, Furcht zu empfinden?

Was sagt euch euer Herz, Kinder des Lichtes?

SELBSTLIEBE UND EGOISMUS

So taucht nun wiederum ein weiteres Dilemma für euch auf.
Findet euch selbst!?
Liebt euch selbst!?
Was jedoch ist mit den anderen?
Ist es nicht egoistisch, nur an sich selbst zu denken?
In der Tat, ***nur*** an sich selbst zu denken, ist durchaus von Egoismus geprägt.
Öffnet ihr jedoch euer Herz, öffnet ihr euren Geist der Schwingung der all-es umfassenden Liebe der Lichtenergien, so hat dies nichts mit Egoismus zu tun.
Denkt ihr nicht, dass es eher von Egoismus zeugt, dass ihr versucht, das, was ihr im Augenblick als Wahrheit des Seins interpretiert, anderen Menschen wie einen Stempel aufdrücken zu wollen?
Noch sind die meisten von euch in einem Zustand, der sich am besten mit einem von etwas Licht erhellten Dämmerzustand beschreiben lässt. Ihr interpretiert diesen Dämmerzustand als Zustand der Liebe und wollt, um eurer eigentlichen Aufgabe näherzukommen, euch auf den Weg machen und missionieren. Ihr wollt andere Menschen von euren Wahrheiten überzeugen und erzählt ihnen von der Liebe des Lichtes, die ihr so oft selbst noch nicht gefunden habt.

Hat der, den ihr als den Christus bezeichnet, nicht einmal gesagt:

Liebe Deinen Nächsten wie dich selbst?

Liebt ihr euch denn selbst? Seht in euch und beschreibt das Gefühl, das ihr für euch selbst empfindet.
Könnt ihr euch auch nur annähernd so lieben, wie ihr einen anderen Menschen liebt, wenn ihr ver - liebt seid?

Fühlt ihr in euch die Liebe, die nicht fragt? Ist euer Herz geöffnet und fühlt ihr die all-umfassende Liebe in euch?
Habt ihr euch selbst erkannt, habt ihr entdeckt, welches Potential an Göttlichkeit in euch ist? Würdet ihr diese Liebe, von der wir sprechen, in euch fühlen, so würdet ihr nicht mehr nach dem E-goismus fragen.

Das Ego in euch ist der Drang eures ***Verstandes***, sich selbst zu verwirklichen.
Diese Form der Selbstverwirklichung jedoch berücksichtigt nur ***einen Aspekt*** eurer dreidimensionalen Existenz, nämlich den Aspekt eures Verstandes.
Euer Verstand projiziert in euch einen Zustand, bei dem ihr selbst glaubt, dass die Selbstverwirklichung eures Verstandes und die Selbstverwirklichung eures Selbst ein und dasselbe ist.

Immer wieder findet ihr das nach oben gerichtete Dreieck in euch selbst.

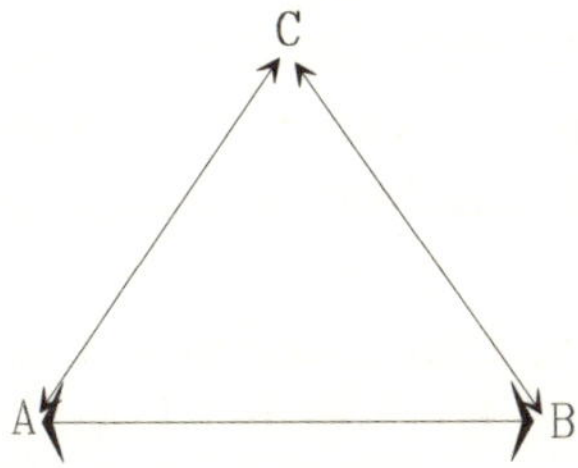

Punkt "A", der eine Teil eures Selbst, Punkt "B" der andere Teil eures Selbst und Punkt "C" derjenige, der den Punkt "A" und "B" miteinander verbindet, indem er die beiden anderen Punkte beinhaltet.

Solange es euch nicht gelingt, den Punkt "C" einzunehmen, ihr euch also immer an der einen oder der anderen Seite orientiert, könnt ihr nicht ihr selbst sein.

Denkt ihr, weil ihr spirituell sein wollt, müsstet ihr euren Verstand negieren, so wird euer Verstand versuchen, dies zu unterbinden. Negiert ihr euer Gefühl in euch, so werdet ihr immer wieder mit Gefühl konfrontiert, bis ihr euch eurem Gefühl zuwendet.
Erst wenn es euch gelungen ist, ***Gefühl und Verstand miteinander zu verbinden***, habt ihr euch selbst erkannt.

Solange ihr versucht, "gut" zu sein, werdet ihr das "Böse" in euch solange negieren, bis ihr aufgrund irgendwelcher auftauchender Umstände gezwungen seid, euch damit auseinanderzusetzen.
Erst wenn ihr euch bewusst werdet, dass beides in euch ist und ihr nicht ständig zwischen "gut" und "böse" wechseln müsst, sondern euch von Punkt "C" aus für oder gegen das eine oder andere entscheiden könnt, habt ihr euch selbst erkannt.

Wenn ihr erkennt, dass ihr "gute" ***und*** "schlechte" Eigenschaften habt, und die Summe der "guten" und "schlechten" Eigenschaften ihr selbst seid, und ihr erkennen mögt, dass es sich bei den anderen Menschen ebenso verhält, so ist es euch gelungen, den Punkt "C" einzunehmen und ihr habt euch selbst erkannt.

Somit gelangt ihr vom Punkt der Selbst-ablehnung, mit der ihr alle in größerem oder kleinerem Maße konfrontiert seid, zur Selbst-annahme und leitet somit den Schritt zur Selbst-liebe ein.
Da ihr alle Bewusstsein seid, das sich selbst bewusst ist, solltet ihr im vorigen Satz einmal die Definition "Selbst" durch die Definition "Bewusstsein" ersetzen.

Bekommt somit der Satz:
"Somit gelangt ihr vom Punkt der ***Bewußtseins***-Ablehnung, mit der ihr alle in größerem oder kleinerem Maße konfrontiert seid, zur ***Bewusstsein***s-Annahme und leitet somit den Schritt zur ***Be-***

wusstseins-liebe ein.", nicht eine völlig andere Bedeutung für euch?

Wie wollt ihr, die ihr Bewusstsein seid, euch selbst erkennen, wenn ihr das, was ihr seid, nämlich Bewusstsein, tatsächlich ablehnt?
Erst wenn ihr Bewusstsein annehmt, so könnt ihr euch selbst annehmen. Erst wenn ihr Bewusstsein, nämlich euch selbst lieben könnt, so könnt ihr Liebe zu dem Sein des EINEN entwickeln. So ihr tatsächlich Liebe zu dem EINEN entwickelt, ist es euch aufgrund der gewonnenen Erkenntnisse gar nicht mehr anders möglich, als euch selbst in dem Maße zu lieben, indem ihr den EINEN, der All-es ist, liebt, da ihr zwangsläufig erkennen müsst, dass der EINE und ihr untrennbar miteinander verbunden seid.

All-es ist Bewusstsein! All-es ist Energie! All-es ist Information!
All-es ist Licht und somit die unendliche Liebe des EINEN!

WAHRSCHEINLICHKEITEN

Im Prinzip ist das, was ihr als Realität empfindet und als Realität erlebt, nichts anderes als eine Projektion eures Geistes und somit lediglich eine wahrscheinliche Realität.

Im Prinzip seid ihr, so wie alles existierende Bewusstsein in den Weiten des All-es, ein Bewusstseinszustand des EINEN. Ihr projiziert Situationen in euch selbst, die ihr in eurem Außen, der drei- oder vierdimensionalen Welt erlebt und erfahrt.
Obwohl ihr euch in eurer jetztigen Inkarnation körperlich auf eurem Planeten befindet und keinerlei Erinnerung an andere Existenzen habt, so existiert ihr dennoch multidimensional.
So habt ihr nicht nur ein Selbst, sondern es existieren eine Vielzahl von Selbsten eures Selbst. Über eure Multidimensionalität in bezug auf eure höheren Selbste habt ihr bereits Information erhalten.
Dies jedoch war lediglich ein kleiner Auszug aus dem äußerst komplexen Bereich der multidimensionalen Existenz.

Parallel zu der Realität, die ihr erlebt und erfahrt, gibt es noch eine für euch unvorstellbare Anzahl von wahrscheinlichen Realitäten.
Jeder Bewusstseinszustand, der in einem gewissen Maße zu Veränderungen in eurem Bewusstsein führt, und zwar sowohl zu Veränderungen des persönlichen und/oder des gesamten morphogenetischen Feldes aller Bewusstseine eures Planeten, projiziert automatisch eine wahrscheinliche Realität, die absolut unabhängig von der euren existiert.
Steht ihr also vor einer Entscheidung, die ein bestimmtes Maß an Veränderung mit sich bringen wird, und ihr habt euch entschlossen, diesen oder jenen Weg einzuschlagen, so erfahrt ihr die Konsequenzen aus eurer Entscheidung in eurer Realität.

Wären beispielsweise **zwei** weitere Möglichkeiten der Entscheidung wahrscheinlich gewesen, so teilt sich alles vorhandene Bewusstsein, das in irgendeiner Form davon betroffen gewesen wäre, in **zwei** weitere wahrscheinliche Realitäten auf, die unabhängig von eurer Realität existieren.
Ihr selbst und alle anderen existierenden Bewusstseine empfinden sich selbst in den anderen Realitäten ebenso real und bewusst, wie ihr selbst es in eurer Realität seid, in der ihr verblieben seid.

So ist es durchaus möglich und wahrscheinlich, dass ihr selbst in mehreren tausend wahrscheinlichen Realitäten parallel zueinander existiert, ohne dass eines eurer "Ichs" eine Erinnerung oder eine Verbindung an die anderen "Ichs" seines höheren Selbst hat. So ist es ebenso möglich, dass ihr in einer anderen wahrscheinlichen Realität das genaue Gegenteil von euren Lebensumständen erlebt und erfahrt, die ihr eben gerade hier, in der Realität erlebt. Das "Ich" eurer hier anwesenden Realität ist in keinster Weise direkt mit den Erfahrungen der weiteren Realität verbunden, genauso wenig wie die "Ichs" eurer weiteren wahrscheinlichen Realitäten mit euch unmittelbar verbunden sind.
Dennoch besteht eine unmittelbare Verbindung aller "Ichs" zueinander. Dieses Verbindungsglied ist euer höheres Selbst, das alle Erfahrungen aus der Vielzahl der wahrscheinlichen Realitäten sammelt und als mögliche Erfahrungen verarbeitet.

Diese Facette der Multidimensionalität dient der weiteren Erfahrung und Selbsterkenntnis eures höheren Selbst.

Das Wissen ob dieser multidimensionalen Möglichkeiten könnte euch helfen, eure Existenz in dieser Realität weitaus erträglicher zu machen. Es könnte euch weiterhin behilflich sein, eure Existenz in dieser Realität weitaus weniger verbissen zu sehen. Es könnte euch helfen, eure wahrscheinliche Welt der Erfahrung spielerischer zu erleben.

Was euch daran hindert, ist die Realitätsvorstellung eures Verstandes, dem es ein Greuel ist, sich vorstellen zu müssen, dass er nicht das ein und alles euer Existenz sein könnte.

Transformiert sich euer Planet und mit ihm alles Bewusstsein, das in sich ein bestimmtes Maß an Liebe zu allem, was ist und somit zu sich selbst trägt, so wird wiederum eine Vielzahl von wahrscheinlichen Realitäten projiziert. Dennoch geschieht weitaus mehr als "nur" weitere Projektionen von wahrscheinlichen Welten.
Der Wechsel in eine Dimension mit ungerader Zahl ist ein besonderes Erlebnis. Viele Wesenheiten haben sich auf eurem Planeten inkarniert, um dies mitzuerleben. Viele Menschen leben ihr Leben, ohne sich großartig Gedanken zu ihrer Herkunft und ihrer weiteren Entwicklung zu machen. Viele dieser Menschen sind auf eurem Planeten, um sich hier in der Vorbereitungsphase der Transformation Informationen, Erfahrungen zu beschaffen. Diese Menschen haben sich noch nicht so weit entwickelt, dass sie die Schwingung der Dimension wechseln können.
Jeder Mensch, jede Form von Bewusstsein geht ihren eigenen Weg der Selbst-erkenntnis. Ihr werdet feststellen müssen, dass es euch ***niemals*** möglich sein wird, einen Menschen von etwas tatsächlich überzeugen zu können, das er in seinem Innersten ablehnt.
Ihr seid - gleich-gültig was auch immer geschehen mag - niemals der Hüter eures Bruders.
Wollt ihr andere Menschen von euren Wahrheiten überzeugen, so diskutiert nicht über die Möglichkeiten, die sie zu scheinen haben, sondern lebt ihnen eure eigenen Erkenntnisse und Wahrheiten vor.

So braucht ihr nicht mehr zu missionieren, sondern diejenigen Menschen, die sich mit euren Wahrheiten identifizieren können, werden euch fragen, wie ihr das erreicht habt, was ihr ihnen vorlebt.

Hier sei ***nochmals*** betont, dass ihr selbst als euer höheres Selbst entscheidet, was für eure Entwicklung von Bedeutung ist und was nicht.
Euer höheres Selbst, eure Seele, weiß, dass sie einen Entwicklungsschritt nach dem anderen tun muss, um sich zu dem EINEN hin zu entwickeln. So entscheidet ihr selbst als euer höheres Selbst, welche Entwicklungsschritte ihr zu tun habt. Eure Seele hat es nicht eilig. Eilig hat es nur euer Verstand, der nicht annähernd ahnt, was und wer ihr tatsächlich seid. Euer Verstand, das trotzige und egoistische Kind in euch, will all-es und zwar, bitteschön, sofort.
Wenn ihr euch aus dieser besitzergreifenden Umklammerung dieses egoistischen Kindes befreit, wird euch bewusst, dass ihr einen Schritt nach dem anderen tun müsst. Versucht ihr einen oder mehrere Schritte zu überspringen, so werdet ihr irgendwann zu der Stelle zurückkehren ***müssen***, an der ihr diese Schritte übersprungen habt, und ihr werdet sie ***bewusst*** wiederholen.

Ein Filter ist ein Instrument der Scheidung oder Trennung. So ihr Kaffeetrinker seid, wisst ihr, dass ihr einen Filter benötigt, der Wasser in einem gewissen Maße staut, damit sich das Wasser mit dem Aroma des Kaffees verbinden kann, jedoch so feine Poren hat, dass lediglich das Wasser durch sie dringen kann und das Kaffeepulver in dem Filter verbleibt.
Ein Filter besitzt im Prinzip mehr oder weniger große Löcher, durch die lediglich das Material dringen kann, dessen molekulare Struktur kleiner ist als das Loch im Filter. Molekulare Struktu-

ren, die größer sind als die Löcher des Filters, bleiben in dem Filter hängen. Sie bleiben dort zurück, wo sie waren, bevor der Prozess des Filterns eingeleitet wurde.

Ähnlich verhält es sich mit dem Bewusstseinsfilter zwischen der vierten und fünften Dimension. Dieser Filter ist durchlässig für Bewusstsein, dessen Schwingung höher ist als das Bewusstsein des Filters.
Der Messpegel für die Durchlässigkeit des Filters ist die Liebe zu allem, was ist, die aus der Liebe zu sich selbst entsteht.
Liebt ihr euch selbst, und wir bitten euch zwischen Egoismus und Selbstliebe zu unterscheiden, erhöht ihr eure Schwingung ***zwangsläufig*** über die Durchlässigkeit des Filters hinaus.

Haltet an dieser Stelle kurz im Lesen inne und hört in euch hinein. Spürt ihr ein unangenehmes Gefühl in euch? Spürt ihr Furcht in euch, zu denen zu gehören, die zurückbleiben müssen?
Das, was wir euch erzählen, ist euch längst bekannt. Euer Verstand projiziert in euch das Gefühl der Furcht.
Euer Verstand projiziert durch seine kindliche Angst vor seiner Vernichtung Furcht in euch.
Könnte es nicht doch so sein, dass ihr zurückbleiben müsst? Könnte es nicht doch sein, dass ihr euch irrt? Könnte es nicht doch so sein, dass ihr nicht gut genug seid? Woran könnt ihr erkennen, ob eure Schwingung hoch genug ist, um euch durch den Filter zu mogeln? Oder könnte es nicht doch so sein, dass wir auf ganz subtile Weise versuchen, in euch Angst zu erzeugen?

Sind diese eure Fragen Fragen eures Herzens oder eures Verstandes?
Mehrfach haben wir euch bereits erzählt, dass ihr der Lichtfamilie angehört. Seid versichert, ihr seid hier, um den Vorgang der Wandlung einzuleiten und mitzuerleben. Doch noch immer könnt ihr nicht glauben, wer und was ihr seid.

Was fühlt ihr in der Tiefe eures Herzens?

Der Wechsel von Bewusstsein aus der Schwingung der vierten Dimension in die Schwingung der fünften Dimension erzeugt wiederum eine Vielzahl weiterer Wahrscheinlichkeiten. Somit ergibt sich für jeden von euch die Möglichkeit, den Wechsel in die fünfte Dimension so zu erfahren, wie ihr ihn erfahren wollt. Der Wechsel für euch mag beglückend, liebevoll und friedvoll oder schmerzhaft und beängstigend sein. Ihr erlebt den Verlauf der Transformation nach Maßgabe eurer eigenen Bewusstseinsinhalte. Angst wird Angst projizieren und Liebe wird Liebe projizieren.

Belügt euch nicht selbst, sondern findet euch selbst. Entscheidet euch, so ihr wollt, dafür, euch selbst lieben zu wollen, so werdet ihr das beglückende Gefühl erfahren, dass die Liebe zu allem, was ist, in euch All-es projizieren wird.
Belügt ihr euch selbst, indem ihr so tut, als würdet ihr euch selbst lieben, so werdet ihr bereits jetzt damit beginnen, Angst vor der Angst zu haben.
Und wiederum sei es euch gesagt: ***Angst ist ein Instrument eures Verstandes***.

Diejenigen, die zurückbleiben werden auf eurem Planeten, sind diejenigen, deren ***Seelen*** sich bewusst sind, dass sie noch über weitere Zeiträume die Erfahrung der dritten bzw. der vierten Dimension brauchen.

Tritt der Transformationsprozess in seine "heiße" Phase, so werdet ihr einfach verschwinden. Ihr werdet für die anderen unsichtbar werden, da eure Schwingung sich bereits bei Beginn des Wandlungsprozesses soweit erhöhen wird, dass ihr für Menschen mit dreidimensionaler Wahrnehmung einfach unsichtbar sein werdet.

Menschen, deren Weg der Entwicklung weiterhin die dreidimensionale Erfahrung sein wird, bleiben auf eurem Planeten, der, aufgrund der wahrscheinlichen Existenz weiterhin so bestehen bleibt, wie er eben dann, zum Punkt der Wandlung, sein wird.

Die Information im morphogenetischen Feld der drei- bzw. vierdimensionalen Erde, die sich auf eure Anwesenheit in der dreidimensionalen Welt bezog, wird für die zurückbleibenden nicht mehr zur Verfügung stehen. Sie werden sich, wenn überhaupt, an euch nur in dem Maße erinnern können, wie ihr euch an einen eurer Träume, kurze Zeit nach dem Erwachen, noch erinnern könnt.

Es mag durchaus sein, dass einige von euch sich bewusst dafür entscheiden, als Nachzügler von der vierten in die fünfte Dimension zu wechseln. Dabei mag es sich um persönliche Entscheidungen handeln oder es mag mit den Aufgaben zu tun haben, an die ihr euch im Verlaufe der nächsten Zeit werdet erinnern können.

Wir möchten nochmals darauf verweisen, dass die Zukunft fließend ist und aus der Gegenwart gestaltet wird. Dennoch ist unsere Beschreibung der Vorgänge durchaus als realistisch zu betrachten. Lediglich der Zeitpunkt, wann diese Geschehnisse tatsächlich ihren Lauf nehmen, ist nach wie vor ungewiss.

Nun, liebe Kinder des Lichtes, was macht euer Verstand?

PERSÖNLICHE ENERGIESYSTEME

So sitzt ihr nun da, seid spirituell und wisst nicht so recht, was ihr mit eurer Spiritualität denn anfangen sollt.
Ihr fühlt in euch, dass etwas zu tun ist. Ihr spürt in euch, dass ihr anders seid als andere und schiebt diesen Gedanken sofort wieder von euch.
Warum ausgerechnet ihr?
Was ist denn so anders an euch?

Ihr seid die Kinder des Lichtes, nicht mehr und nicht weniger. Ihr habt verlernt, auf euer Gefühl zu achten und so ist es euch nicht anders möglich, als das Gefühl des "Andersseins" von euch zu schieben.
Gebt ihr euch eurer Phantasie hin, so holt euch euer Verstand sofort wieder in eure Scheinrealität zurück. Das, was in der Tiefe eures Herzens schlummert und das untrennbar mit eurem Tun hier auf eurem Planeten verbunden ist, entzieht sich in jeglicher Form den Möglichkeiten eures Verstandes. Sucht in euch nach eurem Punkt "C". Dies wird einen völligen Bewusstseinswandel in euch einleiten, der in seiner ersten Phase durchaus nicht immer schmerzfrei für euch sein mag. Dennoch werdet ihr in euch fühlen, dass diese Erfahrung für kurze Zeit möglicherweise notwendig ist. Ihr werdet in euch fühlen, dass ihr euch wandelt und ihr werdet es geschehen lassen.

Viele von euch haben sich inkarniert. Ihr stammt von vielen Planeten und seid auf der Erde, um euch zu verbinden. Ihr stammt aus Kulturen, die sich zum Teil unterscheiden, wie sich das Feuer vom Wasser unterscheidet. Was euch dennoch in euren verschiedenen Kulturen verbindet, ist die Energie des Lichtes. Das Licht macht euch, trotz aller Unterschiede, zu Verbündeten.

So ist es möglich, dass ihr euch begegnet, eine Verbindung zueinander fühlt und doch nichts miteinander tun könnt, da ihr euch einfach zu sehr unterscheidet.
Dennoch seid ihr miteinander durch das Wesen des Lichtes verbunden. Eine Zeit hat begonnen, in der ihr euch zusammenfindet. Je mehr ihr euch dem Kern eures wahren Selbst zuwendet, desto mehr Energie des Lichtes dringt in euch. Seht nicht das, was euch auf einer anderen Ebene trennt. Ihr alle seid hier, um ***miteinander*** zu tun.
Stellt ihr fest, dass ihr euch zu fremd seid, um miteinander tun zu können, so verbindet euch in Liebe und ein jeder von euch gehe seine Wege. Ihr werdet andere finden, die euch ähnlicher sind.

Habt ihr Verbindung zu anderen Menschen und Teams gefunden, die wiederum mit anderen verbunden sind, habt ihr euer eigenes"Arbeitsteam" gefunden, so errichtet ihr alle, gemeinsam verbunden im Licht, ein Energienetz auf eurem Planeten, das Energiepotential gigantischen Ausmaßes repräsentiert. Somit werdet ihr, verbunden im Geiste des Lichtes, Veränderungen großen Ausmaßes herbeiführen.
Die eine Gruppe mag die andere immer wieder unterstützen bei Aufgaben, mit denen sich alle Beteiligten in der Tiefe ihres Herzens einverstanden erklären können und umgekehrt.
Ihr werdet euch unter Umständen während der ersten Phase der Verbindung nicht bewusst erinnern können, was ihr zu tun euch vorgenommen hattet. Lernt auf den Rat eures Herzens zu hören, denn so werdet ihr immer wissen, was zu tun ist. Es gibt keine Regeln für euch. Es gibt nichts für euch, was "richtig" oder "falsch" ist. Tief in euch wisst ihr, was zu tun ist. Fragt nicht nach Verhaltensmustern und Dogmen, von denen ihr glaubt, sie einhalten zu müssen. Regeln beschränken euch in eurer unbegrenzten Freiheit.

Euer Verstand braucht Regeln und Verhaltensmuster, weil sie ihm helfen, sich in seiner absoluten Überforderung zurechtzufinden.

Ist es euch bisher noch nicht gelungen, "euer" Team zu finden, so seid nicht besorgt. Die Zeit der Strukturierung hat erst begonnen. Nach und nach werdet ihr euch untereinander kennenlernen und finden. Einige sind unter den ersten und bereiten den Weg für diejenigen, die folgen werden. Je mehr von euch erwacht sind, desto leichter wird der Weg der Selbsterkenntnis für die folgenden sein.

Die Selbsterkenntnis kommt nicht wie ein Donnerschlag. Die Stimme der Selbsterkenntnis ist leise und zart, und so mag euch mitten unter der Arbeit eine Erkenntnis überkommen, deren tatsächliche Bedeutung euch erst Tage später in ihrer Konsequenz bewusst wird.
Versucht nichts zu erzwingen, doch seid wachsam. Nutzt die Möglichkeiten, die sich euch bieten.

So ihr für euch selbst feststellt, dass ihr in euch selbst bereit seid, mit der unendlich liebevollen Energie des Lichtes eine Verbindung einzugehen, so erklärt einfach die Absicht, dies zu tun.
Erklärt, so ernsthaft euch dies in eurem augenblicklichen Zustande der Desinformation möglich ist, dass ihr euch mit der Energie des Lichtes verbinden wollt. Dies wird im Laufe der Zeit Veränderungen in eurem Geist und somit auch in eurem Leben bewirken.

Ihr wisst inzwischen, dass alles Energie ist. Wollt ihr eure Aufgaben übernehmen, so müsst ihr lernen, euer persönliches Energiepotential zu generieren, zu regulieren und zu kontrollieren.
Ihr wisst sehr wohl in der Tiefe eures Herzens ob all dieser Vorgänge energetischer Verbindung, doch ihr seid euch dessen ***noch***

nicht bewusst. Alles, was ihr in eurer Inkarnation erlebt, basiert auf dem Hin- und Herschieben von Energiepotential.

Um euren Lebensunterhalt zu verdienen, geht ihr eurer Arbeit nach. Habt ihr dort mit autoritären Menschen zu tun, denen ihr euch in eurer Gesellschaftshierarchie untergeordnet habt, so werden diese Menschen euch immer wieder "unterdrücken". Im Prinzip geschieht nichts anderes, als dass diese Menschen euer persönliches Energiefeld mit dem ihren in dem Maße überlagern, als ihr selbst dies zulasst.

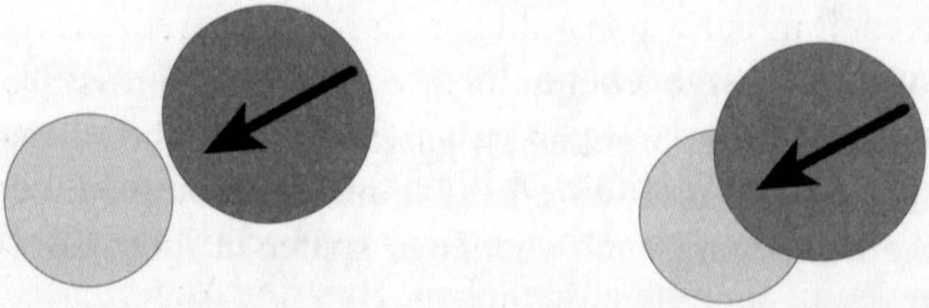

Seht ihr euch in einer Situation, in der ihr glaubt, euch nicht wehren zu können, so müsst ihr euch diese Überlagerung eures eigenen Energiefeldes durch ein anderes, euch im Wesen völlig fremdes Energiefeld gefallen lassen.

Euer persönliches Energiefeld, das im Prinzip über uneingeschränkte Freiheit verfügt und nur deshalb begrenzt werden kann, weil ihr dies zulasst, wird in eng gesteckte Grenzen verwiesen.

Es findet, durch die euch von außen gesteckten Grenzen, kein Austausch von Energien mehr statt, da die von euch wegfließende Energie nicht mehr frei nach außen gelangen kann. Die Grenzen, die euch in eurer persönlichen Freiheit begrenzen, reflektieren die von euch abgegebene Energie wiederum in euch zurück. Diese somit in euch zwangsweise aufgestaute und in ihrem Fluss behinderte Energie löst in euch Aggression oder Frustration aus. Verlasst ihr nun euren Arbeitsplatz am Abend, so wird die Begrenzung eurer Energie aufgehoben. Habt ihr Aggression in euch aufgestaut, so mag es durchaus sein, dass euer Lebenspartner, eure Kinder oder irgendein unbeteiligter Mensch euch als Ventil dienen muss.
Eure Energie entlädt sich unter Umständen schlagartig und hinterlässt in euch ein Energievakuum, das sich wiederum in Frustration, einem schlechten Gewissen oder Ähnlichem äußert.

Habt ihr von Beginn der Situation an Frustration in euch projiziert, so mag diese Frustration nach Verlassen des Arbeitsplatzes eine Depression größeren oder kleineren Ausmaßes in euch hinterlassen. Unter Umständen nehmt ihr Alkohol oder Medikamente zu euch, da ihr glaubt, die Auswirkungen eurer Depression dadurch erträglicher machen zu können.
Frustration lässt euer gesamtes Energiepotential aus euch herausfließen. Da ihr keinerlei Energie mehr in euch habt, fühlt ihr euch von allem und jedem überfordert. Ihr fühlt euch außerstande, irgendetwas Konstruktives zu tun und seht euch genötigt,

euch soweit auf den nächsten Tag vorzubereiten, als dass ihr ihn eben gerade überstehen könnt, bevor das bisschen an Energie, das ihr im Schlafe für den nächsten Tag aufbauen konntet, wieder verbraucht ist.

Gleich-gültig, wie ihr auf die ständige Unterdrückung eurer persönlichen Fähigkeiten reagiert, die in eurer Zivilisation immer wieder auf euch einwirken, seid ihr immer wieder genötigt, euer gesamtes Energiepotential für euer Überleben zu verwenden.
Solange ihr in derartigen Lebensumständen existiert, wird euch kaum Energiepotential für eure persönliche Freiheit übrigbleiben - solange, bis ihr euren wahren Kern erkannt habt.

Ihr alle kennt Gespräche mit Menschen, die zu euch kommen oder mit euch in anderer Form kommunizieren, weil es ihnen "nicht gut geht".
Am Ende des Gespräches bedanken sich diese Menschen oftmals sogar dafür, dass ihr ihnen so sehr durch das Gespräch geholfen habt. Kurze Zeit nach diesem Gespräch fühlt ihr euch ausgelaugt, energie- und kraftlos.
Der Mensch, dem ihr so selbstlos geholfen habt, war ein Mensch, dem ihr durch das Gespräch Energie übertragen habt. Da ihr euch dieser Vorgänge nicht bewusst seid, könnt ihr euren Energiehaushalt weder regulieren noch kontrollieren. So ist es eurem Gesprächspartner gelungen, sich durch euch wieder "aufzuladen".
Euer Gesprächspartner hat euch eure gesamte Energie abgesaugt.

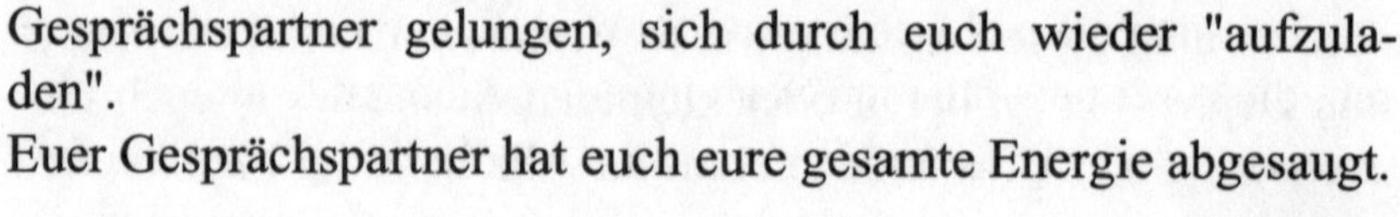

Die Energie, von der wir sprechen, ist weder an Raum noch an Zeit gebunden. Ihr könnt sie für euch selbst behalten, den Teil davon abgeben, den ihr glaubt, selbst nicht zu benötigen, oder ihr könnt eure Energie, ohne euch dessen bewusst zu sein, da- oder dorthin transferieren.
Raum und Zeit, in der euch bekannten Form, existieren lediglich in eurer dritten und vierten Dimension.
Die Energie, das Bewusstsein, die Information sind unabhängig von eurer Projektion von Raum und Zeit.
Werdet euch eurer persönlichen Energiesysteme ***bewusst***. Werdet euch bewusst, dass ihr euer persönliches Energiesystem nach euren eigenen Vorstellungen generieren, regulieren und kontrollieren könnt.
Experimentiert in der nächsten auf euch treffenden Situation mit eurer Energie und ihr werdet sehen, dass es euch mit etwas Übung gelingen wird, euer Energiesystem auf seinem Niveau halten zu können.
Ihr werdet euch von anderen Menschen eure Energie nicht mehr absaugen lassen und werdet lernen, euer Energiepotential in euch halten und für euch selbst nutzen zu können.

Ihr werdet nicht mehr abhängig sein von den äußeren Umständen, die auf euch einwirken. Wenn es euch gelungen ist, euer Energiepotential in euch zu halten, so seid ihr in der Lage, Schwingung einer bestimmten Frequenz in euch zu halten.
Die Umstände eures Lebens werden sich in der Form manifestieren, die eurer persönlichen Schwingung angepasst sind.

DIE UNBEGRENZTE FREIHEIT DES GEISTES

Ihr empfindet eine Illusion des ***Frei-Seins***, wenn ihr Freizeitbeschäftigungen nachgeht, die euch für eine begrenzte Zeit eure täglichen Frustrationen vergessen lassen.
Ob ihr nun in den Bergen wandert, euch an einen Badestrand legt, euch auf euer Motorrad schwingt und einige Runden dreht - ihr kehrt immer wieder in euer "normales" Leben zurück.
Was euch bleibt, ist die Erinnerung an ein paar schöne Stunden, in denen ihr euch frei fühlen konntet. Was euch bleibt, ist die Vorstellung in euch, diese, von euch als befreiend empfundene Beschäftigung zu wiederholen, sobald ihr wiederum Zeit dafür aufbringen könnt.

Im Prinzip tragt ihr unbegrenzte Freiheit ***in*** euch. Da ihr in eurem Leben jedoch weitestgehend verstandesorientiert seid, ist es euch nicht möglich, diese euch innewohnende Freiheit auch tatsächlich zu leben.

DER GEIST BEHERRSCHT DIE MATERIE !?

Stellt euch einmal vor einen Spiegel, seht euch in die Augen und sprecht dabei diesen Satz mehrmals hintereinander aus.
Der Geist beherrscht die Materie!
Der Geist beherrscht die Materie!
Der Geist beherrscht die Materie!

Könnt ihr euch selbst in die Augen sehen und die diesen Worten innewohnende Wahrheit ***tatsächlich*** annehmen oder zumindest als Möglichkeit in Betracht ziehen?

Beherrscht ihr die Materie?
Beherrscht euer Geist die Materie?

Das genaue Gegenteil ist der Fall: die Materie beherrscht euch! Ihr seid nicht die Herren eures Selbst. Ihr seid erfüllt von dem Streben nach Materie. Gleich-gültig, was ihr tut, gleich-gültig, ob ihr nun krank seid, arm, einsam, verzweifelt oder was auch immer - ihr seid Opfer eurer Unwissenheit. Ihr seid Opfer der Umstände, die aus der Materie entstehen.

Ihr leidet unter eurer Krankheit, eurer Armut, eurer Einsamkeit, eurer Verzweiflung und seht euch nicht in der Lage, tatsächliche Veränderungen in eurem Leben herbeizuführen. Ihr seht euch nicht in der Lage, eure Leiden, gleichgültig in welcher Erscheinungsform sie nun in eurem speziellen Falle auftreten, zu beseitigen.

Nicht die Materie ist für euch schlecht - schlecht für euch ist der Mangel an Information, an Wissen, wie Materie, die nichts anderes ist als eine Erscheinungsform von Bewusstsein, in eine von euch gewünschte Erscheinungsform gebracht werden kann.

Der Gedanke, dass ihr "mehr" sein könntet, als ihr im Moment zu sein scheint, bereitet euch wiederum Furcht. Was wäre, würdet ihr tatsächlich über ein immenses Machtpotential verfügen, wenn ihr diese Macht zu "schlechten" Zwecken verwenden würdet?
Ihr seid so gefangen in den Irrungen eures Verstandes, dass euch nicht einmal annähernd bewusst wird, dass niemand außer euch selbst die Entscheidung darüber fällt, was ihr mit eurer Macht im Detail anfangen würdet.

Zugänglich ist euch eure unermessliche Freiheit durch das Erwecken der Liebe in euch. Der Zugang zu eurer fast unbegrenzten Macht ist der Funke der göttlichen Liebe in euch. Wie würdet ihr mit eurer Macht umgehen, wenn ihr in der unendlichen Liebe in euch mit allem verbunden wärt?

Der Schlüssel zu eurer unbegrenzten Freiheit ist die Selbst-Erkenntnis. Der Schlüssel zu eurer unbegrenzten Macht ist die Erkenntnis eures Selbst. Eure Macht ist mit eurer Freiheit verbunden, so wie alles, was ist, miteinander verbunden ist.

Es fällt euch so unendlich schwer, euch von allem, was um euch ist, zu lösen, da ihr glaubt, dass ihr dann alles, was um euch ist, verlieren werdet. Tatsächlich verhält es sich jedoch so, dass ihr alles, was ist, nicht verlieren, sondern es in einer völlig veränderten und, von eurer Bewertung her betrachtet, verbesserten Qualität erfahren werdet.

Euer Geist beherrscht, obwohl ihr euch dessen noch immer nicht bewusst seid, die Materie. Euer Geist, die in euch verankerten Informationen, projizieren euer materielles Umfeld, das ihr tagtäglich erlebt und erfahrt.
Ihr lest es und mögt es noch immer nicht glauben.
Wenn doch endlich einer käme und euch überzeugen könnte. Wenn doch endlich alles anders wäre. Wenn doch endlich der Wandel der Zeit vollzogen wäre und ihr mit dem Neuen konfrontiert wärt, ja, dann könntet ihr es wahrhaft glauben.
Noch immer habt ihr nicht verstanden, dass ihr den Wandel der Zeit und somit den Wandel des Seins ***selbst*** gestaltet. ***Ihr*** seid diejenigen, die den Wandel des Seins einleiten.
Ihr sitzt da und wartet darauf, dass endlich etwas geschieht, um euch herum. Dann wärt ihr bereit, auf den fahrenden Zug aufzuspringen - dann, wenn ihr euch sicher sein könntet, dass es nun endlich soweit ist.

Ihr wollt Informationen. Habt ihr die Informationen erhalten, wollt ihr wiederum Informationen von anderer Seite, die euch die zuerst erhaltene Information bestätigen. Ihr wollt einen Beweis und habt ihr ihn erhalten, wollt ihr den Beweis bewiesen haben. Dieses Spielchen spielt ihr solange, bis die Geschehnisse der Zeit euch überrollt haben. Ist dies geschehen, habt ihr es ja schon immer gewusst, ihr hattet lediglich nicht die Zeit, um auch aktiv dabei zu sein.

Ihr gestaltet euch eure Gegenwart und somit gestaltet ihr aus der Gegenwart auch eure Zukunft. Doch wie erlebt ihr eure Gegenwart?
Ihr seid weitestgehend Hobbyspiritualisten, die sich ziemlich sicher sind, dass "da etwas läuft". Was "da jedoch läuft", entzieht sich weitestgehend eurer Kenntnis, da ihr versucht, den Spirit, den Geist, mit eurem Verstand zu erklären und zu verstehen.
Euer Verstand ist das Bindeglied zwischen euch selbst und der materiellen Erfahrung .
Gleichgültig, wohin ihr seht, immer wieder begegnet ihr der "3".
Verstand und Gefühl sind Teile eures Selbst. Verbindet ihr Verstand und Gefühl, so seid ihr ihr selbst. Ihr nehmt den Standpunkt ein, der das eine mit dem anderen verbindet. Verbindet ihr Verstand und Gefühl, so verbindet ihr Körper und Geist und werdet somit eins mit euch selbst.
Weder der Aspekt des Verstandes noch der Aspekt des Gefühls bilden in euch die Einheit. Eins mit euch selbst seid ihr erst dann, wenn es euch gelungen ist, den Aspekt des Verstandes mit dem Aspekt des Gefühls zu verbinden und somit zu EINEN.

Lernt für euch selbst zwischen den Mitteilungen eures Verstandes und den Mitteilungen eures Gefühls zu unterscheiden.
Habt ihr eine Entscheidung zu treffen, gleichgültig wie schwerwiegend diese Entscheidung sein mag, zieht euch kurze Zeit zurück und durchdenkt eure Entscheidung. Hört tief in euch hinein, was eurer Gefühl euch rät. Notiert euch unter Umständen die Entscheidung eures Verstandes und die eures Gefühls. Habt ihr die Entscheidung nach eurem Gutdünken gefällt, so beobachtet die Geschehnisse, die sich im Laufe der Zeit für euch aus eurer Entscheidung bilden.

So wird es euch möglich sein, im Laufe der Zeit zwischen den Ratschlägen eures Verstandes und eures Gefühls unterscheiden zu lernen.

Eure Wahrnehmung ist weitestgehend verstandesorientiert und somit auf die Materie ausgerichtet. Dies bedeutet nicht zwangsläufig, dass ihr Materialisten seid. Dies bedeutet nicht zwangsläufig, dass ihr nach materiellem Reichtum strebt, um des Reichtums willen.
Ihr habt euch in der Materie inkarniert, um die Materie zu erfahren. Ihr habt euch in der Materie inkarniert, um den Wandel einzuleiten und zu gestalten.
Gleich-gültig, was ihr tut, ihr seid immer wieder mit der Materie konfrontiert.
Ohne Zahlungsmittel könnt ihr, von einigen, wenigen Ausnahmen abgesehen, weder Lebensmittel beschaffen noch sonstigen Verpflichtungen nachkommen, denen ihr in eurem Wirtschaftssystem begegnet.
Einige von euch sind dazu übergegangen, das System eurer Zahlungsmittel im weitesten Sinne und soweit es als möglich erscheint, zu boykottieren. Dennoch findet ihr bestenfalls einige Schlupflöcher in eurem System.
Tatsächliche Veränderungen zu bewirken, scheint euch im Moment nicht möglich zu sein.

Ihr seid die Lichtfamilie.
Ihr habt euch auf dem Planeten Erde inkarniert, um Veränderungen herbeizuführen.
Ihr habt euch gemeinsam entschlossen, den Wandel zum Geiste hin durchzuführen.
Ihr tragt in euch ein immenses Potential an konstruktiver Energie, das jedoch nach wie vor noch weitestgehend in euch schläft.
Ihr wolltet rebellieren.

Ihr wolltet das System der Desinformation in ein System umfassender Information verändern.

So beginnt nun, euren Plan in die Tat umzusetzen. Geht hin und erkennt euch in euch selbst. Erweckt das Gefühl und die Phantasie in euch, damit ihr euch selbst erkennt und die unermessliche Freiheit in euch fühlen könnt.

Geht hin und seid, was ihr seid - die Kinder des Lichtes.

DEN WANDEL EINLEITEN

Immer wieder weisen wir euch auf den Einfluss eures Verstandes auf eure Existenz hin.
Tatsächlich ist der Einfluss eures Verstandes auf eure Handlungen immens. Tatsächlich seid ihr als Wesenheiten mit fast unbegrenzt großem Schöpfungspotential abhängig geworden von einem einzelnen Aspekt eures Seins.
Euer Verstand ist für eure Existenz in eurer Dimension durchaus notwendig. Wäre euer Verstand nicht, so wäre es euch nicht möglich, einfache Dinge eures Lebens zu verrichten.
Ihr benötigt euren Verstand, um euch mit euren Verkehrsmitteln von einem Ort zum anderen zu bewegen, um mit anderen Menschen verbal oder schriftlich zu kommunizieren, ihr braucht euren Verstand, um das Licht in euren Wohnungen einzuschalten, um zu essen, zu trinken und zu schlafen. Ihr benötigt euren Verstand, um Vorgänge des Denkens vollziehen zu können.
Euer Verstand, die Ratio, ist das analytische Instrument eures Seins. Technologie wäre ohne die Fähigkeiten eures Verstandes nicht möglich. Dennoch wurden im Laufe eurer Evolution mehr Erfindungen "erfühlt" als erdacht.
Gefühl und Verstand sind fähig und in der Lage, sich einander zu ergänzen. Verstand und Gefühl können miteinander kooperieren und bilden Teil eines Ganzen - nämlich euch selbst.

Wenn ihr nun beginnt, Verstand und Gefühl wieder einander anzunähern, so wird es sich ähnlich verhalten wie eine Waage, die zwei Waagschalen hat.
Legt ihr zunächst auf diese Waage ein Gewicht, so wird sich die Waage zu der Seite neigen, auf der das Gewicht liegt. Diese Seite der Waage ist diejenige des Verstandes.
Legt ihr nun auf die andere Seite der Waage ein Gewicht gleicher Größe, so wird sich die Waage zunächst wesentlich stärker

auf die Seite neigen, auf die zuletzt das Gewicht gelegt wurde. Es wird eine Pendelbewegung stattfinden, die sich erst der einen, dann der anderen Seite der Waagschale zuneigt. Die Pendelbewegung wird immer schwächer werden, bis beide Seiten der Waage sich in der Mitte ausgeglichen haben.

Wendet ihr euch nun verstärkt eurem Gefühl zu, so wird dies eine Pendelbewegung in euch auslösen, die sich einmal zur Seite des Gefühls, dann wiederum zur Seite des Verstandes neigt.
Die Ausschläge zur einen oder anderen Seite werden immer schwächer werden, bis die Mitte gefunden ist.
Wendet ihr euch der Seite eures Gefühles verstärkt zu, so wird es euch ähnlich ergehen wie der beschriebenen Waage. Ihr werdet hin- und herschwingen, zwischen der Seite eures Verstandes und der Seite eures Gefühls.
Habt ihr in euch die Hin- und Herbewegung beendet, so habt ihr den Punkt erreicht, der euch sowohl die Seite eures Verstandes als auch die Seite des Gefühls im gleichen Maße zugänglich macht.

Ist dieser Punkt erreicht, seid ihr die Herren eures Selbst - ihr seid ihr selbst. Dies wird in euch eine völlig neue Definition des Wortes "***Selbst-bewußt-sein***" zulassen.
Euer gesamtes Leben wird dadurch eine völlig andere Qualität bekommen. Die Frage nach "gut" oder "böse", die Frage nach "richtig" oder "falsch" wird sich euch in diesem Zustand nicht mehr stellen - seid ihr doch ihr selbst.
Habt ihr diesen Zustand erreicht, so benötigt ihr keine Lehrer und Meister mehr, denn ihr seid all-es selbst.
Habt ihr diesen Zustand erreicht, so wisst ihr, was ihr zu tun euch vorgenommen habt und ihr werdet es tun, ohne zu fragen, wovon ihr leben werdet. Ihr werdet nicht mehr nach Sicherheit fragen, denn ihr habt in euch eine Form der Selbst-sicherheit gefunden, von der ihr heute nur träumen könnt.

Habt ihr diesen Zustand erreicht, werdet ihr nicht mehr fragen, was "richtig" oder falsch" ist, weil ihr beides in euch tragt und euch frei entscheiden könnt und frei entscheiden werdet.
Je mehr von euch diesen Zustand erreicht haben, desto leichter wird es für die anderen sein, die folgen werden.
Eine Lawine besteht zunächst aus einem Stein, der ins Rollen kommt. Dieser Stein stößt den nächsten an und so werden immer mehr Steine angestoßen, bis die Lawine, die aus lauter einzelnen Steinen besteht, nichts mehr stoppen kann.

Fragt nicht nach eurer Aufgabe. Solange ihr danach fragen müsst, ist der Zeitpunkt, sie zu erkennen, für euch noch nicht gekommen. Gleich-gültig, was ihr heute tut, um euch euren Lebensunterhalt zu verdienen, ihr werdet, so ihr dies im tiefsten Inneren eures Herzens wollt, Mittel und Wege finden, euch selbst zu erkennen.
Es erscheint euch schwieriger, als es tatsächlich ist. Geht den Weg der Selbsterkenntnis und ihr werdet die unendliche und unbegrenzte Liebe in euch finden.

Habt ihr euch selbst erkannt, so werdet ihr andere einfach durch eure Anwesenheit mitreißen. Ihr braucht weder zu argumentieren noch zu missionieren - euer Energiepotential wird andere überzeugen und aus ihrem Schlaf wecken.

Es gibt bei euch eine Kampfsportart, die ihr als Judo bezeichnet. Diese Art des Kampfes ist von großer Weisheit getragen. Es ist eine defensive Art des Kampfsportes, bei der die Kräfte des Angreifers dazu genutzt werden, um ihn zu besiegen. Der Angreifer wird sozusagen durch seinen eigenen Kraftaufwand besiegt.
Den Kräften des Angreifers wird nicht entgegengewirkt, sondern sie werden in Bahnen gelenkt, die dem Verteidiger ermöglichen, eigene Kräfte hinzuzufügen und den Angreifer durch das Zu-

sammenwirken der beiden vereinten Kräfte kampfunfähig zu machen.

Stellt ihr euch nun dem von außen auf euch einwirkenden System der Macht und Manipulation entgegen, so müsst ihr großes Energiepotential aufwenden, um die von außen auf euch einwirkenden Kräfte zu neutralisieren.
Weiteres Energiepotential benötigt ihr, um eure eigenen Pläne und Vorstellungen nicht nur zu konstruieren, sondern dann auch noch so einzusetzen, dass sie dem bestehenden System entgegenwirken. Somit werden beide Kräfte gegeneinander wirken und sich entladen. Ihr verbraucht eure Energie, ohne sie für euch nutzen zu können.

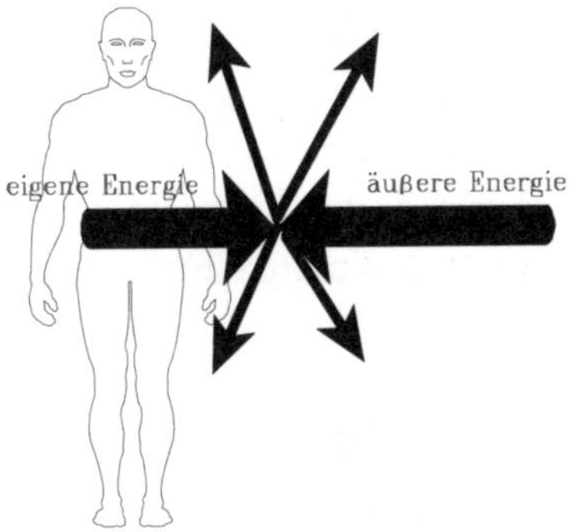

Solange ihr euch so verhaltet, dass ihr versucht, die von außen auf euch einwirkenden Kräfte zu neutralisieren, verhaltet ihr euch so wie ein Mensch, der sich mit großem Gepäck quer in einen reißenden Fluss stellt. Die gesamte Kraft dieses Menschen wird benötigt, um das Gleichgewicht zu halten und von dem Fluss nicht mitgerissen zu werden. Unter Umständen wird es diesem Menschen nicht einmal möglich sein, den Fluss in seiner gesamten Breite zu durchqueren.
Was dieser Mensch erreicht, ist lediglich die Bestätigung, dem Fluss widerstanden zu haben. Dennoch wird dieser Mensch frü-

her oder später den Fluss verlassen müssen, da sein Potential an Kraft irgendwann erschöpft sein wird. Würde er den reißenden Fluss nicht verlassen, würde er doch von der starken Strömung mitgerissen werden und müsste die restlichen noch vorhandenen Kräfte dazu nutzen, nicht zu ertrinken.

Die Folge dieser Vorgehensweise ist, dass beide gegeneinander wirkenden Kräfte sich nicht aufheben, sondern sich gegenseitig entladen und somit für euch nicht mehr verfügbar und nutzbar sind. Versucht ihr, gegen das bestehende System der Desinformation und der Manipulation zu kämpfen, so verbraucht ihr einen Großteil eurer Energie, ohne tatsächlich die Möglichkeit einer dauerhaften Veränderung gehabt zu haben.

Wesentlich einfacher scheint es da zu sein, die auf euch einwirkenden Kraft nicht neutralisieren zu wollen, sondern dafür zu sorgen, dass sie "um euch herum" fließen. Leitet ihr die von außen auf euch einwirkenden destruktiven Energien um euch herum, so benötigt ihr weitaus weniger Energie als zuvor.

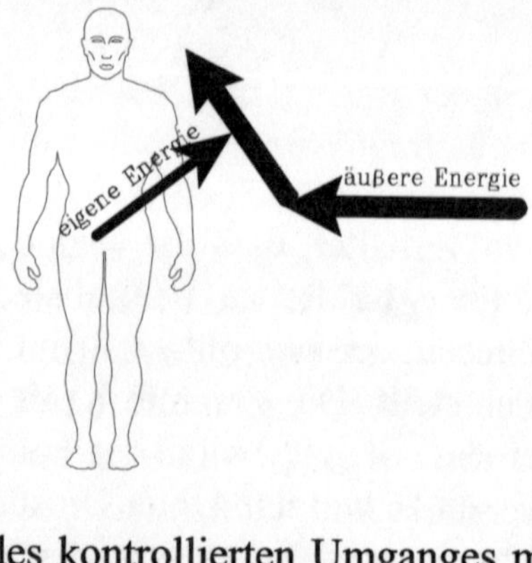

Dieses Beispiel des kontrollierten Umganges mit Energien setzt voraus, dass ihr ein Ziel habt, dass ihr wisst, was ihr wollt.
Anders als bei dem Menschen, der sich mit schwerem Gepäck quer in den Fluss stellt, um sein Kraftpotential zu testen, ent-

spricht dieses Beispiel einem Menschen, der die Absicht hat, den Fluss zu durchqueren.
Dieser Mensch wird versuchen, dem fließenden Wasser so wenig Widerstand als irgend möglich entgegenzusetzen, damit das Wasser um ihn herumfließen und er somit seine Kräfte schonen kann.

So gibt es noch weitere Möglichkeiten, den Fluss zu durchqueren.
Wenn der Mensch, der den Fluss durchqueren möchte, weiß, an welcher Stelle er in etwa die andere Uferseite erreichen möchte, so könnte er den Fluss etwas flussaufwärts gehen und sich dort ein Gefährt suchen oder konstruieren, auf dem sein Gepäck und er selbst ausreichend Platz finden. Des weiteren benötigt dieser Mensch einen Gegenstand, der es ihm ermöglicht, sein Gefährt durch die Fluten zu lenken.
Fängt dieser Mensch es etwas geschickt an, so wird es ihm möglich sein, mit einem Minimum an Kraftaufwand den Fluss sicher zu durchqueren und dort anzugelangen, wohin er von Anfang an wollte.

Seid ihr erfüllt von der unendlichen Liebe, die aus sich selbst entsteht und die nicht fragt, so ist es euch möglich, einen Weg einzuschlagen, der es euch ermöglichen wird, die auf euch einwirkenden, destruktiven Energien mit euren euch innewohnenden konstruktiven Energien zu verbinden, umzuprogrammieren und für eure Ziele und Vorstellungen zu nutzen.
Ihr nutzt die auf euch einwirkenden Kräfte, um euer Ziel zu erreichen, indem ihr der auf euch einwirkenden Energie die eure hinzufügt, somit verstärkt und in eine euch angenehme Richtung lenkt.

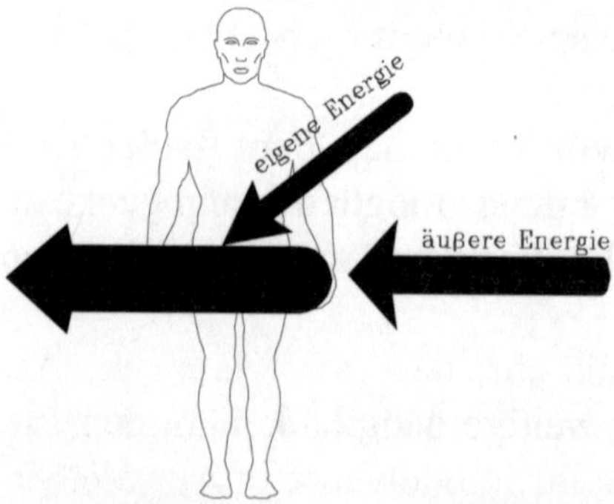

Nutzt also, so wie der Mensch in unserem Beispiel, das Potential eures Geistes und konstruiert euch ein Vehikel, das euch über die reißenden Fluten der Manipulation und Desinformation zu eurem Ziel bringt.
Vergesst nicht, dass das Licht den Schatten erzeugt. Niemals erzeugt der Schatten das Licht.
Das Licht durchdringt immer das Dunkel und niemals umgekehrt.
Wollt ihr Veränderungen herbeiführen, so könnt ihr, so ihr dies als sinnvoll erachtet, durchaus die bestehenden Systeme zu eurem Nutzen verwenden.
Dies setzt voraus, dass ihr ein Ziel vor Augen habt, euch der Möglichkeiten eures Geistes bewusst geworden seid und damit begonnen habt, sie im Detail zu erkennen.

Noch wisst ihr nicht, wie ihr Energien für euch nutzen könnt. Ihr wisst noch nicht, was ihr tun könnt, um das System der Desinformation und der destruktiven Manipulation zu verändern.
Noch immer seid ihr Opfer der Destruktivität. Ihr seid noch immer Opfer, weil ihr euer eigenes Wesen nicht verstanden habt.

Wo könnt ihr euer eigenes Wesen finden, wenn nicht in euch selbst?

DAS BÖSE GELD

Immer noch tragt ihr den Gedanken in euch, dass es "schlecht" sein könnte, sollte es euch "gut" gehen, während andere leiden müssen.
Immer noch denkt ihr, dass ihr Krankheit, Armut, Einsamkeit oder was auch immer verdient haben könntet, weil ihr Schuld abtragen müsst, die ihr irgendwann, in irgendeiner eurer Inkarnationen auf euch geladen habt.
Noch immer hängt ihr in euren Gedankenmustern fest. Allein diese Tatsache möge euch der Beweis sein, wie tiefgehend die Vorgänge der auf euch einwirkenden Manipulation in euch verhaftet sind.

Ihr zweifelt an unseren Worten, weil wir euch erzählt haben, ihr solltet euch die Energien der Destruktivität zunutze machen. Ihr zweifelt deshalb, weil ihr noch keinen tatsächlichen Ausflug in euer Innerstes gemacht habt und noch immer keinerlei Vorstellung von euch selbst, von eurem tatsächlichen Sein habt.
Ihr zweifelt, da ihr noch nicht das Gefühl der unendlichen, göttlichen Liebe erkannt habt. Dass wir euch sagen, ihr solltet destruktive Energien umwandeln und für eure Ziele einsetzen, beurteilt ihr immer noch mit eurem Verstand. Ihr orientiert euch an der Seite eures Seins, die ihr seit vielen Inkarnationen erlebt und erfahren habt. Seht die Zeichen des Wandels um euch herum und beginnt endlich, in euch zu gehen und euch selbst zu erkennen.
Wie wollt ihr eure Aufgaben erkennen, wenn ihr nicht bereit seid, euch selbst von einem anderen Standpunkt aus zu betrachten?
Wie wollt ihr euer Außen, die Erscheinungsform eurer materiellen Welt verändern, wenn ihr nicht bereit seid, den Anfang dieser Wandlung zunächst in euch selbst zu vollziehen?

Ihr lebt in einer Zivilisation, deren Wertigkeiten sich ausschließlich an materiellem Besitz orientieren. Ein Mensch wird in eurer Gesellschaft nach der Menge seines materiellen Besitzes und seiner damit verbundenen gesellschaftlichen Stellung bewertet.
An euren Arbeitsplätzen fühlt ihr euch aufgrund eurer Gesellschaftsordnung genötigt, euch Menschen unterzuordnen, die durch ihre verstandesorientierte Ausbildung oder ihres materiellen Besitzes "über" euch stehen.
Ihr seid bereit, euch demütigen, euch physisch und psychisch misshandeln zu lassen, da ihr euch dadurch materielle Vorteile erhofft. Ihr wisst nicht, wer ihr seid, und seht euch gezwungen, euch in das System unterzuordnen und gute Miene zum bösen Spiel zu machen.
Ihr ordnet euch Menschen unter, von denen ihr fühlt, dass sie euch menschlich und geistig in keiner Weise gleich sind, weil ihr fürchtet, durch Auflehnung weiteren Maßnahmen der Unterdrückung zum Opfer zu fallen.
Ihr fürchtet in diesen schweren Zeiten, euren Arbeitsplatz zu verlieren und ins soziale Abseits gedrängt zu werden.

Ihr schädigt eure Umwelt in einem ungeheuren Maße. Viele von euch sind sich dessen bewusst, jedoch werden intensive Gedanken zu diesem Thema verdrängt, denn was könnt ihr schon tun?
Die Bauern der armen Länder sind froh, Arbeit zu haben und sie handeln wider ihrer inneren Überzeugungen, da die Arbeit, die sie endlich haben, ihnen den Lebensunterhalt gewährleistet. So werden in gigantischem Ausmaß eure Wälder abgeholzt, die euer Planet in seiner dreidimensionalen Existenz zu seiner Regeneration dringend benötigen würde.

Was ihr auch tut, wohin ihr euch auch wendet, immer seid ihr mit euren zivilisatorischen Gegebenheiten konfrontiert.

Wie wollt ihr Veränderungen herbeiführen, wenn euer gesamtes Energiepotential dafür verbraucht wird, um euch gegen destruktive Manipulationen zu schützen?

Ihr versucht, dem auf euch einwirkenden, destruktiven Energiepotential euer konstruktives Energiepotential entgegenzusetzen. Ihr leitet die auf euch einwirkenden destruktiven Energien nicht um, sondern setzt eure konstruktiven Energien entgegen und seid dann tatsächlich darüber verwundert, dass ihr immer wieder unterliegt und eure Vorstellungen nicht realisieren könnt.

Wenn ihr in euch die Liebe erweckt habt, wird es euch ohne Anstrengung möglich sein, auf die euch umgebende Materie einzuwirken. Da Materie nichts anderes ist als eine Ausdrucksform von Energie, wird es euch möglich sein, die Energie in Form von Materie zu euch zu ziehen oder zu generieren, die ihr selbst glaubt zu benötigen.
Da euer System auf dem Besitz von materiellen Gütern beruht und ihr für alles, was ihr tun wollt, materielle Mittel benötigt, wäre es für euch wesentlich einfacher, euch dieses System zunutze zu machen.
So wäre es euch durchaus möglich, die materiellen Mittel zu generieren, die ihr benötigt, um Veränderungen herbeizuführen. Wie wollt ihr mit anderen Menschen arbeiten, wie wollt ihr Veränderungen herbeiführen, wenn euch dies aus Zeitgründen nicht möglich ist, da ihr ständig damit beschäftigt seid, euch euren Lebensunterhalt mühsam verdienen zu müssen.

Geld, ihr lieben Menschen, so wie jegliche andere dreidimensionale Erscheinungsform von Bewusstsein oder Energie, ist nichts anderes als ein ***Ausdruck von Energie oder Bewusstsein***.
Nicht das Geld ist die Wurzel allen Übels, sondern das Bewusstsein, in dem mit diesem Ausdruck von Energie umgegangen und gehandelt wird.

Eure eigenen Vorstellungen, die ihr mit dem Besitz von Materie verbindet, verhindern die euch mögliche Manifestation.
Wollt ihr Geld besitzen, wollt ihr über finanzielle Mittel verfügen, um damit die unendlich lange Wunschliste eures Egos zu befriedigen, so mag es durchaus sein, dass ihr euch mit dem euch umgebenden System verbündet.
Verfügt ihr über ausreichend finanzielle Mittel, so ist es euch jedoch möglich, andere Menschen in ihrem Tun zu unterstützen. Es ist euch möglich, selbst Projekte zu kreieren und durchzuführen, von denen ihr selbst denkt, dass sie dem Lichte dienlich sind oder sein könnten.

Wir möchten es nochmals betonen:

Nicht das Geld ist die Wurzel allen Übels, sondern das Bewusstsein, in dem ihr mit Geld umgeht.

Ist es im tiefsten Inneren euer Wunsch, materielle Mittel zur Verfügung zu haben, so schiebt diesen Wunsch nicht von euch weg. Versucht so genau wie irgend möglich herauszufinden, ob es sich um einen Wunsch eures Egos oder um ein tatsächliches Bedürfnis handelt.
Wenn ihr euch ***in*** euch selbst der bedingungslosen Liebe, die nicht fragt, zugewandt habt, werdet ihr beginnen, euch euren Wunsch selbst zu generieren und somit die Manifestation einzuleiten.

Dies wird ohne jeden Zweifel so sein!

Seht euch nicht als Besitzer der materiellen Mittel, seht euch als deren Verwalter. Es spricht keineswegs etwas dagegen, euch die Wünsche zu erfüllen, die ihr schon lange in euch tragt.
Es ist nicht notwendig, alles, was ihr generiert habt, zu verschenken, um "gut" zu sein. Vergesst über eurer Aufgabe, die sicher-

lich auch die Hilfeleistung für andere Menschen beinhalten mag, nicht euer eigenes Leben und eure eigenen Bedürfnisse.
Habt ihr euch einmal bewiesen, dass es möglich ist, Energie oder Bewusstsein zu generieren, so könnt ihr es immer wieder tun.

Dies jedoch wird euch erst dann möglich sein, wenn ihr euch selbst erkannt habt. Die Frage, ob ihr im Sinne des Lichtes mit der Generierung von Energie umgeht, wird sich euch nicht mehr stellen, da alles, was ihr tun werdet, dem Lichte dienen wird.
Licht ist Liebe und Liebe ist das Bewusstsein des EINEN.

Geht hin, Kinder des Lichtes, und tut, was ihr in euch fühlt.

VERBINDUNG MIT HÖHEREN WESENHEITEN

Habt ihr euch in euch selbst dazu entschieden, den Weg der Selbsterkenntnis zu gehen, so werdet ihr im Laufe der Zeit, so ihr dies zulasst und wünscht, Kontakt mit höheren Wesenheiten erhalten.
Ihr mögt sie als Schutzengel, Geistwesen, aufgestiegene Meister oder was auch immer bezeichnen. Im Prinzip erhaltet ihr immer, von einigen Ausnahmen abgesehen, Kontakt zu eurem höheren Selbst.
Diese Wesenheiten stehen euch als Berater und Helfer zur Seite. Dennoch kommt ihr um die Erfahrung, also das Leben in eurer Schwingungsebene, nicht herum.
Ihr habt euch in die Schwingungsebene der vierten Dimension begeben, um Veränderungen herbeizuführen. Ihr habt euch auf eurem Planeten in dieser Zeit inkarniert, um die Schwingungsform der Materie der dritten und vierten Dimension zu transformieren.
Ihr habt euch hier inkarniert, um durch die Erhöhung eurer eigenen Schwingungsfrequenz die euch umgebende Materie ebenso in ihrer Schwingung zu erhöhen.

Euer Weg der ***Selbst-er-kennt-nis*** wird euch aus dem Massenbewusstsein eures Planeten loslösen und euch euren eigenen Weg beschreiten lassen. Vergesst jedoch nicht, dass ein jeder Weg mit dem ersten Schritt beginnt und erst mit dem letzten endet. Ein Schritt nach dem anderen muss getan werden, um den Weg zurückzulegen.
Ihr werdet euch untereinander finden und erkennen, und mag euch euer Weg noch so beschwerlich scheinen, so seid ihr doch nicht allein. Je mehr von euch sich zusammenfinden, desto leichter wird es für euch werden, denn so einer von euch stolpern mag auf seinem Wege, so werden die andern ihn auffangen und stüt-

zen auf den nächsten Schritten, bis er seinen Weg selbst weitergehen kann.

Verbindet euch in Liebe mit euren höheren Wesenheiten. Sie werden euch Ratgeber und Helfer sein.

Niemals werden sie euch sagen, was ihr tun ***müsst.***

Ihr selbst entscheidet darüber, ob euer Tun so oder so sein wird. Habt ihr mentalen Kontakt zu einer Wesenheit, so hüllt sie und euch selbst in helles Licht. Bleibt der Kontakt bestehen, so könnt ihr sicher sein, dass es sich um eine Wesenheit des Lichtes handelt. So habt also keine Furcht, von den Wesen der Dunkelheit gefangen zu werden.

Seht euch den höheren Wesenheiten nicht unterlegen. So wie ihr sie bewundert und sein möchtet wie sie, so ergeht es auch ihnen. Sie bewundern euch dafür, dass ihr den Schritt gewagt habt und euch in der Dreidimensionalität inkarniert habt, dass ihr bereit wart, diesen Schritt zu wagen, um dem Lichte zu dienen.
Seht die höheren Wesenheiten als gleichberechtigte Partner und nicht als Vorgesetzte. Sie können und werden euch helfen, die Vorgänge konstruktiver Manipulation von Bewusstsein wieder zu erlernen, um euren Weg in absoluter Unabhängigkeit und Freiheit gehen zu können.

Sucht nicht nach Meistern und Lehrern im Außen. All-es, was ihr benötigt, tragt ihr in euch selbst. Ihr müsst euch nur ein wenig Mühe geben und in euer Innerstes vordringen.
Ihr seid die Meister eures Selbst.
Seid ihr in euer Innerstes vorgedrungen, so werdet ihr aus euch selbst heraus ein neues ***Selbst-bewußt-sein*** und ***Selbst-vertrauen*** entwickeln.

Beginnt, eure Wahrnehmung zu erweitern. Ihr könnt, so ihr es wünscht, euer höheres Selbst wahrnehmen. Es mag durchaus sein, dass ihr die Wesenheit, die zu eurer Seite steht, nicht mit euren Augen sehen könnt. Mit etwas Übung jedoch werdet ihr feststellen, dass es euch gelingen wird, diese Wesenheit zu spüren und zu fühlen.
Euer Verstand wird euch sagen, dass ihr euch irrt, wenn euch dies gelungen ist. Dennoch wird dieser Kontakt in euch eine Saite anklingen lassen, die das Innerste eures Herzens berührt und die Sehnsucht nach innigerem Kontakt in euch erweckt.

Wollt ihr tatsächlich spirituell sein, so bleibt euch der Weg in euch selbst nicht erspart. Geht ihn in der Freude, dass euch das Wunderbarste, das ihr euch vorstellen könnt, geschehen wird.
Erwartet Wunder und sie werden geschehen.

Eure Ratgeber und Helfer werden euch Informationen übermitteln. So mag es durchaus sein, dass ihr euch gedrängt fühlt, das durchzuführen, was ihr als Channelings bezeichnet. Sollte es sich so verhalten, solltet ihr eurem inneren Drängen nachgeben.
Es sei euch jedoch gesagt, dass die Informationen, die Wesenheiten höherer Schwingungsintensität euch übermitteln, ***immer den Filter eures Bewusstseins durchlaufen***.

Sprecht ihr die euch übermittelten Informationen, so benötigt ihr euer Sprachzentrum in eurem Gehirn. Schreibt ihr die euch übermittelten Informationen, so benötigt ihr eure Hände, um die Worte zu Papier zu bringen.
In jedem Falle seid ihr bei der Übermittlung von Informationen mehr oder weniger mit den Inhalten eures Verstandes konfrontiert.
Das, was für euch selbst vorstellbar ist, könnt ihr in euren Channelings auch übermitteln. Gibt es Vorgänge oder Situationen, die

euch mit Furcht erfüllen, so werdet ihr zunächst ausschließlich Informationen für euch zulassen können, die sich mit diesen Ängsten auseinandersetzen. Weiterführende Informationen aus höheren Schwingungsebenen zu anderen Thematiken dringen zu euch nicht durch, da sie in eurem eigenen Bewusstseinsfilter blockiert werden.
Im Laufe der Zeit wird sich dies jedoch von selbst beheben, da ihr in diesen Fällen nicht umhinkommt, euch früher oder später den Wahrheiten des Lichtes zu öffnen.
Habt ihr euch selbst erkannt, so werdet ihr keine Furcht mehr haben, da ihr erkennen musstet, dass nichts, aber auch absolut nichts existiert, das euch Furcht bereiten könnte.

Seid an dieser Stelle ***nochmals*** darauf hingewiesen, dass die Wesenheiten des Lichtes euch ***niemals*** zu einem Tun oder Handeln zwingen werden. Diese Wesenheiten werden euch ***niemals*** Ratschläge geben, die euren eigenen innersten Überzeugungen entgegengerichtet sind.

DER WEG IN EUCH SELBST

Alles in eurer Welt orientiert sich im Außen.
Alles in eurer Welt orientiert sich am zu erzielenden Profit.
So habt ihr gerade begonnen, euch die Weiten des Weltenraumes zu erschließen. Ihr tut dies jedoch nicht, um die Geheimnisse, die ihr dort finden werdet, zu ergründen, sondern ihr habt euch dazu entschlossen, da ihr wisst, dass die Ausbeutung der Bodenschätze eures Planeten immer schwieriger wird. So erhofft ihr euch, wertvolle Mineralien in den Weiten des Alles finden zu können. Eure Wissenschaft ist auf der Suche nach neuem Lebensraum für die Menschen eures Planeten, weil sie davon ausgeht, dass euer Planet eines Tages nicht mehr bewohnbar sein wird.

Ihr versucht nicht, eure Probleme zu lösen, sondern ihr versucht, sie zu verlagern.

Eure Meere sind zwar bis ins Detail kartographiert, jedoch nach wie vor weitestgehend unerforscht. Ihr wisst einiges über alte Kulturen auf eurem Planeten, die existierten, lange bevor eure Form der Zivilisation geboren wurde. Dennoch widmet sich eure Wissenschaft nur in geringem Maße der Erforschung eurer Vergangenheit, da diese Form der Forschung wenig gewinnträchtig erscheint.

Ihr wärt erstaunt zu hören, dass es nicht zwingend notwendig wäre, euch den Weltenraum zu erschließen. Alles, was ihr tatsächlich brauchen werdet, könntet ihr durch die Kraft eures Geistes erfahren. Alles, was ihr so gern erfahren möchtet, könntet ihr erfahren, ohne euren Planeten zu verlassen.
Dennoch liegt es in eurem Bestreben, immer weiter in eure äußere Welt vorzudringen, bis ihr an deren Grenzen stoßt und feststellen müsst, dass ihr den Weg zurück in euch selbst gehen

stellen müsst, dass ihr den Weg zurück in euch selbst gehen müsst, um die Schöpfung verstehen zu können.

Alles, was ihr braucht, tragt ihr in euch selbst.
Wollt ihr damit beginnen, euch selbst zu ergründen, so müsst ihr zunächst den Weg durch das Gewirr eurer Gedanken finden.
Wollt ihr euch selbst erkennen, so müsst ihr euch selbst gegenüber absolut ehrlich sein. Jedem anderen Menschen könnt ihr etwas vorspielen oder vorgaukeln, euch selbst jedoch nicht.
Ihr könnt euch in den Ebenen eures eigenen Denkens oberflächlich mit dem, was euch da zu begegnen scheint, zufrieden geben oder immer weiter in die Tiefen eures Bewusstseins vordringen.
Ihr werdet euch auf eurem Weg in euch selbst immer wieder mit euren eigenen Schutzmechanismen konfrontiert sehen. Oftmals mag es euch schwierig erscheinen, den Weg durch das Gewirr von Gedanken und Gefühlen zu finden, das da in euch herrscht.
Je weiter ihr jedoch in die Tiefen eures Bewusstseins vordringt, desto mehr könnt ihr eure vielfältigen Programmierungen erkennen.
Je weiter ihr in die Tiefen eures Bewusstseins vordringt, desto mehr Erinnerungen aus eurer Vergangenheit stehen euch zur Verfügung. Ihr werdet feststellen, dass ihr euch an Details erinnern könnt, von denen ihr dachtet, dass ihr sie längst vergessen hättet.
Ihr werdet traumatische Erlebnisse wiederfinden, die eure psychischen Schutzmechanismen in Schubladen abgelegt hatten, so dass ihr die Erinnerung daran verloren hattet.
Bringt eure Erinnerungen an vergangene Erlebnisse in Zusammenhang mit euren Erfahrungen, die ihr in der Gegenwart immer wieder macht.
Gebt euch Mühe, seid euch selbst gegenüber ehrlich und versucht nicht, euch selbst zu betrügen.
Eure Vergangenheit steht in direktem Zusammenhang mit eurer Gegenwart. Ihr habt euch unbewusst Verhaltensmuster angeeig-

net, die nicht die euren sind. Viele eurer Verhaltensmuster sind Auswirkungen eurer teilweise seit Jahrzehnten praktizierten Bewusstseinsprogrammierung.

Den Schlüssel, mit dem ihr die antrainierten Verhaltensmuster von eurem ursprünglichen Urbewusstsein zu unterscheiden vermögt, könnt ihr nur in eurer persönlichen Vergangenheit finden.
Erkennt ihr eure programmierten Verhaltensmuster, so könnt ihr in Zukunft zwischen dem antrainierten Verhalten und den Verhaltensweisen, die ursprünglich in eurem Urbewusstsein vorhanden waren, unterscheiden und somit wählen.
Der Schlüssel zu eurer Selbsterkenntnis ist der bewusste Umgang mit all dem, mit dem ihr in eurer Vergangenheit und Gegenwart in der geistigen und materiellen Welt konfrontiert wart und sein werdet.

Es mag durchaus sein, dass eure Erinnerung an eure Vergangenheit verbunden ist mit Erinnerung an Schmerz oder Leid. Dennoch ist dieser Weg der Rückerinnerung durchaus sinnvoll für euch, da ihr euch, nachdem ihr diesen Weg beschritten habt, frei entscheiden könnt, ohne durch unbewusste Mechanismen gesteuert zu werden.
Durch das Erkennen von in euch eingepflanzten Programmen werdet ihr eine für euch ungewohnte Freiheit finden. Dieser Weg in euch selbst wird es euch ermöglichen, von der ***Selbsterkenntnis*** zur ***Selbst-liebe*** zu finden.
Ihr werdet durch das Erkennen von euren eigenen Verhaltensmustern lernen, euch selbst, euer Handeln oder Nicht-Handeln besser zu verstehen. Ihr werdet eine Form des ***Selbstverständnisses*** finden, die es euch ermöglicht euch als das anzunehmen, was ihr seid.

Habt keine Furcht, euch selbst zu ergründen. Ihr könnt in euch nichts finden, was nicht auch schon vor eurem Weg in euch selbst dort war.
So mag es durchaus auch möglich sein, dass ihr in eurer Erinnerung bis in andere eurer Inkarnationen vordringt.

Seid euch bewusst, dass es von einer höheren Sichtweise als der euch im Augenblick zugänglichen keinerlei Unterschied macht, ob ihr einen Gedanken nur denkt oder ihn auch tatsächlich ausführt.
Jeder wesentliche Gedanke, der verbunden mit einem oder mehreren Gefühlen ist, schafft eine weitere Wahrscheinlichkeit, die parallel zu derjenigen verläuft, die ihr als eure Realität bewusst erlebt.

Jeder dieser Gedanken projiziert eine wahrscheinliche Welt, in der ihr die Konsequenz erfahrt und erlebt, die eben dieser Gedanke verursacht hätte.
Diese Informationen wiederum stehen eurem höheren Selbst zur Verfügung.
Denkt ihr voller Hass an einen Menschen und denkt darüber nach, wie ihr ihn beseitigen könntet, so projiziert ihr eine wahrscheinliche Welt, in der ihr eben mit genau dieser Situation konfrontiert seid.
Eure Gedanken, verbunden mit Gefühlen, setzen immer - ohne Ausnahme - Ursachen, deren physische oder materielle Wirkung sich früher oder später als Erfahrung in dieser eurer Inkarnation oder einer anderen wahrscheinlichen Welt manifestiert.

Habt ihr euch nun entschlossen, euch selbst zu erkennen und somit einen weiteren Schritt zur Erhöhung eures eigenen Schwingungsfeldes zu tun, so stellt euch mit leicht gespreizten Beinen hin. Legt eure beiden Handflächen, die ihr vorher mit klarem

Wasser gereinigt habt, mit den Innenflächen aufeinander und bringt so die aufeinandergelegten Handflächen in Höhe eures Herzens. Haltet mit euren aufeinandergelegten Handflächen zu eurem Körper während dieser Übung immer etwas Abstand.
Schließt nun eure Augen und atmet zwölf tiefe Atemzüge. Atmet tief ein, haltet die Luft ebenso lange an, wie ihr zum Einatmen benötigt habt, und atmet dann rasch aus.
Habt ihr diesen Atemzyklus beendet, so beginnt ihr wiederum zwölf Atemzüge, wie vorher beschrieben. Lasst euren Körper nun während der zweiten zwölf Atemzüge von blauem Licht durchfluten. Eure Hände verbleiben in Höhe eures Herzens und ihr seid erfüllt von blauem Licht.
Habt ihr zwölf Atemzüge in blauem Licht getan, so lasst nochmals zwölf Atemzüge folgen, bei denen ihr eure Hände in die Höhe eures Mundes bringt und euren Körper mit rotem Licht durchflutet. Seid durchflutet von rotem Licht.
Anschließend bringt ihr eure Hände, deren Innenflächen noch immer aufeinandergelegt sind, in Höhe eures dritten Auges und atmet wiederum zwölfmal in der beschriebenen Weise. Nun durchflutet ihr euren Körper mit hellem, leicht gelblichem Licht.
Habt ihr insgesamt viermal zwölf Atemzüge getan, so legt eure linke Handfläche auf euer drittes Auge und die rechte Handfläche in der Mitte eurer Brust in Höhe eures Herzens und atmet wiederum zwölfmal in beschriebener Weise. Lasst euch während diesem Atemzyklus durchfluten von klarem, weißem, strahlendem Licht.
Habt ihr fünfmal zwölfmal geatmet, so lasst eure Hände auf eurer Stirn und eurem Herzen liegen und sprecht in euren Gedanken klar und deutlich den Satz "Ich bin - Ich bin ich - Ich bin ich selbst".

Diese Übung wird euch helfen, eure Erinnerungen an eure Vergangenheit zu aktivieren, und die Basis schaffen, um eure Erlebnisse aus der Vergangenheit von euch loszulösen.
Diese Übung wird euch weiterhin helfen, Verstand und Gefühl einander näherzubringen.

LIEBE UND SEXUALITÄT

Liebe ist für euch Menschen im Prinzip ***das*** Thema.
Der Begriff Liebe jedoch ist für euch scheinbar untrennbar mit Definitionen verbunden, die ein Besitzverhältnis anzeigen.
So ***habt*** ihr euch ver-liebt, ihr ***habt*** einen Partner, ihr ***habt*** eine Beziehung oder ihr ***habt*** Sex.
Liebe, egal zu wem oder zu was, ist für euch mit Besitztum verbunden und ebenso reagiert ihr, wenn in diesem Bereich eures Lebens etwas aus eurer Kontrolle gerät.

Was seid ihr nicht alles bereit zu tun aus Liebe. Ihr seid bereit, zu quälen, zu rauben und sogar zu töten. Wenn ihr glaubt, einen Menschen zu lieben, der nicht das gleiche für euch empfindet, so seid ihr bereit, alles zu tun, um diesem Menschen für euch zu gewinnen.
Ihr versucht herauszufinden, welche Art von Partner sich der geliebte Mensch wünscht, und versucht, so zu werden, damit der andere euch liebt.
Ihr seid bereit, den anderen oder euch selbst zu täuschen, um euer Ziel, nämlich von dem Menschen, den ihr euch selbst als idealen Partner suggeriert, geliebt zu werden. Früher oder später seid ihr oder euer Partner ent-täuscht und ihr wendet euch einem anderen Menschen zu, bei dem ihr wiederum so verfahrt.
Ihr seid eifer-süchtig und fürchtet euch, euren Partner zu verlieren, so wie ihr einen Schlüssel oder eine Münze oder anderes Besitztum verlieren könnt.
Unter Umständen seid ihr sogar eifer-süchtig, wenn sich euer geliebtes Kind von einem anderen Menschen angezogen fühlt und sich ihm für einen gewissen Zeitraum zuwendet. Verhalten sich eure geliebten Kinder nicht so, wie ihr es euch vorstellt, so seid ihr bereit, eure geliebten Kinder in mehr oder weniger harter

Weise zu bestrafen, damit sie sich in Zukunft nach euren Vorstellungen und Verhaltensmustern richten.
Einige von euch legen derartiges Verhalten sogar bei ihren Haustieren an den Tag, die sie so sehr lieben.
Das Gefühl, das ihr als Liebe bezeichnet, schlägt oftmals, früher oder später, je nach Zustand eures Urbewusstseins um in Hass oder Frustration.
In der Phase eurer Trennung seid ihr bereit, um eurem Partner die lange Zeit eurer Frustration zurückzuzahlen, alles zu tun, um Vergeltung zu üben. Ihr streitet euch um materiellen Besitz, streitet euch um das Recht, eure gemeinsamen Kinder zu erziehen, oder streitet um irgendetwas, nur um den Schein von Vergeltung zu wahren.
Seid ihr in der Phase der Trennung frustriert, so fühlt ihr euch von eurem Partner verraten und verkauft. Ihr fühlt euch als Versager und bestätigt euch selbst, dass ihr zu nichts nutze seid. Euch wird der Boden unter den Füßen weggezogen und ihr müsst nun den leidvollen Weg eurer Inkarnation all-ein gehen. Wieder einmal wurdet ihr ent-täuscht.

Sexualität ist ebenso wie die Liebe ***das*** Thema für die meisten von euch. In euch entwickelt ihr sexuelle Phantasien höchster Kreativität.
Geht es jedoch darum, diese Phantasien auch physisch in die Tat umzusetzen, so fühlt ihr euch eurem Partner gegenüber gehemmt. Ihr fürchtet euch vor der Reaktion eures Sexualpartners, wenn ihr einfach aus euch herausgeht.
Ihr seid euch nicht bewusst, dass es, von wenigen Ausnahmen abgesehen, eurem Partner ähnlich geht wie euch selbst. Sexualität ist in eurer Zivilisation tabuisiert wie kein anderer Bereich eures Lebens.
Ihr seid eher bereit, euch einem anderen Menschen zuzuwenden, um eure Phantasien auszuleben, als euch mit dem Menschen, mit

dem ihr euch entschlossen habt zusammenzuleben, auch diesen für euch immens wichtigen Aspekt eures Seins auszuleben.
Einige von euch gehen sogar soweit, ihre Sexualität vor sich selbst zu verleugnen. Sie empfinden Sexualität als etwas "Schmutziges", "Schlechtes" oder als "Sünde" und versuchen, den in ihnen herrschenden Drang nach sexueller Vereinigung zu unterdrücken.

Ihr nehmt euch das Recht heraus, über andere Menschen, die ein, wie ihr es bezeichnet, anomales Sexualverhalten an den Tag legen, zu urteilen.
Sexualität ist ein wesentlicher Bestandteil eures Seins. Sexuelle Anziehung zu einem gleichgeschlechtlichen Partner entsteht durch eine starke Erinnerung an die vorhergegangene Inkarnation, in der ein Mensch ein anderes Geschlecht hatte als in eben der jetzigen.

Der Akt sexueller Vereinigung ist ein Akt höchster Vereinigung von Bewusstsein.
Sexuelle Vereinigung ist der Aspekt der Erinnerung an ein höheres Sein eurer Existenz. Im Augenblick des Höhepunktes eurer Vereinigung verschmelzen beide, sich vereinigende Bewusstseinszustände miteinander. Im dem Moment des Höhepunktes tauschen sich beide Urbewusstseinzustände miteinander aus. Ihr werdet ***eins*** miteinander.
Diese Vereinigung wirkt über längere Zeiträume noch in eurem Bewusstsein nach.

Menschen, die, wie ihr es bezeichnet, sexuell pervertiert sind, also beispielsweise sexuellen Kontakt zu Kindern oder zu Tieren suchen, sind im Prinzip bedauernswerte Kreaturen. Deren Ego ist derartig stark ausgeprägt, dass sie bereit sind, alles zu tun, um ihren Drang nach sexueller Befriedigung mit ihrem unkontrollier-

baren Machtbedürfnis, das sie nicht in dem Maße ausüben können, wie sie es gerne tun würden, zu verbinden.
Ihr kommunikatives Verhalten anderen Menschen gleichen oder ähnlichen Alters gegenüber ist derartig gestört, dass sie sich mit Wesen vereinigen müssen, von denen sie glauben, sie könnten durch Sexualität Macht über sie ausüben. So wählen sie sich für ihre sexuelle Befriedigung Kinder oder Tiere aus. Hier wird der kreative Schöpfungsakt sexueller Vereinigung zu einem erzwungenen Unterwerfungsakt degradiert.

Wie oft ist für euch selbst der Akt der Vereinigung mit Frustration verbunden? Wie oft habt ihr Erwartungen an euren Sexualpartner, die dieser nicht erfüllen kann?
Woher soll euer Partner wissen, was ihr von ihm erwartet? Könnt ihr euch vorstellen, dass es eurem Partner ähnlich ergeht wie euch selbst? Könnte euer Partner nicht von euch erwarten, dass ihr während des Aktes der Vereinigung so aus euch herausgeht, wie ihr es von eurem Partner erwartet?

Lebt ihr allein und sehnt euch nach einem Partner, so wisst ihr oftmals nicht, wie ihr ihn finden sollt. All die Wege, die ihr versucht habt zu gehen, um ***dem*** Idealpartner zu begegnen, endeten auf die eine oder andere Art und Weise mit Frustration. Unter Umständen ist es euch trotz vielfältiger Versuche nicht gelungen, euren Seelenpartner zu finden. Viele von euch haben bei der Suche nach einem Partner, der ihren Vorstellungen entspricht, immer wieder Leid erfahren, so dass sie jetzt "gebrannte Kinder" sind.
Oftmals ist es euch gelungen, einen Menschen zu finden, mit dem ihr nun zusammenlebt und die Erfahrung machen müsst, dass es euch vorher, als dieser Mensch noch nicht in eurem Leben war, wesentlich besser erging als jetzt.

So geht ihr auf dem Höhepunkt eurer Frustration zu Menschen, die von sich behaupten, sie wären Wahrsager und könnten euch mit Hilfe von Karten oder ähnlichem raten, was die Zukunft euch bringen wird. Ihr lasst euch in eurer Hoffnungslosigkeit davon überzeugen, dass euch in Kürze euer Idealpartner über den Weg laufen wird, eure Krankheit einfach so verschwinden wird oder eure materiellen Problematiken sich in Luft auflösen, und so sitzt ihr wiederum frustriert da und wartet, dass dies doch endlich geschehen möge.

Wenn ihr euch schon gezwungen seht, Menschen aufzusuchen, die sich selbst als Wahrsager bezeichnen, so seid euch bewusst, dass die Zukunft immer, ohne Ausnahme, fließend ist und ihr sie selbst gestaltet mit den Inhalten eurer Gedanken- und Gefühlswelt.

Sieht dieser Mensch für euch in die Zukunft und ihr trefft wenige Minuten, nachdem ihr diesen Wahrsager wieder verlassen habt, eine Entscheidung, so habt ihr das, was dieser Mensch für euch gesehen hat, bereits wieder verändert.

Liebe, wir haben euch bereits mehrfach darauf hingewiesen, lebt ihr mit eurem Verstand.

Euer Verstand ist wie ein kleines verzogenes Kind, das immer wieder seine Wünsche erfüllt sehen möchte. Nachdem ihr im Laufe eures Lebens immer wieder darauf trainiert wurdet, eurem Verstand Vorzug vor euren Gefühlen zu geben, ist euer Verstand ein unendlich mächtiger Aspekt in eurem Leben geworden.

Stellt euch in eurem Körper einen Raum vor. Dieser Raum ist der Aufenthaltort eures Verstandes. Lasst das Bild dieses Raumes und seine Ausstattung aus sich selbst entstehen. So mag dieser Raum prunkvoll, schlicht oder chaotisch sein. Lasst das Bild dieses Raumes einfach in euch entstehen.

Stellt euch nun euren Verstand als eine Person vor, die diesen Raum bewohnt.

Lasst auch dieses Bild dieser Person einfach aus sich selbst heraus entstehen. Es mag durchaus sein, dass das Bild des Raumes und der Person sich immer wieder verändert. Lasst es jeweils so, wie es vor eurem geistigen Auge entsteht, einfach bestehen.
Die Person, die euren Verstand repräsentiert und die vor eurem geistigen Auge entsteht, mag groß, klein, dick oder dünn, verkümmert oder ausgeprägt sein.
Gleich-gültig, wie ihr sie in euch wahrnehmt, versucht mit dieser Person zu kommunizieren. Erklärt dieser Person, die euren Verstand repräsentiert, ihr hättet erfahren, dass ihr sie über einen langen Zeitraum hinweg mit einer Vielzahl von Aufgaben überfordert habt. Erklärt ihr, ihr hättet erfahren, dass ihr dieser Person aufgrund eurer Unwissenheit Aufgaben zugewiesen habt, für die sie im Prinzip nicht geschaffen wurde und mit denen ihr sie hoffnungslos überfordert habt.
Erklärt dieser Person, die euren Verstand repräsentiert, dass ihr in Zukunft mehr auf sie achten wollt und ihr vorhabt, sie von einer Vielzahl von Aufgaben zu entlasten. Erklärt dieser Person, dass dies nicht zu ihrem Nachteil, sondern zu ihrem Vorteil geschieht und sie keine Furcht vor irgendwelchen destruktiven Maßnahmen haben muss.
Besucht diesen Raum immer wieder und versucht eine Kommunikation mit der Person, die euren Verstand darstellt, aufzubauen.

Stellt euch einen weiteren Raum in euch selbst vor. Dieser Raum ist der Aufenthaltsort eines Kindes im Alter von etwa 10 Jahren. Dieses Kind mag verstört, verängstigt, mutig oder selbstbewusst sein. Auch diesen Raum lasst ihr mit seiner Ausstattung aus sich selbst vor eurem geistigen Auge entstehen.
Dieses Kind repräsentiert die Welt eurer Gefühle und eurer Phantasie.
Versucht, dieses Kind zu kontaktieren. Versucht, sein Vertrauen zu gewinnen. Geht ***unbedingt*** liebevoll mit diesem Kind um, ihr

habt es lange genug vernachlässigt. Es mag durchaus sein, dass dieses Kind geraume Zeit benötigt, um Vertrauen zu euch zu fassen.
Ist es euch gelungen, mit diesem Kind zu kommunizieren, so erklärt diesem Kind, dass ihr erfahren habt, dass es die Welt eurer Gefühle darstellt und ihr euch über geraume Zeit aus Unwissenheit nicht um es gekümmert habt. Erklärt diesem Kind, dass ihr vorhabt, Veränderungen durchzuführen und seine Hilfe benötigt. Es mag euch durchaus schwierig erscheinen, zu diesem Kind eine Ebene der Kommunikation aufzubauen. Versucht, euch selbst in die Lage dieses Kindes zu versetzen. Versucht, euch in die Lage eines Kindes zu versetzen, das über lange Zeiträume hinweg kaum Beachtung fand. So mag dieses Kind während der ersten Kontaktaufnahmen durchaus psychisch gestört scheinen.

Habt ihr das Vertrauen dieses Kindes gewonnen, so versucht, es mit der Person eures Verstandes zusammenzubringen und eine Form der gemeinsamen Kommunikation aufzubauen.
Lasst euch dabei unbedingt soviel Zeit, wie ihr tatsächlich braucht. Versucht nichts zu erzwingen, weder die Kommunikation zwischen euch selbst und den beiden Personen noch die Kommunikation zwischen Verstand und Gefühl. Lasst jedoch in eurem Bemühen nicht nach.

Wenn ihr diese Übung vollzieht, so nähert ihr euer Gefühl und euren Verstand einander an. Es wird euch, habt ihr intensiven Kontakt zu dem Aspekt eures Verstandes und dem Aspekt eures Gefühls gefunden, gelingen, den Standpunkt "C", den Punkt einzunehmen, der beide Aspekte miteinander vereint.

Ihr werdet lernen, aus euch selbst heraus zu verstehen, dass ihr eurem Verstand Aufgaben zugemutet habt, für die dieser jedoch nicht gedacht war. Ihr werdet aus euch selbst heraus begreifen,

dass ihr selbst den Aspekt eures Gefühls unterdrückt habt, der das Verständnis für euch selbst fördern wird.
Ihr werdet aus euch selbst heraus verstehen, dass ihr göttliche Aspekte in euch tragt, die mit eurem Gefühl verbunden sind und ihr werdet euch selbst so annehmen können, wie ihr seid.
Ihr werdet auf diesem Wege lernen, euch selbst mit euch selbst zu vereinen, und dies wiederum wird euch helfen, die Liebe zu euch selbst zu entdecken.
Habt ihr diese für euch neue Art des Selbst-verständnisses aufgebaut, so werdet ihr für eure Mitmenschen ebenso Verständnis haben, da ihr aus euch selbst heraus begreift, dass es den anderen Menschen ebenso ergeht, wie es euch lange Zeit ergangen ist.
Habt ihr die Liebe zu euch selbst in euch erweckt und seid ihr fähig, die Liebe zu euch selbst zuzulassen, so erhöht ihr eure persönliche Schwingungsfrequenz in einem erheblichen Maße.
Dies wiederum wird in euch konstruktive Schöpfungsenergien aktivieren. Ihr werdet dann eine Lawine in euch selbst in Gang gesetzt haben, die euch unweigerlich zu euch selbst werden lässt.

Wir weisen immer wieder auf die Bedeutung eurer Selbstfindung und eurer Selbst-liebe hin, da dies für eure weitere geistige Entwicklung wesentliche Aspekte sind und weiterhin sein werden.
Es ist für euch außerordentlich wichtig, dass ihr den Dingen ihren Lauf lasst und nichts versucht zu erzwingen.
So ist es euch durchaus möglich, durch das Erlernen von unterschiedlichen Techniken Entwicklungsprozesse zu umgehen oder deren Zeitdauer wesentlich zu verkürzen. Ihr werdet jedoch feststellen, dass ihr durch das Anwenden derartiger Techniken wesentliche Schritte eurer Entwicklung überspringt und mit den Konsequenzen, die aus einem derartigen Vorgehen resultieren können, werdet leben müssen.

Eure Seele, euer höheres Selbst, hat es mit seiner Entwicklung nicht eilig. Eurem höheren Selbst ist es bewusst, dass ihr einen Schritt eurer Entwicklung nach dem anderen gehen müsst.
Eilig hat es euer Verstand. Doch seid ihr die Herren eures Selbst, die sich von einem Aspekt ihres Selbst haben versklaven lassen.
Niemand außer euch selbst kann diese Versklavung beenden.
Versucht ihr jedoch die Herrschaft eures Verstandes mit Gewalt zu beenden, so fügt ihr euch wiederum selbst Leid zu, denn Gewalt erzeugt wiederum Gewalt. Und euer Verstand wird in euch dafür sorgen, dass seine Herrschaft eben nicht durch euch beendet wird.
Gelingt es euch jedoch, Verständnis für den Aspekt eures Seins aufzubauen und gelingt es euch, euren so mächtigen Verstand mit Liebe zu überzeugen, so werdet ihr in euch selbst eine von Liebe beherrschte Verbindung generieren, die nach dem Motto: "Einer für alle und alle für einen", agieren wird.
Ihr werdet in euch eine nie gekannte Form der Liebe und der Liebesfähigkeit entdecken, die alles euch bisher Bekannte bei weitem übertreffen wird.

So tut nun, Kinder des Lichtes, wie ihr es für richtig und wichtig er-achtet.

DER SCHRECKEN EURER ZIVILISATION

Der absolute Schrecken eurer Zivilisation ist der physische Tod. Immer noch gehen viele von euch davon aus, dass der physische Tod eures Körpers das Ende der Existenz bedeutet.

Das Wesen dessen, das ihr als Gott bezeichnet, wird für viele von euch immer noch als personifiziertes Bewusstsein empfunden, das irgendwo in der Nähe eures Planeten über Wohl und Wehe seiner Schäfchen wacht.
Finden Kriege auf eurem Planeten statt, so fragt ihr in eurer Verzweiflung euren Gott, warum er dieses unendliche Leid zulässt. Ihr wendet euch nicht an diejenigen, die diesen Krieg provoziert und angezettelt haben, sondern ihr appelliert an euren Gott, er möge euren Krieg beenden. Ob Kriege, Hungersnöte, Naturkatastrophen oder sonstiges Leid, ihr fleht einen Gott an, von dem ihr behauptet, er wäre ein Gott der Liebe, und bittet ihn, das Leid zu beenden.
All diese Geschehnisse seht ihr als Strafe an, die ihr Menschen als Vergeltung für eure Sünden erleiden müsst.
Das Schlimmste für euch ist die Vorstellung, durch leidvolle Erfahrungen, wie Krankheit, Unfälle oder andere Gegebenheiten, vorzeitig aus eurer Inkarnation ausscheiden zu müssen.

Da es euch nicht möglich ist, die Liebe zu empfinden, die aus sich selbst entsteht, könnt ihr auch den Widerspruch des liebenden Gottes und der scheinbar zuteil werdenden Bestrafung nicht erkennen.

Das Bewusstsein des EINEN ist in euch. Alles, was ihr denkt, fühlt, tut oder lasst, ist das Bewusstsein des EINEN in euch. Ihr besteht aus dem Bewusstsein des EINEN, da nichts anderes existiert. Sucht also den EINEN nicht irgendwo da draußen, sucht ihn in euch selbst.

Euer physischer Tod ist nichts anderes als ein Wandel in eine andere Seinsform.
So wie euer Sein auf einer anderen Stufe eurer Existenz beendet wird durch die Inkarnation in eure Körper eurer dreidimensionalen Welt, die ihr für eure Erfahrungen in eurer Inkarnation benötigt, so ist das Ende eurer Inkarnation eine Geburt in einer anderen Seinsform.
So wissen viele von euch, dass es nach dem Verlassen des dreidimensionalen Körpers die Erfahrung eines Tunnels gibt. Dieser Tunnel, an dessen Ende helles und warmes Licht zu sein scheint, ist nichts anderes als ein Übergang in eine andere Dimension, es ist sozusagen ein Durchgang in ein anderes Raum-Zeit-Gefüge.

Viele Menschen, die aufgrund des physischen Todes ihren Körper verlassen mussten, wissen zunächst nicht einmal, dass sie "gestorben" sind.
Ihr werdet nach eurem physischen Tod zunächst einmal die Vorstellung erfahren, die ihr euch während eures körperlichen Lebens von eben diesem Tod gemacht habt.
Ihr müsst euch nach dem Verlassen eures Körpers zunächst an eine andere Form der Existenz gewöhnen.
Ihr findet euch in einer Welt wieder, in der ihr im Prinzip ihr selbst seid. Ihr findet euch unbeschwert von eurem Körper in einer Welt unendlicher Freiheit, verglichen mit eurer dreidimensionalen Existenz. Die lange Verbindung mit eurem physischen Körper, den ihr bis auf wenige Ausnahmen in der Regel nicht verlassen könnt, hat euch vergessen lassen, in welcher Welt ihr euch befindet, nachdem ihr euren Körper durch die Erfahrung des physischen Todes verlassen musstet.

Eure Angst vor der Erfahrung des physischen Todes ist lediglich eine Angst eures Verstandes, dessen größtes Problem seine Angst vor seiner Vernichtung ist.

Tatsächlich findet ihr euch in einer von für euch unbeschreiblicher Liebe getragenen Welt, in der ihr auf wahre Meister des Geistes trefft.
Diese Phase eures Seins ermöglicht euch die Erholung von den Strapazen eurer Inkarnation und ihr bereitet euch sehr sorgfältig auf eure nächste Inkarnation auf der Erde oder einem anderen Planeten vor, auf dem ihr eben die Erfahrungen machen wollt, von denen ihr wisst, dass sie euch in eurer gesamten Entwicklung von Nutzen sein werden. Ihr legt dort fest, über welche Charaktereigenschaften oder welches Geschlecht ihr verfügen wollt und welche Art der Erfahrung ihr in eurer nächsten Inkarnation machen wollt.

Wie schnell ihr euch in eurer nächsten Inkarnation zu euch selbst hin entwickelt, ist im Prinzip lediglich eine Frage eurer freien Entscheidung und eurer Bereitschaft, auftauchende Probleme und Schwierigkeiten anzunehmen und zu lösen.

Für euch gibt es keinen Tod, es gibt lediglich den Vorgang des Wandels und der Geburt. Der von euch als so schreckensvoll empfundene Tod ist nichts anderes als die Geburt neuen Seins. Nicht mehr, aber auch nicht weniger.

TRENNUNG UND VERBINDUNG

Ihr lebt, ohne jeden Zweifel, in der Polarität.
Ohne diese Polarität, wir haben euch dies oft genug erklärt, wäre die Existenz ***jeglichen*** Seins nicht möglich. Es beginnt für euch nun eine Zeit, in der ihr das zweite Gewicht auf die Waagschale eures Lebens legt. Für euch wird dies bedeuten, dass ihr beginnen werdet, der daraus resultierenden Pendelbewegung eurer Waage nachzugeben.
Ihr werdet damit beginnen, euch von dem einen Pol eurer Existenz, der Verstandesorientierung, abzuwenden und euch dem anderen Pol, der geistigen oder Gefühlsorientierung, zuzuwenden.

Die Waagschalen eurer Bewertungen werden so lange von der einen Seite zur anderen pendeln, bis es euch gelungen sein wird, die Mitte zu erkennen und euch ihrer somit bewusst zu werden.

Viele sind unter euch, die mehr oder weniger regelmäßig meditieren. In eurer Meditation wendet ihr euch von der materiellen Welt ab und begebt euch in die geistige Welt.
Kommt ihr von euren Arbeitsplätzen, an denen ihr die Welt eures Verstandes gelebt und erlebt habt, nach Hause, so könnt ihr endlich damit beginnen, euch der geistigen Welt zuzuwenden, so ihr nicht zu sehr frustriert seid.
Ihr lest hochgeistige Bücher, freut euch an den Inhalten und findet sie sensationell. Habt ihr die letzte Seite gelesen, schließt ihr das Buch und wendet euch der weiteren Suche nach Informationen zu.

Ihr trennt, anstatt dass ihr verbindet. Ihr wendet euch entweder der einen oder der anderen Seite der Polarität zu.
Ihr beginnt zu erkennen, dass die Seite der Polarität, die ihr so lange erlebt habt, nach euren Wertvorstellungen "böse" war und

nach wie vor ist, und wendet euch, nachdem euch dies ***bewusst*** wurde, nun der anderen Seite der Polarität zu, die nach eurer Bewertung "gut" ist.

Könnt ihr euch vorstellen, dass in den Weiten des All-es Zivilisationen existieren, die, ähnlich wie ihr selbst, über Äonen eine Seite der Polarität erfahren haben? Das Einzigste, was diese Zivilisationen von der euren unterscheidet, ist die Tatsache, dass auf diesen Welten die nach euren Werten "gute", nämlich die geistige Welt im Übermaß erfahren wurde.
Auf diesen Welten existieren Wesenheiten, die so durchgeistigt sind, das sie keinerlei Verbindung zu der Materie haben und aufgrund dessen früher oder später, so wie ihr es getan habt, sich der Erfahrung der Materie werden stellen müssen, wenn sie sich weiterentwickeln wollen.

Wenn es euch gelingt, Meditation in euer tagtägliches Leben zu integrieren, ihr euch also nicht mehr von der materiellen Welt abschließen müsst, um eure Geistigkeit leben und erleben zu können, so ist es euch gelungen, aus der Trennung ***Verbindung*** zu schaffen.
Dann und erst dann ist es euch möglich, Meditation zu ***leben***.
Wenn es euch gelingt, eure Spiritualität in eurem Inneren beizubehalten und sie in eurem Inneren mit zu eurem Arbeitsplatz mitzunehmen, so ist es euch gelungen, ***Verbindung*** zu schaffen.
Wenn es euch gelingt, ein Buch nicht nur zu lesen, sondern dessen Inhalte, so ihr euch mit ihnen identifizieren könnt, in euch tatsächlich zu integrieren und mit den übermittelten Informationen beginnt zu experimentieren, ist es euch gelungen, ***Verbindung*** zu schaffen.

Bewusstsein ist in seiner Urstruktur immer neutral und beinhaltet beide Seiten der Polarität. Dies wird so sein bis an das Ende aller Zeit, bis der EINE sich mit sich selbst wieder vereint hat.

Ihr seid ständig auf der Suche nach ***der*** Lösung.
Ihr seid ständig auf der Suche nach dem einen, der euch alles zugänglich macht und alles für euch löst. Und dies, bitteschön, ohne großen Aufwand.

Ihr seht einen Berg und ihr wollt ihn haben. Ihr wollt diesen Berg in euren Garten stellen, überseht jedoch dabei, dass euer Garten für diesen Berg nicht groß genug ist.
Was, so fragen wir euch, würde geschehen, würdet ihr morgens wach werden und euer Berg stünde in eurem Garten.
Ihr müsstet erkennen, dass euer Berg nicht nur aus eurem Garten herausragt, sondern auch in die Grundstücke und Häuser eurer Nachbarn.
Wie würdet ihr dieses Problem lösen?
Ihr müsstet diesen Berg abtragen, da eure Nachbarn sich durch euren Berg in ihrer Freiheit begrenzt sehen würden. Ihr wüsstet nicht, wohin mit dem gesamten Material, aus dem der Berg besteht.
So würdet ihr Hacke und Schaufel nehmen und beginnen, Schubkarre für Schubkarre von diesem Berg abzutragen und irgendwohin zu schaffen, damit ihr wieder Platz findet für all das andere, was ihr noch in eurem Garten gerne sehen möchtet.
Ihr müsstet feststellen, dass euer Berg aus lauter einzelnen, größeren und kleineren Steinen besteht. Ihr würdet darüber schimpfen, dass ihr euch so etwas aufgeladen habt und wärt geraume Zeit damit beschäftigt, die "Sache in den Griff zu bekommen".

Seid ihr euch dessen bewusst, dass euer Berg, den ihr so gerne haben möchtet, aus lauter einzelnen größeren und kleineren Steinen besteht, von denen jeder für sich einigermaßen einfach zu

handhaben ist, so wäre es euch möglich, in eurem Garten Stein für Stein euren eigenen Berg zu konstruieren, dessen Handhabung für euch zu bewerkstelligen ist.
Ihr könntet euch euren Berg Stück für Stück zusammentragen und dort in eurem Garten aufbauen, wo ihr ihn am liebsten stehen hättet.
Auf diese Weise seid ihr eure eigenen Landschaftsgärtner.
So macht euch auf die Suche nach euren Steinen. Die Steine mögt ihr in eurem Außen, eurer materiellen Welt finden, die Art und Weise, wie ihr sie zusammenfügt jedoch, findet ihr nur in euch selbst.
Wiederum schafft ihr dadurch Verbindung zwischen Innen und Außen.

Viele von euch sind der Meinung, Materie ist eine Erscheinungsform der dritten und vierten Dimension.
Euch sei gesagt, dass ihr euch irrt. Selbst wenn ihr euch in Äonen der Zeit zu reinen Energiewesen ent-wickelt habt, und Materie für euch ein Relikt der Vergangenheit ist, so werdet ihr euch noch immer der Existenz der Materie bewusst sein, denn Materie ist eine Ausdrucksform von Bewusstsein.
Im Laufe eurer evolutionären Entwicklung wird Materie ihre Ausdruckform und ihren Stellenwert für euch verändern, und zwar in dem Maße, als ihr selbst euch verändert.
Dennoch wird Materie euch auf eurem weiteren Weg begleiten.

Wir, die wir zu euch sprechen, sind Bewusstsein, Energie, Information. Dennoch unterliegen auch wir der Polarität. Für uns hat die Polarität eine völlig andere Wertigkeit, als dies für euch der Fall ist.
Wir sind Wesenheiten, die ihr als reines Licht, als reine Energie empfinden und wahrnehmen würdet.
Noch immer sind wir jedoch nicht so weit in unserer Entwicklung fortgeschritten, dass wir uns mit dem EINEN verbinden o-

der sogar vereinigen könnten. Das unendliche Energiepotential des EINEN würde uns sofort auslöschen und wir würden uns in einer anderen Ebene der Existenz wiederfinden, die wir nochmals durchleben müssten.

Das Ziel aller Existenz ist es, die Trennung ***bewusst*** durch die ***Verbindung*** zu ersetzen. Die Zuwendung zu dem einen oder dem andern Pol der Polarität unterliegt immer weiter der Trennung und zieht wiederum die Erfahrung eines Aspektes nach sich.
Das Ziel aller Existenz ist, bewusst im Wissen der Polarität die Selbst-erkenntnis zu erlangen.

Was auch immer ihr tut, Kinder des Lichtes, ihr dient ***immer*** und ohne Ausnahme der Erfahrung des EINEN. Wer also, der sich tatsächlich dem Lichte zugewandt hat, wird über euch richten?

DAS ENDE DER GESCHICHTE

Ihr werdet zweifellos den Weg der Evolution nicht nur gehen, ihr werdet lernen, diesen Weg selbst zu gestalten.
Ihr beginnt nun zu erwachen aus eurem schon so lange dauernden Schlaf.
Es ist keineswegs entscheidend, ob ihr nun den Informationen unserer Geschichten Glauben schenken mögt, euch anderen Informationsquellen zuwendet oder euch, so ihr euch dazu gedrängt fühlt, selbst Quellen der Information erschließt.

Ihr seid, mag euch der Gedanke an der Oberfläche eures Denkens im Moment noch so abwegig erscheinen, Mitglieder der Lichtfamilie. Anders hättet ihr die in unserer Geschichte enthaltenen Informationen nicht in die Hände bekommen.
Die Aufgaben, die ihr euch entschlossen habt zu erfüllen, sind so vielschichtig, wie ihr selbst es seid.
In dem Maße, indem ihr euch eurem Innersten zuwendet, wird es euch möglich werden, eure Lebensumstände und Erfahrungen in kreativer Form ***bewusst*** zu beeinflussen und zu gestalten.

Lasst euch führen von euch selbst in dem Bewusstsein, dass ihr göttlicher Herkunft seid.
Lasst euch führen von der Vorstellung, dass die Liebe des EINEN ***in*** euch ist.
Ruft die Energien des Lichtes zu euch und sie werden zu euch kommen.
Lasst die Desinformation und die destruktive Manipulation hinter euch und vertraut auf das Wissen, das ***in*** euch ist und das euch unweigerlich All-es in euch vereinen lässt.

Macht euch auf die Suche nach euch selbst und auf die Suche nach denen, die mit euch sind. Seid versichert, ihr werdet euch selbst und die anderen finden.
So ausweglos eine Situation für euch auch zu sein scheint, ihr tragt unermessliches göttliches Potential in euch und wenn ihr euch dieser euch innewohnenden Liebe bewusst werdet, so wird eure Realität sich wandeln - schneller, als ihr es euch jetzt noch vorstellen könnt.

Licht ist Liebe und Liebe ist Energie. Information ist Energie und Energie ist Bewusstsein. All-es ist EINS und ihr seid Teil dieser Einheit.

Setzt eurer Furcht Vertrauen entgegen, und eure Furcht wird ihren Nährboden verlieren. Vertraut auf euch selbst und auf das Licht in euch - ***niemals*** werdet ihr ent-täuscht werden.

So seid uns nun gegrüßt, Kinder des Lichtes, im Bewusstsein der Liebe des EINEN, von den Wesenheiten von Alcyone, der zentralen Sonne der Plejaden.
So wie wir eure Zukunft sind, so seid ihr unsere Vergangenheit.
Dennoch ist beides eines und wir sind mit euch in Liebe verbunden, bis an das Ende der Zeit.....................

Lieber Leser

Wenn Sie sich über weitere Aktivitäten von KEMAN (Dieter Schwickart) informieren möchten finden Sie hier die Kontaktadresse:

Rainbowsun
Dieter Schwickart
Unterer Kreuzberg 603 c
A - 8583 Edelschrott
Telefon: (00 43) – (0) 31 45 - 800 33
Telefax: (00 43) – (0) 31 45 - 800 34
eMail: rainbowsun@aon.at

Oder besuchen Sie meine Homepage – dort finden Sie immer wieder die aktuellen Informationen:
www.rainbowsun.de

Folgende Bücher sind bisher im
RiWei-Verlag* von KEMAN erschienen

Teil 1
Wege ins Licht
Das Erwachen der Götter
ISBN 3-89758-195-7 € 17,80

Teil 2
Wege ins Licht
Die Rebellion der Götter
ISBN 3-89758-196-5 € 17,80

Teil 3
Wege ins Licht
Das Spiel der Seelen
ISBN 3-89758-197-3 € 17,80

RiWei-Verlag GmbH
Liebig Str. 4
93055 Regensburg
Tel. 0941/ 799 45 70
Fax. 0941/ 799 45 72
www.RiWei-Verlag.de
EMail: Info@RiWei-Verlag.de

*RiWei-Verlag GmbH ist durch Namensänderung aus dem Licht-Quell-Verlag Regensburg hervorgegangen